国家社会科学基金项目研究成果（10BYY063）
辽宁省社会科学规划基金项目研究成果（L14DYY039）

U0878010

本书由大连市人民政府资助出版
The published book is sponsored by the Dalian Municipal Government

本书由
辽宁师范大学
学术专著资助出版基金
资助出版

BENSHUYOU
LIAONINGSHIFANDAXUE
XUESHUZHUANZHUZIZHUCHUBANJIJIN
ZIZHUCHUBAN

介词标记的构句机制及情景语义研究

王振来 王嘉天 著

辽宁师范大学出版社
·大 连·

©王振来　王嘉天　2018

图书在版编目(CIP)数据

介词标记的构句机制及情景语义研究/王振来，王嘉天著．—大连：辽宁师范大学出版社，2018.1
ISBN 978-7-5652-2457-7

Ⅰ.①介…　Ⅱ.①王…②王…　Ⅲ.①介词-研究　Ⅳ.①H042

中国版本图书馆 CIP 数据核字(2017)第 289803 号

JIECI BIAOJI DE GUOJU JIZHI JI QINGJING YUYI YANJIU
介词标记的构句机制及情景语义研究

出 版 人：王　星
责任编辑：石丽莉
责任校对：曲颖慧
装帧设计：方力颖

出 版 者：辽宁师范大学出版社
地　　址：大连市黄河路 850 号
网　　址：http://www.lnnup.net
　　　　　http://www.press.lnnu.edu.cn
邮　　编：116029
营销电话：(0411)82159915　82159901(编辑室)
印 刷 者：大连图腾彩色印刷有限公司
发 行 者：辽宁师范大学出版社

幅面尺寸：170mm×230mm
印　　张：15.5
字　　数：283 千字

出版时间：2018 年 1 月第 1 版
印刷时间：2018 年 1 月第 1 次印刷
书　　号：ISBN 978-7-5652-2457-7

定　　价：36.00 元

序

由王振来教授主持的国家社科基金项目研究成果要出版，请我作序，我欣然接受。一方面王振来教授曾在南开园度过了六年的学习时光（硕士三年、博士三年），与我建立了深厚的师生情谊；另一方面我对这个研究课题非常感兴趣，介词标记的构句机制与情景语义问题一直是汉语语法学界研究的重点，也是难点。

《介词标记的构句机制及情景语义研究》一书运用现代语言学的理论和方法，在调查统计大量语言材料的基础上，从结构、语义、表达、习得等角度深入研究介词标记和以介词为标记的句式；在界定介词标记的基础上，探讨了以介词为标记句式的构成机制及产生动因，分析了以介词为标记句式的情景语义特点，概括出汉语有标记句式的句法框架和情景语义框架，并从语法化角度研究了汉语介词标记的演变规律，总结了介词标记在不同时期的构句规则，探讨了共现于一个句子中的不同介词标记的作用；还从汉语国际传播角度研究了留学生习得介词标记存在的问题，提出了具体的教学对策。

该书的学术研究价值较高，主要体现在以下四方面：

一、对介词标记进行系统化研究，有利于深化对以介词为标记句式的整体认识。虽然介词标记的数量不多，但其使用频率高，所以介词标记在汉语句法中占有重要地位。用新的语法理论进行系统研究，有利于解决一些前人没有解决的问题。

二、对介词标记进行多角度观察、描写和解释，揭示了介词标记的语法特点和构句规律；分析了人们使用介词标记的心理机制；表达的需要是介词标记产生的根本动因，从历时角度分析了介词标记的演变过程；介词标记的选择要与句式语义相匹配，该书用认知语法学理论进行了阐释。

三、有利于汉语国际传播。外国学习者觉得以介词为标记的句式是汉语最难学的内容之一，因为以介词为标记句式的构成和用法纷繁复杂，在情景语义上有突出的个性特征，可以说每个介词标记都是重要的语法点。该书研究有标记句式的情景语义、分析有标记句式的理据、总结留学生的习得规律，对汉语国际传播意义重大。

四、有利于中文信息处理。由于计算机科学的发展、人工智能的开发，人机对话、机器翻译等需要我们把以介词为标记的句式作为一个新的课题来进行研究。

与国内外出版的同类书籍相比，该书的创新之处在于研究的角度新、理论新、内容新，在研究中有很多新发现，弥补了介词标记研究的不足。该书的主要特点有：

一、全书结构完整，构思精当，逻辑性强；研究方法科学适当，引证规范，所有引用的资料、观点来源清楚；解决了介词标记教与学的一些现实问题，对该领域问题的研究有较大的推进作用。

二、用多种语言学理论指导介词标记的研究。陆俭明先生认为语言研究要在理论指导下进行，离开理论的指导，具体研究就不成系统，也缺乏解释力。该书在研究中不仅运用了标记理论、语义功能语法理论，还运用了认知语法理论、中介语理论。在这些理论的指导下对汉语介词标记进行多角度研究，得出的结论科学、可信。

三、既有宏观的研究，又有微观的研究。宏观研究有对标记理论的研究、对介词标记功能的研究等。微观研究有对被动标记“被、叫、让、给”的演变研究、对典型介词标记“把、被、比、连、在”的构句机制及情景语义研究等。宏观研究侧重于理论方面的探索，而微观研究则侧重于对语言具体事实的描写。

四、对留学生习得以介词为标记的句式进行了深入研究。研究的总体思路非常清晰：首先确定偏误语料，然后进行偏误分类，接着进行偏误探源，最后提出精准的教学对策。

该书不但具有很高的学术价值，而且具有很高的应用价值。该书将基础研究和应用研究有机地结合起来，展示的研究方法和分析技术可操作性强，容易学习和掌握，能切实促进汉语介词标记的研究。总之，这是一部把本体研究与对外汉语教学结合起来研究的力作，我愿意向读者推荐这本书。

王振来教授潜心研究现代汉语语法，务实求新，不断有新成果发表。据我所知，他现已发表学术论文70多篇，出版专著6部，参编教材1部；除了主持国家社会科学基金项目、国家语委基金项目以外，还承担省、市基金项目的研究。这些足以证明其勤奋，眼光敏锐，善于思考问题。祝他不断拿出好作品与大家共飨。

是为序。

马庆株

2017年11月25日

前 言

语言是人们用来交际的工具。在交际的过程中，词语要按照语法规则有序排列，汉语语法最重要的语法手段是语序和虚词。介词是汉语最重要的虚词类别，汉语中不少句式是由介词命名的，介词成为句式标记是现代汉语很有特色的一种语言现象。汉语语言学界非常重视研究以介词为标记构成的句式，但目前对介词标记构句机制及情景语义的研究还相对薄弱，需要加强。

汉语介词标记虽然数量不多，但使用频率高，在汉语句法中占有重要地位。很多汉语句子都以介词来命名，比如“把”字句、“被”字句、“比”字句、“在”字句、“连”字句等。外国人学习汉语一定要学习以介词为标记的句式，因为这些句式是汉语句式重要的一部分，体现了汉语句式的突出特点。以介词为标记句式的结构复杂，语义内涵丰富。在对外汉语教学中，以介词为标记的句式一直是教学的重点，也是教学的难点。外国人学习汉语介词标记时，常常出现偏误或干脆回避。对外汉语教学需要解释清楚介词标记的构句规律、句式的语义内涵及使用的语言环境，从而有利于留学生学习汉语介词及以介词为标记的句式。

本书重点探讨了以下内容：

一、介词标记的功能及产生动因。汉语的一些常用介词经过长期使用，位置固定，在语法上形成了自己的特点，构成了一些颇具特点的格式或句式，并以该介词命名。介词标记具有介引、标记、衔接、区分语义角色等功能。结合介词标记的语法化演变过程，本书探讨了介词标记的来源及其形成动因。

二、介词标记的构句机制。按照标记理论，汉语句子可以分为有标记和无标记两类，“有标记”和“无标记”的对立是人类一般认知机制在语言学中的体现。汉语中以介词为标记构成的句式都有自己独特的形式、功能和使用规律，介词标记制约着句式结构的语序，在构句时遵循特定的信息组织原则。

三、以介词为标记句式的情景语义。交际要在一定的言语情景中才能进行，言语情景即语言环境。语境给了语言生命和活力，体现了语言交际者的交际意图、交际手段、交际思维等，有了语境才有语言的真正价值。研究介词标记的情景语义有助于学习者掌握句式的使用环境。

四、介词标记的演变规律及使用规则。汉语介词标记不是一成不变的，而是随着语言的发展不断变化的。以被动标记为例，从古代汉语到现代汉语，被动标记有十几种，不同时期的人们在表达时选用不同的介词标记。本书通过对古今汉语被动标记演变的考察，揭示了汉语被动标记的语法化历程和形成规律。

五、介词标记的同现现象。汉语介词标记可以在一个句子中同现。本书根据介词的位置，把介词标记同现现象分为两种类型，即介词标记连续连用同现和间隔连用同现，分析了介词标记同现现象的句式结构及语序规律，探讨了介词标记同现的表达作用、限制条件，并从认知的角度对其进行了解释。

六、介词标记的隐现现象。介词标记在句子中可现可隐，有的介词标记在句子中必现，有的介词标记受语境的影响在句子中可以隐去。介词标记的隐现受语言环境的影响较大，根据不同的语言环境而可隐可现。本书探讨了介词标记隐现的各种限制条件。

七、留学生学习以介词为标记句式的偏误及教学对策。本书把留学生学习以介词为标记句式产生的偏误归为五种类型：a. 遗漏；b. 误加；c. 错序；d. 误代；e. 混淆。在归纳偏误规律的基础上，本书分析了这些偏误产生的原因：①母语负迁移的影响；②目的语知识过度泛化；③教材对介词标记用法解释得不充分，有些英文标注误导学生。最后，本书从教学角度提出了相应的解决方案。

对汉语介词标记进行系统化研究有助于深化对以介词为标记句式的整体认识。目前汉语介词标记研究多集中在某一个介词上，相对比较零散，系统性不强，亟须用新的理论和方法进行系统化研究，解决一些前人没有解决的问题。笔者在研究中广泛搜集并充分利用历史文献资料，将古代汉语文献资料与当代汉语文献资料结合起来，并将个案研究与综合研究、共时研究与历时研究、实证研究与理论研究等有机结合，开展多层面、多角度研究。

本书以科学发展观为指导，研究内容本着原创性、开拓性和较高的学术价值为原则，探讨了一些前人没有涉及的研究内容，也对前人的研究进行了一定的补充。全书以介词标记为核心，对其构句机制和情景语义进行了较为全面的研究，在研究中涉及介词标记的方方面面，故亦称为多角度研究。由于笔者水平有限，文中不当之处敬请大家批评指正。

目 录

第一章

句子的标记形式及理论基础

第一节 句子的标记形式

一、汉语句子的标记形式

人类互相交流的方式有很多种，但最重要的方式是语言交流。语言是人类进行交际的主要工具。人们之间的语言交际主要是通过句子实现的，而汉语句子又有很多种类型。从标记的角度来说，有的句子有标记，有的句子没有标记，人们在使用时根据需要具体选择。在有标记的句子中，不同的句子具有不同的标记形式，选择什么标记与要表达的内容密切相关。从人类认知的角度来看，无论用什么标记形式都必须满足三个条件：①容易识别，即作为句式标记必须是最突出、最显眼、最容易找到的，而且在构句时要具有成句作用；②能产性强，即人们能用此标记造出无数个句子，反之如果此标记不具有能产性则不能成为句式标记；③位置稳定，即汉语标记在句子中的位置相对稳定，变化较少。这三点是成为句式标记的基础条件。用标记识别汉语句子的方式有很多种，这里以三种类型为例加以说明。

(一)用语气标识句子

汉语句子的标记形式多种多样，语气也是识别句子类型的方法之一。例如：

(1)今天你干什么去了？怎么不去上课？

(2)这里的风景真美呀！我太喜欢这儿了！

例(1)句末有问号，问号是疑问的形式标记，让人们知道这是疑问句，表达疑问的语气。例(2)句末有感叹号，感叹号是感叹句的形式标记，抒发一种赞美的情感。

(二)用特殊词语标识句子

汉语是缺少词形变化的语言，标记句子不能依赖词形，但可以借助于句子中重要的词语。这些词语不仅位置固定，而且在构句时起着非常大的作用。据考察，汉语中能成为句式标记的词语并不多，这里以动词、介词、助词、关联词语为例进行说明。

1.动词为句式标记。现代汉语中动词的数量非常庞大，但只有极少数动词可以成为句式标记。例如：

(3)约翰是一名美国留学生。

(4)中国有很多名胜古迹。

例(3)中判断动词"是"为句式标记，表达一种判断，我们称该句为"是"字句。例(4)中动词"有"为句式标记，表达一种存在，我们称该句为"有"字句。

2.介词为句式标记。虽然现代汉语中介词的数量不多，但绝大多数介词都可以成为句式标记，不同的介词标记在构句时所起的作用不同。例如：

(5)这本教材比那本教材难多了。

(6)我把《发展汉语》放在桌子上了。

例(5)中介词"比"为句式标记，表示比较，我们称该句为"比"字句。例(6)中介词"把"为句式标记，表示处置，我们称该句为"把"字句。

3.时体助词为体标记。时体助词"了、着、过"用在动词后，成为句式的体标记。例如：

(7)我读了《三国演义》，接着准备看一看《红楼梦》。

(8)李老师看着自己十年前的照片，不禁感慨万千。

例(7)中助词"了"为体标记，表示动作的完成。例(8)中助词"着"为体标记，表示动作的持续。

4.关联词语为复句的标记。汉语常常以关联词语作为复句的标记。例如：

(9)只有你去请他，他才肯参加这次的学术研讨会。

(10)李博因为待人诚恳，所以赢得了顾客的信任。

例(9)中关联词语"只有……才"为条件复句的标记。例(10)中关联词语"因为……所以"为因果复句的标记。

(三)特殊的句子成分也具有标识作用

汉语中有的句子成分具有特殊性，也可以成为句式的标记。例如：

(11)大家选马力当中级五班班长。

(12)李老师送我一本小说。

例(11)中"选马力"为述宾短语，"马力当(班长)"为主谓短语，两个短语套叠在一起，"马力"既是述宾短语的宾语，又是主谓短语的主语，一身兼二职，成了句式的标记，这样的句式称为兼语句。例(12)中"我"和"一本小说"都是动词"送"的宾语，双宾语是现代汉语一种特殊的构句现象，也可以成为句式的标记，这种句子称为双宾语句。

二、研究介词标记的缘由

(一)介词标记本身的复杂性值得研究

汉语句子的标记形式较多，特殊词语成为句式标记是汉语的特色。与其他词语标记相比，介词标记更为复杂。介词标记构句时对标记对象有要求，对句中动词有限定，影响句子成分的布局。有的介词标记使句子结构发生改变，打破常规句式的SVO格局，形成特殊的句式结构，具有特定的语法意义和表达功能。汉语的每个介词标记都有自己独特的作用，在构句时纷繁复杂，需要一个一个去研究。

以介词为标记构成的句式在汉语句式系统中的重要性，也使介词标记值得我们花大力气去研究。从使用频率来说，以介词为标记构成的句式使用频率非常高，无论在我们的生活中还是在文献中都是随处可见的，是汉语表达不可或缺的高频句式；从句式包含的信息来说，以介词为标记构成的句式不仅包含的信息量大，而且语义表达丰富，是汉语中可以深入挖掘的“宝藏”。

（二）介词标记的研究还存在一些不足

由于介词标记在汉语句法系统中有着独特价值和重要功能，从《马氏文通》设立“介字”一类以来，学者们对以介词为标记句式的研究一直没间断。一百多年来，介词标记一直为语言研究者所关注，是语法学界研究的热点。学者们以不同理论为背景，对以介词为标记句式的结构、语义、语用进行了较为细致的研究，对理论问题也进行了一些探讨。虽然前人和时贤对介词标记的构句机制和情景语义问题已有过一些研究，但到现在还没有取得令语言学界非常满意的结果，有些问题还存在争议，由此可以看出这个问题的复杂性。目前，国内学者比较重视对句式结构的分析，而对句式语义和语用的研究相对较弱，主要原因在于语义和语用的研究难度较大，形式化标准的确立比较难。总之，目前介词标记研究还存在一些不足，需要进行系统化研究。

（三）对外汉语教学亟须把介词标记问题解释清楚

由于以介词为标记句式的构成和用法相当复杂，在情景语义上有其突出的个性特征，留学生普遍认为以介词为标记的句式是汉语最难学的内容之一。外国人在学习汉语介词标记的过程中，常常受母语负迁移的影响，造出很多不符合汉语语法规则的句子。汉语中以介词为标记的句式形成了独特的句式结构，留学生很难在其母语中找到对应的结构形式。有的留学生在使用以介词为标记的句式时出现一些偏误；有的留学生直接采取回避的态度，在应该用以介词为标记的句式时选用了别的句式。以介词为标记的句式是汉语句子的精华，体现汉语句子的特色，是汉语研究和对外汉语教学无法回避的内容。我们在教学时不仅要分析以介词为标记句式的结构，还要介绍每个句式生成的原则和方法、句式使用的语境及表达的语义内涵。总之，解决留学生习得汉语以介词为标记句式的问题是我们研究的重点内容之一。

第二节 标记理论及其运用

陆俭明先生(2007)指出:“科学研究的范围包括理论研究、本体研究、应用研究三个方面,无论从哪个角度进行科学研究,都将自觉或不自觉地涉及科学研究的理论与方法。”①这句话告诉我们一个普遍的道理,即语言研究离不开理论,语言研究要在理论的指导下进行;离开理论的指导,具体研究就不成系统,也缺乏解释力。陆俭明先生(2010)认为对未知事实的挖掘,研究理论要不断更新,“不能只满足于了解、掌握一种理论、一种方法,要坚持多元论”②。他在不同时期阐释了语言理论对本体研究和应用研究的指导作用,认为在不同时期要使用不同的语言学理论。语言在发展,语言学理论也要跟上时代发展的脚步。面对目前语法理论的多元化,在研究介词标记问题上,我们根据汉语介词标记的特点,择善而从,选择标记理论来指导我们的研究实践。

一、关于标记理论

标记理论(Markedness Theory)产生于 20 世纪 30 年代,由布拉格学派音位学家最先提出。因为布拉格学派是结构主义学派的分支,所以这个理论也就成为结构主义语言学中的一个重要理论。结构主义语言学以索绪尔的语言符号学说作为诞生标志,主要包括三个分支:布拉格学派、哥本哈根学派和美国描写主义学派。自布拉格学派特鲁别茨柯依(Trubetzkoy)提出标记理论后,又有很多学者对其进行了完善,他们是雅柯布逊(Jakobson)、乔姆斯基(Chomsky)和莱昂斯(Lyons)等。目前,标记理论已成为世界上很有影响力的语言学理论之一,被运用于语言分析的各个层面,例如语音学、语义学、语用学、语法学、形态学等。标记理论之所以受到学者们的青睐,主要原因在于它的分析性强,能够帮助人们正确地分析语言和运用语言进行交际。

标记理论的核心是语言标记的确定。各种语言均存在“有标记”(marked)和“无标记”(unmarked)之分,其最基本的含义是指语言中的一种不对称同时又相互对立的现象,这种现象在有标记词或标记特征的句式中比较明显,而在没有标记或标记特征的句式中显著度较低。目前,世界上各种语言学派对语言标记的看法基本达成共识,即认为标记是语言的一种普遍现象。

布拉格学派著名音位学家特鲁别茨柯依提出了标记的概念,雅柯布逊在特鲁别

---

① 陆俭明,2007.汉语作为第二语言教学的本体研究和汉语本体研究[J].世界汉语教学(3):94.

② 陆俭明,2010.汉语语法研究中理论方法的更新与发展[J].汉语学习(1):3.

茨柯依理论的基础上增添了新的内涵，认为可以根据区别性特征来区分有标记项和无标记项；研究范围不局限在语音层面，还应用于词法、句法和二语习得方面。

国内引入标记理论是从20世纪80年代开始的，如徐盛桓(1985)探讨了语言的"有标记性"和"无标记性"；王立非(1991)研究了标记理论，2002年还在其《语言标记性的诠释与扩展》一文中对语言标记进行了深入研究；张家骅(1992)对布拉格学派的标记理论进行了客观分析；沈家煊(1997)探讨了类型学中的标记模式；李生春(1997)讨论了语言单位的标记性；张凤(1999)对标记理论进行了再评价；王扬(2005)进行了标记主位及其语用功能的研究；黄瑞红(2012)运用标记理论研究了二语习得中的母语迁移现象。这些研究涉及的内容较多，但基本上都是围绕"标记"这个核心展开的，对我们研究汉语介词标记有借鉴意义。

二、标记理论研究的视角

1. 结构形式方面。有标记句式常常以某个虚词为标记特征，并以该标记命名，例如我们常用汉语介词"被、把、在、比、连"等命名以其作为句式标记构成的句式。

2. 句式语义方面。无标记句式的语义表达相对简单，有标记句式的语义表达则较为复杂。如在汉语被动句中，无标记被动句的语义表达简单、客观，有标记被动句的语义表达则复杂得多，常表达"遭受义、受损义、嘲讽义"等，使语义更具体、更特殊。

3. 语用表达方面。无标记句式要比有标记句式的使用范围更广，但有标记句式有其优点。标记在组词成句中有很强的规律性，只要人们掌握了这些规律，运用起来就很方便。有标记句式与无标记句式的表达在语用上的差距还是比较大的，人们选择用什么句式来表达，主要取决于说话者的态度。

4. 语言习得方面。无标记项比有标记项容易习得，无标记句式的结构形式简单、更容易掌握；有标记句式的结构相对较难。外国人习得"把"字句比习得一般陈述句要困难得多，即使学了"把"字句，也常常避而不用，而用其他句式代替。因此，在对外汉语教学中我们应该先教无标记项内容，然后教有标记项内容，由易到难，这也符合人们的认知心理。

三、标记转移现象

语言中的句式标记不是静态的、不变的，而是动态的、发展的。标记转移现象(markedness shift)是指随着社会的发展，在人们的使用过程中，标记会随着语言的发展而发生变化。以汉语为例，其介词标记不是一成不变的，而是随着汉语的发展而发展的；句式标记在不断演化，旧的句式标记逐渐消失，新的句式标记根据交际的需要而产生，句式结构也随之改变。

在现代汉语中，不仅句式之间可以互相转换，介词标记之间也可以互相转换。如无标记句“湖人队打败了公牛队”可以转换成两个有标记句：①公牛队被湖人队打败了；②湖人队把公牛队打败了。例①用了介词标记“被”，例②用了介词标记“把”，这两个句子可以互相转换，句子的整体意思不变。在汉语被动句中，被动标记也可以互相转换，如口语常用“叫”和“让”取代“被”，而书面语则用“被”取代“叫”和“让”。从共时层面来说，这也是一种标记转移，人们利用这种标记转移来实现说话的目的。

语言在发展，句式标记也在变化，尽管看起来不太明显。在汉语发展的历史进程中，也有介词标记转移的现象，通常是一种介词标记逐渐被另一种介词标记所代替，或者先前有标记的形式转变成现在无标记的形式。例如处置式标记最初是“将”，其使用频率很高；后来出现了“把”；二者并用一段时间后，“把”的使用频率越来越高，而“将”的使用频率越来越低，后来人们就用“把”取代了“将”，标记也就发生了转移。

四、语境与标记的选择

语境对语言表达非常重要。在不同的语境中人们使用的词语和句式也不同，有时需要有标记句式，有时不需要有标记句式。即使是在同一语境，由于说话者的态度不同，人们使用的句式也不同，有的使用无标记句式，有的使用有标记句式。句式用不用标记主要取决于表达的需要，说话者要选择符合语境的得体的表述形式。换句话说，语境和说话者的态度决定了说话者选用什么样的句式。例如：

(1)教练今天批评了她。

(2)教练今天把她批评了。

(3)她今天被教练批评了。

上面三句话表达的内容基本相同，可以说是同一个命题(proposition)，我们称为同义句式，但它们使用于不同的语境时，表达出的是不同的交际效果。由于说话者的立场不同、态度不同，选用的句式也不同。例(1)是无标记句式，是一种客观陈述；例(2)是以介词“把”为标记的主动句，表达一种“处置义”；例(3)是以介词“被”为标记的被动句，表达一种“遭受义”。由此可见，标记性和非标记性会随着语境的动态变化而变化。

在对介词标记的研究中，我们不仅运用了标记理论，还运用了语义功能语法理论、认知语法理论、语言习得理论等。我们博采众家之长，对介词标记问题进行了多角度研究，以解决过去没有解决的问题，深化对介词标记的研究。

第三节 介词标记的研究取向

一、结构、语义、表达相结合

著名语言学家朱德熙(1985)认为汉语语法要注重对结构、语义、表达的研究。在研究句式标记时,如果只考虑语法形式而不考虑语义和表达,研究成果的深度明显不够。句式标记研究要从语义出发,同时要兼顾形式和语用,这是一种科学地研究句式标记的方法,得到了很多研究者的验证,值得推广。汉语是分析性语言,因而结构、语义、表达研究相结合最适合用于对汉语句式的研究。在这三者中,语义非常重要。马庆株(2002)认为"语义是汉语语法最重要的研究内容,是语法研究的基础"①。汉语是意合语言,对语义的研究有助于揭示介词标记的构句机制。研究语义的最终目的是为了表达。在语法学界,无论是研究句式结构,还是研究句式语义,最终的落脚点都是为了表达。语言是用来交际的,人们根据交际需要在不同的场合选用不同的介词标记和句式,以实现得体交流。因而我们以语义功能语法理论的内涵为指导,深入研究汉语介词标记的构句机制及情景语义。

汉语语法的理据性较强,特别是以介词为标记句式的理据性非常强。只要我们找到这些介词标记的构句规律,把这些规律告诉外国学习者,他们就可以运用这些规律创造出无数个符合语法规则的汉语句子。汉语语法规则的生成功能使学习者运用一种语法规则就可以生成成千上万个句子,这样就能大大提高学习效率。外国人如果掌握了汉语句式标记的构句规则,知道了句式表达的语义,并知道怎么用、用在什么场合,就能说出地道的汉语。

二、共时与历时相结合

语言与人类社会一样,也在发展和演变,在人类历史上没有一种语言只停留在产生之时,发展是绝对的,稳定是相对的。语言的发展与社会的发展息息相关。我们研究语言,既要研究它的过去,也要研究它的现在,还要预测它的未来。语言研究存在共时研究和历时研究两种情况:一方面需要共时研究,而另一方面共时研究解决不了的问题就需要从历时研究的角度来解决,只有把共时研究与历时研究结合起来,才能了解一种语言的形式标记的整体发展脉络。

---

① 马庆株,2002.著名中青年语言学家自选集·马庆株卷[M].合肥:安徽教育出版社:5.

汉语介词主要来源于动词。在动词向介词演变的过程中,词语意义制约动词虚化的方向。一个动词常有几个义项,哪个义项虚化、怎么虚化、向哪个方向虚化都不是随意的,而是受很多条件制约的。从我们考察的情况来看,动词的虚化主要受三方面条件制约:第一,受词语意义的影响;第二,受词语位置的影响;第三,与说话者的态度有关。"被"和"把"的虚化就符合上述条件。汉语被动句和处置式在演变过程中需要合适的句式标记,经过近千年的发展演变,人们最终选择了"被"和"把"作为句式标记,于是就产生了两个特殊句式,即"被"字句和"把"字句。

介词标记的产生有一个形成和发展的过程,只有从历时角度才能解释清楚,比如动词虚化成介词标记的过程。我们发现,在虚化的过程中有的动词虚化程度较高,如"从、把、被、对于、关于"等;有的动词虚化程度较低,如"在、用、比、叫、让"等。

察今可以知古,察古可以证今。只有进行共时和历时双向研究,才能真正地了解汉语介词标记及其构句机制。例如汉语被动标记有十几个,同是被动标记,这十几个词却是由不同动词演化而来的;在演变过程中,不同时期的被动标记又有所不同。要把握和使用这些被动标记,就必须考察它们的历史,弄清楚它们的来龙去脉。

三、描写与解释相结合

介词标记研究要重视描写和解释。研究任何一种语言现象,把言语的实际情况描写出来都是非常必要的。但若只有描写而没有解释,很多问题还是说不清楚,所以在描写的基础上进行解释也是非常重要的。美国结构主义语言学重视对言语的描写,英国系统功能语法重视对言语的解释。我们把二者的优点结合在一起,既重视言语描写,也重视言语解释。我们还借鉴认知语法理论,对介词标记的构句机制进行认识上的解释。几千年来,中华民族形成了与其他民族不同的心理认知,这种差异在语言使用中也能显现出来。

在描写和解释中,常用的是演绎和归纳的研究方法。演绎是先给出语法规则,然后进行举例分析;归纳是先进行语言现象分析,然后归纳语法规则。介词标记研究离不开具体的研究方法,在调查的基础上把描写和解释相结合、演绎和归纳相结合,得出来的结论更科学,更可信,也更有逻辑性。

四、介词标记研究离不开分类

汉语是孤立语,属于汉藏语系。汉语在几千年的发展历程中受到汉民族文化、心理和传统习俗的影响,形成了独特的非常复杂的汉语语法体系结构。要弄清楚汉语语法体系结构,采取分类的办法最适合。分类能使庞杂的问题简单化,使复杂的问题条理化,使无序的语料变得有序。我们通过分类厘清了研究思路,按照不同的标准将汉语语法分为若干类型,使之一目了然。分类最适合汉语语法研究,比如被动句从有、无标记角度可以分为两大类,即有标记被动句和无标记被动句;从语义角度又可以分为三大类,即遭受义被动句、积极义被动句和中性义被动句。我们在研究中分析不同类型被动句的特点,从而对被动句有整体的认识。

语料分析是分类的第一步。在进行语料分析时要注意分析的语料必须是现实生活中存在的事实。分类不是无原则的,而是根据研究需要制定合理的分类原则,按照这个原则根据语料之间的关系进行分类。在分类时一定要遵循客观标准,既要考虑言语的结构规律,也要体现言语的逻辑规律。在对汉语介词标记进行研究时也必须进行分类,一个类型一个类型地研究,才能把复杂的介词标记条理化、规律化。

五、主观性与主观化相结合

主观性(subjectivity)是指语言表达的一种特性,即话语或多或少含有说话者的"自我表现"成分,说话者说出的句子总要表明自己的立场、态度或情感。主观化(subjectivisation)是指语言为表现这种主观性而采用相应的结构形式或经历相应的演变过程。人们在使用语言进行交际时,不可避免地要带有主观性,而表达这种主观性的手段就是主观化。关于主观性的内容,沈家煊(2001)做了详细介绍。他认为主观性主要体现在:①说话者的情感(affect);②说话者的视角(perspective)或视点(viewpoint);③说话者的认识(epistemic modality)。以介词为标记的句式,如"被"字句、"把"字句、"连"字句常表达主观性,说话者使用这些句式通常是为了表达自己的主观情感或态度。研究以介词为标记句式的主观性和主观化有助于分析人们选用不同句式标记的原因,让外国学习者知道为什么使用这些句式。

六、习得问题与教学对策相结合

留学生习得以介词为标记构成的句式常常会出现一些偏误,我们不仅要分析这些偏误的类型,还要分析其产生的原因,在这个基础上研究教学对策。习得中的偏误研究犹如医生给病人看病要对症下药,研究外国人习得汉语以介词为标记句式的偏误就是要"找到病症"。我们以北京语言大学 HSK 动态作文语料库以及留学生的日常口语、练习、作业中出现的偏误为例,通过查询、统计、分析与归纳,最后确定偏误类型、分析偏误原因并提出教学建议,以期解决留学生习得汉语以介词为标记句式的问题,从而使他们可以更好地运用介词标记造出得体的汉语句子。

第二章 介词标记的功能及构句规则

第一节 介词标记的功能及产生动因

一、关于介词标记

(一)介词

汉语是典型的分析型语言,缺乏严格意义上的形态标志。汉语语法常常通过语序和虚词得以实现。介词是汉语四大虚词之一,没有词汇意义,在构句时只有语法意义,常常位于体词性词语前,与之构成"介词短语",用来修饰、补充谓词性词语。汉语介词虽然数量不多,但在构句时的作用非常大,所以语言学界对其关注度非常高,研究的学者多、看法多、成果也多。

1984 年吕叔湘主编的《现代汉语八百词》从结构、用途等角度对介词进行了解释,认为"介词加名词构成介词短语,介词短语的主要用途是修饰动词;最常用的介词是'把、被、给、对、在、比、从'等;介词短语一般位于动词前"[①]。

2002 年黄伯荣、廖序东主编的《现代汉语》认为"介词常常充当语义成分的标记,主要标示施事、受事、对象等"[②]。具体情况如下:

标示时间、处所、方向的介词有"从、在、由、向"等;

标示依据、方式、方法、比较的介词有"按照、根据、用、比"等;

标示原因、目的的介词有"因为、由于、为、为了"等;

标示施事、受事的介词有"被、把、给、叫、让"等;

标示关涉对象的介词有"对、对于、关于、除了、同"等。

2004 年由李行健主编的《现代汉语规范词典》解释介词为"用在名词、代词或名词性词组前边,引进动作行为的时间、处所、方式、目的、涉及或比较的对象以及动作的施事者等"[③]。当然这个定义是在借鉴《现代汉语八百词》和《现代汉语词典》及相关研

---

① 吕叔湘,1984.现代汉语八百词[M].北京:商务印书馆:12.

② 黄伯荣,廖序东,2002.现代汉语[M].北京:高等教育出版社:26.

③ 李行健,2004.现代汉语规范词典[M].北京:外语教学与研究出版社:673.

究成果的基础上对介词的高度概括，说明了介词的主要功能，但没有囊括全部功能。

2007年邵敬敏主编的《现代汉语通论》认为“介词的主要语法作用是引进跟谓词有关的对象，跟名词组合成介词短语，主要作状语，也可以作补语”①。

从两部词典和两部教材的解释中，我们可以清楚地了解到介词在汉语语法大家庭中的地位及其构句作用。

实际上，对介词的正式研究是从1898年《马氏文通》开始的。马建忠运用西方语言学理论研究古代汉语介词，把介词叫作介字②。章士钊(1911)认为“唯以介绍之名词，介词有置于其前者，有置于其后者。置于前者谓之‘前置介词’，置于后者谓之‘后置介词’”③。章士钊第一次使用“介词”这一术语，为以后的汉语介词研究指明了方向。

早期，我国学者对介词的研究一般是以文言文中出现的介词为主。随着语言的发展演变，研究的重点逐渐过渡到现代汉语中的介词。从《马氏文通》至今的百余年，前辈学者对介词的研究为介词标记的研究打下了基础。我们在前人研究的基础上，进一步探究现代汉语介词标记的相关问题，比如介词标记的构句机制、介词标记构句的情景语义、介词标记的历时演变过程、留学生习得以介词为标记句式的偏误等。

(二)介词标记

当今世界上许多国家的语言都有标记，语言学家们非常重视对语法标记的研究。一方面，标记在语言表达中起非常重要的作用；另一方面，标记的使用很复杂，值得下功夫研究。范晓(2012)认为现代汉语句式标记的特征词主要由表达语用意义的介词、助词、副词等担当，即介词可以充当汉语句式的标记。邵敬敏(2014)认为“句式是根据句子的局部特点划分出来的句子类型”④。邵先生所说的局部特点就是指虚词作为构句的结构标记，汉语中充当句子结构标记的虚词不仅有连词、助词，还有介词，以介词为标记的句式具有特殊的语法结构和特别的语法意义。我们参照金昌吉(1996)、沈家煊(1999)、张谊生(2000)、张伯江(2001)、陈昌来(2002)、范晓(2012)、邵敬敏(2014)等人的判别标准，来界定汉语介词标记。

什么是汉语介词标记呢？所谓汉语介词标记就是汉语介词在介引名词性词语或短语的过程中，形成了特殊的介词短语；在句法结构中的位置相对固定，形成了特定的语序序列；在表达上产生了与其他句式不同的句式语义特征，这个句式常常以这个

① 邵敬敏，2007.现代汉语通论[M].上海：上海教育出版社：180.

② 马建忠，1898.马氏文通[M].北京：商务印书馆：246.

③ 章士钊，1911.中等国文典[M].北京：商务印书馆：7.

④ 邵敬敏，2014.建构汉语句式系统的价值与意义[J].汉语学习(1)：5.

介词命名[1]。可见,介词标记对句式结构的影响是非常大的,以介词为标记的句式都有自己的构句规律和结构语义,形成了独特的表达价值。

在以介词为标记的句式中,介词标记的位置一般是固定的,但是根据表达的需要,有些句子成分的结构位置是可以调整的。介词与句式之间有关联,介词在构句中有明显的特征,即具有凸显性,以介词为标记的句式形成了自己的系统,有其自身的规律和价值。例如:

(1)城管把小贩的水果车没收了,并让他们交罚款。

(2)卡车司机被交警批评了一顿。

(3)我认为温哥华比多伦多漂亮多了!

(4)连我你也不记得了,真是贵人多忘事。

例(1)中介词"把"的位置固定在施事和受事之间,介引受事,形成了特殊的句式格式。"把"为句式标记,我们称这种句式为"把"字句。"把"字句是带有强调意味的陈述句,表达"城管怎么处置了水果车"。例(2)中介词"被"的位置也固定在受事和施事之间,介引施事,也形成了特殊的句式格式。"被"为句式标记,我们称该句式为"被"字句。"被"字句也是一种有强调意味的陈述句,表达"卡车司机被交警怎么样了"。例(3)中介词"比"的位置固定于两个可比较的事物之间,"比"为句式标记,构成了"比"字句。"比"引出比较的对象"温哥华"和"多伦多",表达将两个城市比较的结果。例(4)中介词"连"的位置固定在名词性词语"我"前,"连"为句式标记,与副词"也"搭配,形成"连"字句。这种句式主要起强调作用,强调的对象为"我"。

介词标记的使用表示一定的语法意义,在句法上、语义上都形成了自己的特色。与其他句式相比,介词标记构成的句式具有独一无二的作用。从汉语的整个句式系统来看,介词标记构成的句式使用频率较高。这些句式成为汉语句式大家庭中的成员,使汉语句式系统更丰富,使人们的表达更加丰富多彩。

为了研究的方便,我们把介词标记分为两种类型。一种是典型介词标记,也可称为特殊句式标记,如"把、被、比、连"等,以单音节为主,双音节较少。这种介词标记影响施事、受事在句中的位置,对句式的结构起举足轻重的作用。这些介词标记经过长期使用,位置固定,在语法上形成了自己的特点,从而构成一些颇具特点的句式,如"把"字句、"被"字句、"比"字句、"连"字句等。典型介词标记构成的句式具有使用频率高、能产性强的特点,无法用其他句式替代。另一种是非典型介词标记,这种介词标记对句式的整体格局影响较小,只起介引句子语义成分的作用。

---

① 张谊生,2000. 现代汉语虚词[M]. 上海:华东师范大学出版社:104-105.

以介词标记命名的句式，是人们长期运用形成的“相对固化”的句式形式。在这些句式中，典型介词标记的位置比较固定，一般分布在谓语动词前；非典型介词标记可以分布在句首、动词前、动词后三个不同的位置。标记理论认为这些介词标记具有区别性特征，能够在认知域内把最重要的信息展示出来，直接凸显句式的焦点，表达特定的句式义，通过介词标记与介引对象的关系确定整个句子的类型。

我们按照介词标记的特点确定研究的范围，主要研究“把、被、比、连、在”等典型介词标记，也涉及其他介词标记，但不将其作为主要研究对象。

二、介词标记的特点及功能

（一）介词标记的特点

1.汉语介词标记主要来源于动词。随着语言的发展，有的动词逐渐虚化，在构句时只起语法作用，其词汇意义越来越虚，最后演变成介词。这些动词在演变成介词前可能有几个义项，虚化为介词的往往是其中的一个义项，比如动词“把”具有“控制义、握持义、看守义”等，介词“把”的“处置义”是从“握持义”虚化而来的。现代汉语中还有一部分介词同时兼有动词的语法功能，如“在、连、给”等。

在汉语的发展过程中，有的动词由于位置的变化，在构句时的角色也发生了转变，其意义由实转虚，动词功能逐渐退化，虚词功能逐渐增加，最后蜕变为介词。探析介词的发展史，我们发现不同动词的虚化不是同时完成的，也不是一下子实现的，而是根据需要在不同时期逐步完成的。动词在向介词虚化的过程中，其作用不同，虚化成的介词的作用也不同，因而在构句时所介引的对象也不一样，表达的功能当然也不同，于是便形成了特点突出的各种各样的介词。

2.介词标记的句法位置基本上是固定的，而且每个介词标记在句法结构中都有特定的价值，表示相应的语法意义。介词标记一般在谓词性词语前介引名词性词语，构成介词短语，在句子中作状语。比如典型介词标记“把、被、比、连”等，其在句式中的位置已确定，不能随便变化。当然，也有介词出现在动词后，与介引的成分一起作句子的补语，如“小刘生在一个偏僻的小山村”。这样用法的介词相对比较少，仅限于“在”和“于”等。介词标记位置的固定有一定规律，我们归纳出介词标记构句的结构规律，不仅有利于外国人学习汉语，也有利于计算机进行信息处理。

3.介词标记不能直接充当句子成分。介词没有实在的词汇意义，在构句时不能直接充当句子成分，常依靠与之共现的成分来一起表意。如：

(5)国际教育学院在学校礼堂举办迎新晚会，参加表演的留学生个个都很兴奋。

(6)他喝酒之后的样子比我难看多了，脸红红的，眼睛似睁非睁的。

例(5)中介词“在”与处所名词“学校礼堂”构成介宾短语，在句子中作状语。例(6)中介词“比”与比较项代词“我”构成介宾短语，在句子中作状语。

4. 在一些以介词为标记的句式中，否定副词和能愿动词常常出现在介词标记前，而不是出现在谓词性词语前，这种用法只出现在以典型介词为标记的句式中。介词标记的使用打破了句子的常规语序，使句子的整体结构发生了变化。例如：

(7) * 小李比小张不高。

(8) * 你把钱应该还给父母。

(9) * 你被老婆没骂一顿，谁信呢？

例(7)中否定词“不”在“比”字句中，应置于介词标记“比”之前，而不能置于形容词“高”之前，表达“小李和小张相比个子差不多”之意，正确的表达是“小李不比小张高”。例(8)中能愿动词“应该”一般出现在动词前；但在“把”字句中能愿动词应置于介词“把”前，而不能直接置于动词“还”前，正确的表达是“你应该把钱还给父母”。例(9)中否定副词“没”在一般句式中常位于动词前，否定动作行为；而在“被”字句中则应位于介词“被”前，正确的表达是“你没被老婆骂一顿，谁信呢？”需要说明的是，在以典型介词为标记的句式中否定副词虽然在介词前，但否定的是谓词性成分(有的否定介词短语)，而不是介词标记。普通介词标记没有这样的要求，否定副词和能愿动词都应位于谓语动词前。

5. 介词标记后面不能带体标记“了、着、过”。这一特点有助于我们辨别部分词语是介词还是动词，在对外汉语教学中比较实用。例如：

(10) * 老师把了这本书放在讲台上，转身出去了。

(11) * 连着这件秘密的事都知道了，他还有什么不知道的？

例(10)中“了”是动态助词，应出现在动词后，不应将“了”用在介词“把”后，将“把”后的“了”去掉，句子就正确了。例(11)中“着”也是动态助词，应该出现在动词之后，介词“连”后不能带“着”，去掉“连”后的“着”，句子就正确了。再看下面的对话：

甲：“小李一手把着方向盘，一手拿着手机打电话。你说这样开车危险不危险？”

乙：“当然危险。现在有规定，开车者不能边开车边打电话。”

甲说的话中“把”是动词，具有“控制义”。从结构上看，由“把＋着”也可以判断出这里的“把”为动词，因为介词后面不能带动态助词，所以这个句子不是以介词“把”为标记的句子，这里的“把”是个兼类词。

6. 介词标记不能重叠。汉语中动词、形容词、副词、量词等可以重叠，而介词标记不能重叠。例如：

(12) * 我今天早上把把钱还给了张涛。

(13)一把把现金都买了彩票。

(14)*这本词典比比那本辞典厚。

(15)这两本辞典比比,哪一本更厚?

例(12)中"把"是介词,不能重叠,正确的表达是"我今天早上把钱还给了张涛"。例(13)中"把"是量词,可以重叠。例(14)中"比"是介词,不能重叠,正确的表达是"这本词典比那本辞典厚"。例(15)中"比"是动词,可以重叠。

7.介词标记可以构成介词框架,如"连……都/也/还""在……上/中/下"等。介词框架一旦确定,成为约定俗成的结构,就不能随意改变。例如:

(16)连个小问题都处理不了,将来遇到大事怎么办?

(17)在朋友的帮助下,她终于克服了困难,走向婚姻的殿堂。

例(16)中介词框架"连……都"主要起强调作用,例(17)中介词框架"在……下"表示条件。

8.介词标记的语法意义与句式义要相适应。如果一个介词标记不适应一个句式的句式义,这个介词标记就不能进入该句式。介词的语法意义常常产生于特定的句法结构,只有在这个结构中才能体现这个介词所具有的语法意义。比如介词标记"把"具有"处置义"的关键在于它能与句式义相适应,只有在这个结构中"把"的语法意义才能体现出来。汉语句式在形成的过程中常常有这样一条规律,即句式的构成要与其成分相协调,句式要选择与句式义相匹配的介词标记。例如:

(18)调皮的孩子被爸爸揍了一顿。

(19)妈妈把饺子冻起来,留着招待客人时用。

例(18)表达的是一种"遭受义",说话者要选择介词标记,只有"被"合适,通过"被"引出动作行为的实施者"爸爸",表达受事"孩子"遭到了一顿打。"被"的语法意义能与整个句式义相协调,因而成为这个句式的标记。例(19)表达的是一种"处置义",根据句式义选择介词标记只有"把"合适,体现了施事"妈妈"对受事"饺子"的处置,"把"的语法意义与句式义相协调,因而成为处置式句式的标记。

(二)介词标记的功能

汉语在构句时非常注重词语与词语之间的语义配合。介词在汉语语序的形成中起到举足轻重的作用,也在构句时扮演非常重要的角色。介词标记在构句时主要起引介作用,使句子的意义表达更加完整,更容易被听话者理解。对介词标记的功能进行细致描述有利于解释含有介词标记的句式的构句原则。介词标记具有以下功能:

1.介词标记具有成句功能。一些句子必须有介词标记,否则句子不能成立或会产生歧义。例如:

(20)*飞机到了萨拉机场,约翰一下飞机,就热情地拥抱,然后互致问候。

(21) * 山本水果送给了办公室的李老师。

例(20)中“约翰一下飞机，就热情地拥抱”有歧义，约翰既可以是主动者去拥抱别人，也可以是被动者被别人拥抱；如果加上被动标记“被”，变成“约翰一下飞机，就被热情地拥抱”，句子的意思就清晰了，也没有了歧义。例(21)没有“把”显然是个病句，正确的表达应该是“山本把水果送给了办公室的李老师”；有了介词“把”，体现出施事“山本”对受事“水果”的处置，表达一种“处置义”，处置结果是“水果送给了李老师”。

2. 介词标记能够区分不同的句法关系。例如“张工程师领导看中了”和“张工程师被领导看中了”的意思完全不同，前者是主动句，后者为被动句，介词标记“被”的使用使句法关系清晰明了。再如：

(22)宋江把妻子告到法庭，要求离婚。

(23)小龙被父亲表扬了一顿。

例(22)中“宋江”是施事，“妻子”是受事，用介词“把”分清了二者的语义关系；如果不用介词“把”介引，句子就变成“宋江妻子告到法庭，要求离婚”，与原句意思完全相反。例(23)中“小龙”是受事，“父亲”是施事，如果不用“被”，句子变为“小龙父亲表扬了一顿”，句子的意思与原句不同。介词标记的使用使我们能清楚地了解句式的语义角色。

3. 介词标记具有介引功能。从句法功能上看，介词标记主要介引名词性词语，构成介词结构来充当状语。例如：

(24)现在的生活比十年前强多了。

(25)他连个人影也没看见，只好一个人走了。

例(24)中介词“比”引出比较的对象“十年前(的生活)”，该介词短语在句子中作状语。例(25)中“连”引出强调的对象“(一)个人影”，该介词短语在句子中也作状语。

4. 介词标记使句式的语义成分排列具有次序性。在以介词为标记的句式中，各语义成分都有一定的次序，比如施事在什么位置、受事在什么位置、比较对象在什么位置、强调对象在什么位置等。介词标记不同，语义成分的次序性也不同。例如：

(26)北方比南方雨少多了。

(27)连老师也算进去，一共 80 人。

例(26)使用介词标记“比”，被比较项“南方”出现在形容词谓语前，这样便于突出比较的结果。例(27)使用介词标记“连”，强调对象为“老师”，说话者把强调的对象置于谓语动词“算”之前。

5. 介词标记有很强的构句功能。一个介词标记能生成无数个句子，可以说介词标记是一个生成的系统。著名语言学家洪堡特曾认为人类语言的最大特点是“用有限的手段表达无限的内容"[①]，这一说法很有道理。汉语介词标记的数量是有限的，但人们可以用这些有限的介词标记造出无限个句子，来满足人们的交际需要。

6. 介词标记有衔接功能。介词标记不仅可以连接句子，也可以连接段落。例如：

(28)妻子早上起床，要做每天都必须做的事情：把牛奶热了，把鸡蛋煮了，把黄瓜做成凉拌菜，再把孩子叫起来。

(29)20年前他设计的猴年邮票在集邮界颇为抢手，被集邮者奉为珍品。

例(28)的四个分句都用了介词"把"，而且将其置于句首。"把"在这些分句中不仅起到构句的作用，还起到连接作用，使语段浑然一体。例(29)的后一个分句如果用主动句"集邮者奉为珍品"，句意衔接明显不顺畅，介词标记"被"的选用使上下文保持话题的一致性、结构的完整性。

可见，介词标记的使用是交际的需要，目的是使表达更清楚、更准确。客观事物的发展、新事物和新现象的出现迫使人们不断创造新标记来满足语言表达的需求，正是在这种需求下句子才从无到有地被创造出来。

三、介词标记产生的动因

(一)介词能成为句式标记有其自身的语义基础

汉语的典型介词标记基本上都是由动词虚化而来的，其语义与原动词有千丝万缕的联系，这也体现了语言的继承性。要研究汉语介词标记，就要研究其形成的条件和过程。动词虚化为介词后，其语义痕迹还存在。这个痕迹虽然已看不出来，但对句式义的表达起到非常重要的作用。在动词由实到虚的演变过程中，语义的影子已经转到介词上。动词虚化成介词后，介词的语法意义是循着原词语的最初意义生成的。比如以介词"把"为标记构成的句式，它的主要语义是"致使义"和"处置义"，句式义的表达与标记词"把"有密切关系。介词标记"把"是在动词"把"的基础上虚化而来的，"把"最初的动词义为"拿、持"，意为用手"掌握、握持"，如苏轼的词句"把酒问青天"中，"把酒"即"端起酒杯"之意，虚化后的介词"把"或多或少能看到动词的影子。"把"字句的其他语义都是在最初的"处置义"基础上发展而来的，这种发展形式使语义表达更加丰富，符合人们的交际心理。再如以介词"比"为标记构成的句式，它的主要语义是"比较义"，句式义的表达与标记词"比"有关系。介词"比"是在动词基础上虚化而来的，"比"的动词义为"比较"，虚化为介词的"比"保留了原动词的语义痕迹，在构句时只能用于比较句，而不能用于其他句式。介词虽然为虚词，只有语法意义，但在

---

① 刘润清，2013.西方语言学流派[M].北京：外语教学与研究出版社：63.

表达上还能看到原动词义的影子。换句话说，介词能成为句式标记有其自身的语义基础。

(二)动词需要介词标记来管辖其他语义成分

动词是句子的核心，施事、受事与动词的关系最为密切，动词能直接控制施事和受事。由于表达的需要，施事与受事等语义成分往往需要移位，如受事移位到句首，施事也相应地后移。移位后的语义成分偏离了原来的句法位置，失去了跟动词相互制约的关系。为了体现它们与动词的句法语义关系，需要介词标记把它们介引给动词，以表明它们与动词之间的关系，使句式语义关系明晰。例如：

(30)办公室电脑被小偷偷走了。

(31)小偷把办公室电脑偷走了。

例(30)运用介词标记“被”介引后移的施事“小偷”，表明其与前移的受事“电脑”的关系。例(31)运用(处置/致使)介词标记“把”介引移到动词“偷”前的受事“电脑”。如果没有介词的介引，句子成分的移动会让人感到突兀，或者不成立。

介词作为句式标志，不论施事和受事移到多远，都可以将其介引给动词，使句子成为一个有序的整体。但在构建句子时，介词标记的选用要与句式相配，因为介词标记和其他语法成分的组合有语义上的限制，不能随便搭配。

(三)介词标记的产生与句子的语序变化有关

一种语言现象的产生，往往跟语言自身结构的变化有关。周韧(2010)认为“在生成语法中，造成语序变动的主要原因就是句法成分的移动”①。吴福祥(2012)认为“甲骨文里由介词‘于、在’构成的介词短语作附加语(adjunct)时可自由出现于动词前后，而作论元(argument)时只出现在动词后”②。上古(殷商时期)汉语的介词在句子中的典型结构是“V+PP”，把介词结构置于句末，这种用法与英语介词的用法相似。在汉语的历史演变过程中，这种语序发生了变化，形成了“PP+V”的句法模式，为介词标记的产生创造了条件。有了这种适宜的结构，介词标记才会产生。例如：

(32)这件事发生于民国初年。

(33)在新吉祥物诞生之日，我们举办了盛大的纪念活动。

例(32)是一种“NP_1＋VP＋于＋NP_2”结构，介词“于”位于动词后。这个句子也可以说成“这件事在民国初年发生”，句子的结构是“NP_1＋在＋NP_2＋VP”。例(33)是一种“在＋NP_1＋NP_2＋VP”结构，介词“在”位于动词前。从例(32)到例(33)，介词

① 周韧，2010. 论韵律制约句法移位的动因和手段[J]. 世界汉语教学，24(1)：19.

② 吴福祥，2012. 试说汉语几种富有特色的句法模式——兼论汉语语法特点的探求[J]. 语言研究，32(1)：10-11.

标记的位置发生了变化，使用的介词标记也不一样了，用“在”替换了“于”。

(四)句式表达需要介词标记

介词标记的产生受制于交际的需要。人们在交际时，为了更好地表达交际的意图，常常使用以介词为标记的句式。不同时期介词标记的位置不同，选用的标记词也不同，这与语言的发展变化有关。早期汉语介词标记位于动词后能够满足那个时期人们表达的需要。随着社会的发展，汉语介词标记在动词后的语序格式已经不能满足人们表达的需要，需要新的句式结构，于是就出现了“介词标记$+NP_1+NP_2+VP$”的结构，这种新的句式结构更能满足人们表达的需要。

这样一来，汉语的句式结构就发生了语序上的变化，这对介词标记的产生起到至关重要的作用。以介词标记“把”为例，“把”将宾语提到谓语前面的结构称为“处置式”(或称“致使结构”)。介词“把”的作用是表达对某事物进行的处理，例如“学生把教室打扫得干干净净”“小张把书放在茶几上”等；或者是对某人或某物产生某种影响或造成某种后果，例如“大雨把他给浇感冒了”“小李把一只小狗给撞伤了”。这种表达方式在上古时代是没有的，在中古时代后期才开始出现，但也不常见。《孟子·梁惠王》中写道：“为巨室，则必使工师求大木。工师得大木，则王喜，以为能胜其任也。匠人而小之，则王怒，以为不胜其任矣。”其中“匠人而小之”一句，译成现代汉语应该是“木匠把它砍小了”。古代的这种表达方式比较烦琐，当宾语拉长时就更显烦琐。后来用介词标记“把”将宾语提到动词前面去，结构就变得灵活了，这是汉语语法上的一大进步。由此可以看出，介词标记的出现有一个发展过程，到了一定时期，为了满足表达的需要而产生了比以前更为方便的表达方式。

介词标记的出现使句式表达更加简洁、清楚、方便，这样的句式受到人们的普遍欢迎。例如：

(34)整个会场被热烈的气氛所包围，人们沉浸在幸福和喜悦之中。

(35)学生怎么能不把分数当成小命根，家长怎么能不为分数提心吊胆？

例(34)如果不用介词标记“被”，就不能表达出“气氛”的热烈程度；用介词标记“被”使句子简洁明了，表意效果好，同时也能避免歧义的产生。例(35)如果不用介词标记“把”，句子会非常烦琐；用“把”引出处置的对象(受事“分数”)，句子就显得非常简洁，表意也丰富。

第二节　介词标记的构句规则

一、标记视角下的介词标记构句规则

(一)有标记句式的构句规则和无标记句式的构句规则

标记存在于人类社会的方方面面,如交通标志、航空标志、安全标志等。语言也存在标记,“有标记”和“无标记”的对立是人类一般认知机制在语言学上的体现。汉语句子的语序规则非常重要,什么词在前、什么词在后、句子需不需要介词标记、需要什么介词标记等,这些都是有限制条件的,都受句子表达的约束。在有介词标记的句子里,介词标记在构句时应该在什么位置出现、介引什么成分都有明确的规定。不同的介词标记介引的成分不同,构句规则不同,起的作用也各不相同。汉语的每种句式都有自己的构句系统和构句规律,介词标记在与句子其他成分组句时应该遵循句式规则构句[1]。

汉语是以语序为语法手段的语言,汉语中存在施事和受事的句子在构句时施事和受事的位置很重要,一般来说,施事作主语,受事作宾语,形成汉语无标记句式的构句规则“主语＋谓语＋宾语”(SVO)。这种 SVO 句式是最基本的,但当施事和受事的位置在构句过程中发生变化时,如受事移到动词谓语之前,这个规则就会被打破。这个变化与介词标记有直接关系,因为介词标记对施事和受事具有介引作用,影响了句子的构句规则。

无标记句式的构句规则“施事＋动作＋受事→SVO”是汉语的基本语序规则,这种语序是人们认识事件或活动的理想化模型[2]。如果这种语序变换为有介词标记的语序(以“把”和“被”为例),句子的结构规则就会发生很大的变化:

有标记句式的构句规则[3]
①施事＋把＋受事＋动作＋结果→S＋把＋O＋VP
②受事＋被＋施事＋动作＋结果→O＋被＋S＋VP

无标记句式是动词在前、受事宾语在后,可以转换成有标记句式。介词标记“把”和“被”在句式中出现,使汉语常规句式结构出现了变化,受事宾语被提到核心动词前。当施事和受事都出现在核心动词前时,若不用介词标记来加以区分,常常难以辨别施受关系。受事移到与动词较近的位置时,介词标记常用“把”,形成“把”字句;受

① 由于篇幅原因,本文主要研究介词标记在谓语动词之前的句式。
② 沈家煊,1999.不对称和标记论[M].南昌:江西教育出版社:202.
③ 本文以“把”和“被”为例,汉语中其他介词标记不在这里一一列出。

事移到与动词比较远的位置、成为句式主语时，介词标记常用“被”，形成“被”字句。介词标记构句的语序主要遵循信息传递的原则，为了使信息传递更清楚、更完整，说话者常常选择不同的有标记句式，使用“被”和“把”等介词标记构句形成了汉语的特殊句式。在汉语句式系统中，以介词为标记形成的句式是汉语句式的精华，体现了汉语的特色，是外国人学习汉语必须学习的句式。

介词标记的构句规则是让句式中的语义成分能和动词相适应，当然每个介词标记的构句规则不一样，形成的句式框架不同，表达的句式语义也不同。

（二）汉语介词标记的构句规则

汉语介词标记的数量不多，但类型多，不同类型的介词标记与句子的其他语义成分组合的结构是不同的，甚至可以说汉语中每个介词标记的构句规则都不同，表达的语义内涵也不同，这也反映了介词标记的复杂性。我们分别对各类介词标记的构句规则进行了简单分析，从而对介词标记的构句规则有一个整体轮廓。

1. 介词标记介引受事的构句规则。汉语介引受事的介词主要有“把”和“将”，其构句规则为“S＋把（将）＋O＋VP＋其他成分”。由于介词“把”或“将”的作用，受事可以移到动词前，与介词“把”或“将”构成介词短语，这种句式常被称为处置式。例如：

（1）今天我将钱都带出来了。（《京华闻见录》）

（2）我真想把杯子摔了。（《京华闻见录》）

例（1）中介词“将”介引受事“钱”，形成介词短语，构成的句子被称为“将”字句。例（2）中介词“把”介引受事“杯子”，构成的句子被称为“把”字句。以“把”和“将”为标记的句式主要表达“致使义”和“处置义”[①]。

介词“将”与介词“把”的构句形式基本相同，但二者出现的时间不同，“将”出现得早，“把”出现得晚。唐朝时期“把”才出现，后来“把”逐渐取代“将”成为介引受事的句式标记。“把”字句的句式义比“将”字句多，据我们统计，“把”字句的情景语义至少比“将”字句多三方面。从使用频率来看，现代汉语中“把”字句的使用频率远高于“将”字句。当然，在使用的时候，由于二者侧重的语境略有不同，表达效果也稍有差异。

2. 介词标记介引施事的构句规则。现代汉语介引施事的介词主要有“被、叫、让”等，其构句规则为“O＋被/叫/让＋S＋VP”。由于介词“被、叫、让”的作用，受事移到主语位置，施事后移，与被动标记“被、叫、让”一起构成介词短语，这种句式被称为被动句。例如：

（3）究竟是哪一部分中国人首先叫金钱所打倒了？（《京华闻见录》）

① 这里所说的以介词为标记句式的句式义是指核心句式义，当然也有其他内涵的句式义。

(4)谢惠敏自然常被他们找去谈话。(《班主任》)

例(3)中介词“叫”介引施事“金钱”,也构成介词短语,作状语。例(4)中介词“被”介引施事“他们”,也构成介词短语,作状语。以“被、叫、让”为标记的句式主要表达“遭受义”和“受损义”。

3. 介词标记介引比较对象的构句规则。汉语介引比较对象的介词主要是“比”,其构句规则为“A+比+B+比较结果”。介词“比”引出比较项,谓语为形容词或动词,体现比较结果,这种句式被称为“比”字句。例如:

(5)显然,他比我们更加痛苦。(《班主任》)

(6)管传达室的葛大爷比石大爷还老几岁,是个高瘦、撮腮的老头。(《班主任》)

例(5)中介词“比”介引比较对象“我们”,“更加痛苦”是比较结果。例(6)中介词“比”介引比较对象“石大爷”,“老几岁”是比较结果。以“比”为标记的句式表达“比较义”。

4. 介词标记介引强调对象的构句规则。汉语介引强调对象主要用介词“连”,介词“连”与副词“都/也”搭配,形成框式结构,构句规则为“S+连+强调对象+都/也+VP”,这种句式被称为“连”字句。例如:

(7)你连这句话都不敢说,你太不够意思了。(《无人喝彩》)

(8)在街上或胡同遇见夏青,互相连招呼也不打。(《无人喝彩》)

例(7)中介词“连”介引强调对象“这句话”,与副词“都”构成框架结构“连……都”。例(8)中介词“连”介引强调对象“招呼”,与副词“也”构成框架结构“连……也”。以“连”为标记的句式表达“强调义”。

以上四种类型介词标记的使用是为了凸显句式的某种特殊的语法意义和语用功能。这些介词标记的使用影响到句子语义成分的常规布局,使句式规则具有突出的个性特征。可见,介词标记对整个句式的构句规则影响较大。

5. 介词标记介引时间、处所、方向的构句规则。汉语介引时间、处所、方向的介词主要有“从、在、由、向”等,其构句规则为“S+在/从/向+时间/处所/方向+VP+O”。介词介引的时间或处所可以出现在主语前,也可以出现在主语后。例如:

(9)小叶,从今天起我要拜你做师傅。(《赤橙黄绿青蓝紫》)

(10)他晃着膀子在市场里转了一圈。(《赤橙黄绿青蓝紫》)

(11)让自己的车跟在何顺汽车的后面缓缓向前开去。(《赤橙黄绿青蓝紫》)

例(9)中介词“从”介引时间“今天”,“从”与“起”构成框架结构“从……起”,表示时间的起点,这种句式被称为“从”字句。例(10)中介词“在”介引处所“市场里”,起到引出处所的作用,这种句式被称为“在”字句。例(11)中介词“向”引出动作的方向

“前”，这种句式被称为“向”字句。

6. 介词标记介引原因、目的的构句规则。汉语介引原因、目的的介词主要有“因为、由于、为、为了”等，其构句规则为“因为/由于＋原因＋结果；为/为了＋目的＋其他成分”。例如：

(12)这都是由于我不懂法、不学法而造成的后果。(《顽主》)

(13)为了赶时间，张老师他必须在五点钟以前赶到咱们研究中心去。(《皇城根》)

例(12)中介词“由于”引出原因“我不懂法、不学法”，后面是产生的结果。例(13)中介词“为了”引出目的“赶时间”，有了目的才有为实现目的而出现的动作行为。

7. 介词标记介引关涉对象的构句规则。汉语介引关涉对象的介词主要有“对、对于、关于、除了”等，其构句规则为“关于/对于/对＋对象＋其他成分”。例如：

(14)关于这一段不光彩的往事，全家人都很忌讳。(《皇城根》)

(15)对于不同的病人，每张处方只调换一两味药，剂量略有增减。(《皇城根》)

例(14)中介词“关于”引出关涉对象“这一段不光彩的往事”，例(15)中介词“对于”引出对象“不同的病人”。

8. 介词标记介引方式、方法的构句规则。汉语介引方式、方法的介词主要有“按照”和“根据”等，形成的句式规则为“按照/根据＋方式/方法＋其他成分”。例如：

(16)我拉走，按照市场价折成现金给你们，好不好？(《编辑部的故事》)

(17)根据河流的宽度、流量和流域周围的地貌判断着河流的名称黄河、淮河、长江……(《玩的就是心跳》)

例(16)中介词“按照”引出计算的方式“市场价折成现金”，例(17)中介词“根据”引出判断的方法“河流的宽度、流量和流域周围的地貌”。

后四种类型的介词标记主要介引与动作有关的时间、处所、原因、方式、对象等，只起介引作用，对句式语义的影响不大，对构句的作用没有前四种类型的介词标记大。

(三)同义句式的构句规则

用不用介词标记和用什么介词标记与人们的认知密切相关。对于同一事件，是用有标记形式表达还是用无标记形式表达，人们需要依据具体的语言环境做出选择。如果选择有标记句式，还要考虑介词标记的选择，介词标记对句法结构起某种制约作用。人们在表达时选用什么句式与认知也有关系①，说话者会根据自己的表达目的选择符合当时场景的句式。例如：

(18)山本弄坏了办公室的录音笔。(施受句 SVO)

① 沈家煊，1999. 不对称和标记论[M]. 南昌：江西教育出版社：10.

(19)山本把办公室的录音笔弄坏了。("把"字句)

(20)办公室的录音笔被山本弄坏了。("被"字句)

(21)办公室的录音笔弄坏了。(受事主语句)

例(18)～例(21)表达的意思大体相同,属同义句式,但从结构上看差别还是不小的。有的句子有介词标记,有的句子没有介词标记。由于介词标记的使用,句子的整体格局发生了改变,这与说话者对此事的态度有关,不同的态度选择的句式是不同的。同时这也与人的认知方式有一定关系,因为不同的句式有其特定的语用价值。例(18)和例(21)都是无介词标记的句式,但两句的句式结构不同,一个是主动句,即SVO结构;另一个是被动句,是无标记被动句(也称受事主语句),即"受事＋VP"结构。例(19)中介词标记为"把",我们称该句为"把"字句。由于介词"把"的作用,受事被移到动词前,形成的句式结构是"S＋把＋受事＋VP"。例(20)中介词标记为"被",我们称该句为"被"字句。由于介词"被"的作用,受事被移到主语位置,形成的句式结构为"受事＋被＋施事＋VP"。语序不同、句法结构不同,体现了人们对事件认识的不同。可见,同义句式的信息组织原则是不同的,有的用介词标记,有的不用,通过表层结构能够表达深层结构的信息。

以介词为标记句式的构句成分与核心动词之间的距离多远为好,这和人与人之间的距离有相似之处。人与人之间多远是最舒服的呢?太近了,感觉不舒服;太远了,又影响两个人的关系。在汉语表达中,有了介词标记就可以把句子成分移到与动词和谐相处的位置上,让句子中的所有句法成分在该出现的地方出现,这样构成的句子让人感到最舒服,表意也清晰。由于介引对象不同、构句规则不同,介词标记对各个成分配置的位置也不同,如介词标记"把"可以把"受事"移到动词前,表达一种主观性;介词标记"被"可以把受事移到句首位置,施事后移,表达一种客观性。虽然都是介词标记,但构句机制不同,形成句子的结构特点也不一样。

介词标记在与语义成分组合时不是任意的,而是有制约性的,体现了一种理据性。每个介词标记构句的规律都不相同,这就要求我们对介词标记一个一个地进行研究(第四章专门进行论述)。

(四)含否定副词的以介词为标记句式的构句规则

说话者常常通过"肯定"和"否定"的形式表明自己对客观事物的态度或看法。汉语常由否定副词来表达否定,常用的否定副词有"不、没、别"[①]。一般来说,名词可以用"没"否定,如"没人、没车、没钱";形容词可以用"不"否定,如"不干净、不漂亮、不舒

① 汉语的否定副词还有"甭、未、无、勿、非"等,这些否定词不在本研究的范围之内。

服”;动词可以用“不、没、别”否定,如“不走、没吃、别看”。按照汉语的语序规则,否定副词一般不直接出现在介词前,而更多地出现在动词或形容词前,来否定动作行为或事物的性质。例如:

(22)今天我不看电视,看小说。

(23)你没完成作业,老师会批评你的。

(24)这间房子不大,我要大一点儿的。

以介词[①]为标记句式的语序会发生变化,否定副词移到了介词标记前。例如:

(25)你别把电话费交错了,我们邻居老张前几天就给别人交了。

(26)今天你没被这个流氓欺负得感谢警察同志。

(27)这套西装不比那套贵,质量可比那套好多了,还是买这套吧。

例(25)中否定副词“别”没有在动词“交”前出现,而是在介词标记“把”前出现;例(26)中否定副词“没”没有在动词“欺负”前出现,而是在介词标记“被”前出现;例(27)中否定副词“不”没有在形容词“贵”前出现,而是在介词标记“比”前出现,表示平比。

有的介词标记构句时对否定副词的位置没有影响。例如:

(28)她连起码的礼貌都不懂,怎么教育孩子?

(29)李玉光在办公室没写文章,只读读报纸,喝喝茶。

(30)公司对这件事没提出更好的解决方案,令职工很不满意。

例(28)中否定副词“不”位于动词“懂”前,例(29)中否定副词“没”位于动词“写”前,例(30)中否定副词“没”位于动词“提出”前,这些否定副词也都是否定动作行为。

在以介词“把、被、比”为标记的句式中,否定副词的位置发生了变化,移到了介词标记前。这种句式格局的形成有其内在原因,主要是由于这三个介词都是由动词虚化而来的,在其演变的过程中否定副词沉淀在“把、被、比”前,没有后移,人们觉得这样使用很方便,于是约定俗成地一直沿用至今。这种句式的形成也是有规则的,不是杂乱无序的,而且能够很好地实现说话者的表达目的。

二、介词标记构句的信息组织原则及认知解释

认知语言学强调从体验和认知的角度研究语言,着力寻求语言事实背后的认知方式[②]。人类对语言进行加工和再现要遵循一定的规则,这些规则一旦约定俗成,就不能随意改变。人们可以运用这些规则造出千千万万个句子来满足交际的需要。

---

① 这里指典型介词标记“把、被、比”,一般介词标记没有这样的排序规则。

② 刘润清,2013.西方语言学流派[M].北京:外语教学与研究出版社:380.

从句子结构来说，动词是构句的中心，其他语义成分（施事、受事、工具、时间、处所等）都要围绕动词构句，按照一定的句法规则占据句子中不同的位置，在句子中进行线性排列。在围绕动词的有序排列中，介词标记具有非常大的作用，可使各语义成分（施事、受事、工具、时间、处所等）按照表达的需要在句中不同的位置出现。各种语义成分之所以能与动词“和谐相处”，介词标记功不可没，起到“穿针引线”的作用。

随着社会的发展，语言结构本身也在发生变化。古代汉语介词标记的用法和现代汉语介词标记的用法差别很大。从句子结构来看，古代汉语句子相对较短，较少使用虚词；而现代汉语句子相对较长并且复杂，需要虚词来帮忙构句。比如介词具有介引功能，运用介词标记能明确句子中的句法成分与核心动词的关系，从而避免动词对某些句法成分控制不强而导致表达混乱不清的情况发生。有了介词标记，句子具有层次性，各句法成分能够在动词周围按顺序排列，形成有规律的语序格局。例如：

(31)阿宝把办公室门踢了一个窟窿。

(32)办公室门被阿宝踢了一个窟窿。

例(31)中施事“阿宝”和受事“门”在动词前出现，如果没有介词标记“把”，就不能分清各种语义成分的关系，句式会较为混乱。例(32)用介词“被”把受事“办公室门”移到主语位置，施事“阿宝”移到介词“被”之后，形成了被动句。

汉语介词标记的构句机制与其他语言的构句机制有很大不同。用认知语法来解释介词标记的使用具有很强的解释力。说话者选用介词标记来表述，是主观感受作用于客观世界的心智过程。这种选择与客观事物有关，同时也和人们对客观事物的认知程度和态度有关。

一般来说，一个介词标记常常介引一种语义成分，比如施事、受事、与事、工具、处所和时间等，但汉语也有一个介词标记可以介引多种语义成分的情况，介词标记“在”的这一功能最为突出。例如：

(33)在去年十月我们学校发生了偷盗的事，今年又发生了。

(34)九点，我在前门地铁站等你，不见不散。

(35)在我们公司总有一些喜欢开夜车的人，白天睡觉，晚上工作。

(36)在前边有一个大型商场，你可以去那儿看看。

例(33)的“在”介引时间，例(34)的“在”介引处所，例(35)的“在”介引范围，例(36)的“在”介引方位。

介词标记“在”与“上、中、下”组成的框架结构，表义与单用又有不同。例如：

(37)在学习上我不如他，在运动方面他不如我。

(38)在跑步中不要大声说话。

(39)在老师的帮助下,我的汉语水平提高得很快。

例(37)的“在……上”表示在某一方面,例(38)的“在……中”表示在某一过程中,例(39)的“在……下”表示借助于某一条件。

句法形式是认知加工的结果,不同的句法构造源于不同的认知方式,反映不同的认知路径。句式的生成是有理据的,这与人们的认知有密切关系,越是有规律的结构越容易被人们识别和掌握。分析清楚以介词为标记句式的语义结构,就能把这种句式的基本语义关系弄清楚,构句的理据性也容易被归纳出来。

句子的数量是无限的,而句子的结构模式是有限的。分析句子是为了揭示句子的结构、探索句子的结构机理,有规律的句式更有利于人们使用。Goldberg(2007)强调对句式理据的研究,认为句子的构式与人们的认知密切相关[①],这对我们研究介词标记的成因和理据有启发作用。

三、介词标记构句与语义表达密切相关

不同句式表达的句式义是不同的,人们选用什么句式与对方交流,要考虑实现交际目的的需要。信息传递与词语的排列组合密切相关,句式中的介词标记不同,句式的排列组合也就不同。邵敬敏(2001)认为“语法意义是通过语法形式显示出来的,汉语中显性语法形式主要有语序和虚词”[②]。介词是汉语虚词最重要的一种类型,可以说是一种显性语法形式。我们在研究汉语以介词为标记的句式时,必须对句式的内在规律做出科学的解释。以介词为标记构成的句式是一个整体,各成分之间不仅互相联系,而且互相制约。介词标记对句法结构有制约作用,每个介词标记构成的句式都形成了自己独特的构句规则。例如:

(40)玛丽比丽娜跑得快,肯定能得冠军。

(41)你小子连我都不认识了,我们是老同学呀。

(42)王老师把今天迟到的学生批评了一顿。

(43)王大力被父亲踢了一脚。

例(40)用介词“比”引出比较的对象“丽娜”;如果没有介词标记“比”的介引,比较对象不会出现在句式中,句式也就没有了“比较义”。例(41)用介词“连”引出强调对象“我”。在汉语句式中起强调作用的还有其他形式,比如“是……的”,但“是……的”与“连……都”的强调方式及意义是不同的。例(42)用介词“把”引出受事“今天迟到

① Goldberg,A E,著;吴海波,译,2007.构式:论元结构的构式语法研究[M].北京:北京大学出版社:26.
② 邵敬敏,2001.汉语语法的立体研究[M].北京:商务印书馆:6.

的学生”;如果没有介词“把”,“今天迟到的学生”只能在谓语动词后作宾语;有了介词标记“把”,就可以将“今天迟到的学生”提到谓语动词前,与“把”一起构成介词短语,表达一种“处置义”。例(43)用介词“被”引出施事“父亲”,明确说明动作的发出者是“父亲”、动作的承受者是“王大力”,表达一种“遭受义”。

由此可见,汉语中每一种以介词为标记的句式都有其特定的句式义。句式义的产生与特定的标记是有一定关系的,而不是凭空产生的。汉语句式义并不是句式中各个成分语义的简单相加,而是依赖于各个成分的语义组合关系。各个成分的排列组合是有规则的,介词标记介引的成分应能满足动作行为的需要,使各成分有序排列,而不是杂乱无章地排列。

四、介词标记与句式焦点的关系

“焦点”(focus)是光学术语,语言学借指汉语句式中最重要的部分。范晓(2010)认为“句末常常是汉语句式的焦点”[①]。在以介词为标记的句式中,介词标记的使用动因之一是凸显句末焦点。汉语句式往往是旧信息在前,新信息在后,句末信息往往是句子的焦点信息(在实际使用中,为了强调某一句子成分,焦点在表达中可能出现转移的情况,这是非常规焦点,我们暂不讨论)。

汉语句子常常通过介词标记来改变语序,从而达到突出句末焦点的目的。例如:

(44)张宝库撕碎了离婚证。

(45)张宝库把离婚证撕碎了。

(46)离婚证被张宝库撕碎了。

例(44)的焦点是“离婚证”;例(45)和例(46)的焦点是“撕碎了”,这两个句子分别借助介词标记“把”和“被”将宾语“离婚证”移到了动词前,使VP“撕碎了”处于句末,成为说话者要突出的焦点。介词标记的使用引起了句式格局的变化。

用介词标记“连”凸显句式焦点是汉语的一大特色,为了强调某一部分,人们常用“连……都/也”格式。例如:

(47)连这么个笨蛋你们都瞒哄不住,干什么吃的!(《橡皮人》)

(48)那鬼地方连火车都没有,东西怎么运出来?(《橡皮人》)

例(47)中“连……都”框架结构强调“这么个笨蛋”,强调的部分也是句子的焦点。例(48)中“连……都”框架结构强调交通工具“火车”,“火车”成为句子的焦点。

人们想突出的是动作的结果或影响而不是句末宾语时,就需要把宾语移到动词

① 范晓,2010.关于句式义的成因[J].汉语学习(4):3.

前，通过移位来形成句末焦点。例如：

(49)特别是在播放一些"大片"时，插播的广告更多，好端端的剧情被广告切割得支离破碎，艺术性和感染力大打折扣。(《人民日报》,2000-02-24)

(50)什么是本事，就是把群众的积极性充分调动起来并合理地发挥出去。(《人民日报》,2000-02-25)

例(49)的"被广告切割得支离破碎"中，介词标记"被"突出动作的结果，使补语"支离破碎"成为句式焦点。例(50)的"把群众的积极性充分调动起来并合理地发挥出去"中，介词标记"把"突出动作的结果，使补语"起来"和"出去"成为句式焦点。

如果受事不前移，就不能把"意外的结果或影响"凸显出来。介词标记"被"和"把"起到确定语义角色的作用，指明动作的语义指向。介词标记"被"可以确定句首为受事，具有将受事定格在动词前的作用。介词标记"把"有确定句首为施事、将受事定格在动词前的作用。使用"被"字句和"把"字句的目的都是凸显句尾信息焦点。句尾焦点是汉语句子的常规焦点。人们在实际说话时，由于表达的需要可以特意强调其他成分，这是语用的需要，这种因语用需要而强调的部分也可以成为句式焦点。

五、类推促进介词标记的广泛使用

曾晓渝(2009)认为"人类语音演变的三大机制是：规则音变、类推、借用"[①]。类推不仅是语音演变的机制之一，也是语法发展的重要机制之一。汉语介词在发展过程中也常常采用类推的方式，主要原因在于人们的认知趋向于把相同或相似的组合在一起，比如介词标记"把"的广泛使用也许与"被"字句的对应转换有关，人们可以运用介词标记"把"将被动句转换为主动句。"被"字句对"把"字句的广泛使用或许起到了类推作用。

无论从历时还是共时的角度看，"把"字句都是汉语非常重要的一个句式。许多学者认为"把"字句是从古代的"以"字结构演化来的。到唐朝时，动词"把"逐渐虚化，演变成一个介词，成为处置句式的标记，此时还有一种表处置的句式就是"将"字句。元代"把"和"将"可以出现在相似的处置结构中。随着处置式的发展，最后以介词"把"为标记的处置式保留了下来，而"将"逐渐被淘汰出局。

"把"成为处置标记的典型代表，与"被"字句的转换或许有一定关系。人们在进行主动句和被动句转换时最终选择了介词标记"把"和"被"。"被"字句在战国后期就产生了，而"把"字句在唐代才产生。两者产生的时间虽不同，但从结构来看却有惊人

① 曾晓渝,2009.从汉借词看侗台语的送气声母[J].民族语文(2):29.

的相似之处。在汉语中"被"字句与"把"字句正好是一对,一个用于主动句中,一个用于被动句中。

"被"字句是用介词标记"被"构成的句子,"把"字句是用介词标记"把"构成的句子。

"被"字句的结构模式是:甲被乙怎么样。

"把"字句的结构模式是:甲把乙怎么样。

两种句式结构整齐对应,表达的意思却刚好相反,可以说这是汉语所独有的一种现象,在其他语言中很少见。这种变换可以双向操作,比如:

(51)张三把李四抓住了。

(52)张三被李四抓住了。

例(51)表达"张三抓住了李四",例(52)表达"李四抓住了张三"。同样都是张三和李四,在"把"字句里,张三是行为的施事,李四是行为的受事;在"被"字句中刚好反过来,张三是行为的受事,李四是行为的施事。这就是"把"字句和"被"字句的对应关系,这种对应关系决定了"把"字句的使用规律中有许多是与"被"字句相通的。

语法中的类推是有方向性的,通常是人们拿一种惯用的句式来推衍一种新的句式,新产生的句式往往在结构上与原句式相比有一些变化。从"把"字句产生和形成的历史来看,它可能借鉴了"被"字句的结构。石毓智(2001)认为"语言中已经稳固建立的最常见、最基本的结构类化出新的格式"①。

当然,尽管大多数"把"字句和"被"字句都能互相转换,但并不是二者所有的句子都能互相转换,这说明"把"字句也在发展。

人们对客观世界的认知不同,反映在语言结构上就是对句式的选择不同。句式是一个整体,各个成分之间存在紧密的联系,一个成分的变化会引起相关成分的变动,句式语义也会随之发生变化。我们对以介词为标记句式系统化的描写和详细解释有助于人们了解以介词为标记句式的构句规律,特别是有助于留学生习得以介词为标记的句式。

① 石毓智,2001.语法的形式和理据[M].南昌:江西教育出版社:168.

第三章

被动标记的古今演变

汉语介词标记产生以后不是一成不变的，而是随着语言的发展不断变化的。有的在古代是介词标记，今天却不是了（旧的介词标记或被新的介词标记替代），明天新的介词标记又将产生。有的介词标记构成了新的句式结构，表达的句式义也增添了新的内涵。汉语介词标记系统在发展中不断吐故纳新，以满足人们表达的需要。我们选取被动标记作为研究对象，详细考察汉语介词标记的演变规律和使用规则。

第一节　汉语被动标记的演变脉络

一、汉语被动标记的历时演变

沈家煊先生（1999）在《不对称和标记论》中提出“语言共时的变异现象（variation）是历时演变过程（change）的反映”[①]。要想全面了解汉语被动标记就必须了解被动标记的过去。汉语被动标记已有几千年历史了，据唐钰明（1985）考证，“于”字式被动句在甲骨文中就已经萌芽了，接着出现了“为”字句、“见”字句、“为……于”句、“见……于”句、“为……见”句、“为……所”句、“被”字句等。这些被动标记是在不同时期、不同阶段产生和被人们使用的，旧的介词标记存在一段时间之后往往被新的介词标记所代替，介词标记存在与否主要看其是否能满足当时人们表达的需要。对被动标记进行历时研究有助于我们了解被动标记的发展历程，揭示被动标记的演变规律。

汉语被动标记产生的时间不同，存在的时间长短也不一样，但都是在一段比较长的历史时期里作为稳定的语法标记而存在于汉语之中的。汉语被动标记主要把受事作为介引对象，出现在谓语动词之前。可见，汉语被动标记从产生那天起就受各种条件的限制，在约束中被使用。每个阶段的被动标记又有各自的使用价值和构句机制。依据向熹（1993）对被动句的考察，先秦的被动标记主要有三个，即“于、为、见”。这三个被动标记的用法不尽相同，都有自己的特点。例如：

① 沈家煊，1999. 不对称和标记论[M]. 南昌：江西教育出版社：17.

(1)御人以口给，屡憎于人。不知其仁，焉用佞？(《论语·公冶长》)

(2)有如此之势而为秦人积威之所劫。(《六国论》)

(3)举世混浊而我独清，众人皆醉而我独醒，是以见放。(《史记》)

例(1)中“于”作为被动标记引进动作行为的施动者，“屡憎于人”翻译成现代汉语就是“常常被人讨厌”。例(2)中“为”是被动标记，“为秦人积威之所劫”翻译成现代汉语是“被秦人的威势所打败”。例(3)中“见”是被动标记，与前两个被动标记不同之处在于“见”直接位于动词前，没有介引施事。

先秦时期被动标记刚开始出现时往往是单用形式，随着语言的发展，为了增加表达的感染力，被动表述出现了“见……于”和“为……所”等合成结构。例如：

(4)蔡泽见逐于赵。(《战国策·秦策》)

(5)太祖为流矢所中。(《三国志·魏志》)

(6)若属皆且为所虏。(《史记·项羽本纪》)

例(4)使用了“见……于”格式，“见”表示被动关系，“于”用于动词之后引出动作行为的施动者“赵”，“蔡泽”为主语，是动作的承受者。这种在动词“逐”前加“见”表示被动、在“逐”后加“于”引出动作行为的施动者的格式，使句子的被动意义体现得十分明显。例(5)使用了“为……所”的被动格式，“为”引进动作行为的工具(兵器)“矢”，助词“所”在动词“中”之前，主语“太祖”是动作行为的承受者。“为……所”格式在当时使用得非常广泛，在现代汉语书面语中还在继续使用。例(6)中“为”和“所”连用表示被动，“为”后没有动作行为的施动者，句子译为“你们将会全部被俘虏”。

战国时期，汉语除了有合成结构的被动表达形式之外，还出现了一种新的被动标记，那就是“被”。此时的“被”没有完全虚化，它既可以是动词，也可以是介词。例如：

(7)秦王复击轲，被八创。(《战国策·燕策》)

(8)万乘之国，被围于赵。(《战国策·齐策》)

例(7)中“被”是动词，意思是“遭受”，“被八创”就是“受了八处伤”。例(8)中“被”已经虚化，是介词，不再有实在的词汇意义，只是指明动作的被动性质，成为被动标记。今天的“被”字句就是从这个时候开始的。

被动标记产生后不是固定不变的，而是根据表达的需要一直在变，适合人们交际需要的标记形式，其生命力就强。由于表达的需要，各个时期选用的被动标记是不同的，有时是单用结构的，有时是合成结构的。在汉语的发展过程中，有的被动标记不适合发展的需要，就被淘汰了，或被新的标记代替了。

介词标记“被”可用于不同语体中，既可用于书面语，也可用于口语。最早出现的以介词“被”为标记的句式主要是消极义被动句，后来随着语言的发展，“被”也可用在积极义被动句中，而汉语的其他被动标记均没有这种功能。经过两千多年的发展，介词“被”成为人们首选的被动标记，在构句时起举足轻重的作用，影响了句中其他成分的排列顺序。由于“被”对构句的作用大，后来以介词“被”为标记的句子被称为“被”字句。

“被”在战国时期已成为被动标记，但不是汉语唯一的被动标记，在“被”以后又出现了新的被动标记“叫(教)、让、给”。这三个被动标记产生的时间较晚，大约出现在明清时期。它们与“被”的使用范围不同，“叫(教)、让、给”主要用于口语，可用“被”替换；而“被”主要用于书面语(口语中也用)，不能完全用“叫(教)、让、给”替换。这四个被动标记的分工也略有差异。例如：

(9)北让曹操占了，南让孙权占了。(《三国演义》)

(10)(石秀)故意教孙立捉了，使他庄上人一发信他。(《水浒全传》)

(11)没的给姑奶奶打嘴，就是管家爷们瞧着也不像。(《红楼梦》)

(12)我们的招牌已经被他们闹坏了，以后不能做生意。(《官场现形记》)

例(9)～例(11)中介词标记分别用的是“让、教、给”，例(12)中用的是“被”。

我们对被动标记的整个发展历程进行如上梳理，对不同时期的被动标记进行介绍，从而揭示被动标记的演变规律。一种被动标记的形成，往往是约定俗成之后确定的。人们在交际过程中觉得使用某种介词标记最能满足自己的表达需要，就会推而广之，将这种标记的使用规则确认下来，最终成为一种普遍的语法规则。可见，各个时代出现的被动标记都具有时代的特征，与那个时代人们的认知密不可分。

二、使令义动词语法化为被动标记

从我们的考察情况来看，汉语被动标记各具特色：有的在构句时单用，有的要与其他助词合在一起构成框架结构；有的在谓语动词之前出现，有的在谓语动词之后出现；有的介引施事，有的可以直接置于动词之前；有的用于口语，有的用于书面语。被动标记的词汇来源不同、语法化时间和过程不同直接导致被动标记在构句时的位置不同，所起的作用也不完全相同。

汉语被动标记演变到明清时期，在口语中出现了一组新的被动标记，即“叫(教)、让、给”。这组被动标记是由哪类动词演变而来的呢？经考察，“叫(教)、让”是由使令义动词虚化而来，而“给”是由“给予义”动词虚化而来。“叫(教)、让、给”在汉语中是典型动词。“叫”的原义是“用较大的声音呼喊”，可以指人，也可以指动物(发出声音)，后来出现了“要求、命令、使”等义，并在此基础上虚化为被动标记(动词“教”也有“命令、使”义，用于被动标记的“教”也来源于此义)。动词“给”的原义是“使得到”，后来出现了“使遭受到”之义，作为被动标记也是由此义项虚化而来，引进动作行为的施动者。动词“让”的原义是“把好处留给别人”，后来出现了“使、容许”之义，作为被动标记的“让”便由此动词义项虚化而来，引进动作行为的施事者。“叫(教)、让、给”的这种虚化现象从明代开始，逐渐演变，到清代发展成熟。

“被”在明清时期已经是成熟的被动标记，为什么还会出现“叫(教)、让、给”这几个被动标记呢？经考察我们发现，这主要与方言有关。清朝时期的共同语受北方方言影响很大，“叫(教)、让、给”是北方方言的被动标记，后来进入官话，成为共同语的被动标记，逐渐被人们广泛使用，特别是在晚清及民国时期的作品中使用较多。这一时期被动标记“叫(教)、让、给”的使用率高一些，而“被”的使用率相对低一些。例如：

(13)酒让家丁们喝光了。(《儿女英雄传》)

(14)他的那张弹弓给人抢去了。(《儿女英雄传》)

(15)两个人教衙役带进来。(《儒林外史》)

例(13)用了被动标记“让”，例(14)用了被动标记“给”，例(15)用了被动标记“教”(同“叫”，明清时期的小说常把“叫”写成“教”，1949年以后，国家对汉语进行规范，“教”完全被“叫”所代替)。

在被动句中，“给”的使用频率最低，主要原因是“给”的用法较多，容易出现理解上的偏差。“给”在被动句中就有两种用法：①介词，用作被动标记，如“李家的小三给狗咬了，去医院打狂犬疫苗了”。主语“李家的小三”是动作行为的承受者，“给”引出施动者，该句为被动句。②助词，在被动句中与其他被动标记一起构成框架结构“叫(教)/让/被……给”，如“李云龙叫旅长给骂了一顿，这下老实多了”，“给”为助词，只起加强语气的作用。可见，在被动句中“给”的两种用法明显不同。在对外汉语教学中我们发现，外国学习者经常弄混“给”在被动句中的两种用法，因此有必要将其解释清楚。

一般来说，一种语言的被动标记往往从有限的几种词类中产生，但这几种词类中适合作被动标记的词又多种多样，而且不同时代作被动标记的词也不同。那么，人们是如何选择的呢？实际上，任何一个词发展成被动标记都是有动因的(motivated)，而非任意的(arbitrary)。在汉语中，适合发展成被动标记的词汇种类主要是动词，而动词的数量非常庞大。那么，人们为什么单单选择“被、叫、让、给”作为汉语被动句的语法标记呢？这可能有两个原因：一是和这几个词本身的语义基础有关，即它们具备成为介词标记的前提条件；二是和人们的认知有关，即人们觉得选这样的词才能达到自己的交际意图。例如：

(16)这只小花狗叫孩子打跑了。

(17)刚买的苹果手机让小偷偷走了。

(18)小李新买的轿车给公共汽车刮掉了一层漆,他心疼极了。

(19)牡丹花被揪得七零八落。

从汉语被动标记发展的历程来看,被动标记的产生、发展、消亡都和人们的交际有关。古代汉语中被动标记有"为、于、见"等,随着语言的发展,这些被动标记逐渐被淘汰。到了近代,新的被动标记"叫(教)、让、给"产生了,"为、于、见"不再是被动标记,已成为普通词汇。一个被动标记生命力的强弱,关键在于它能不能与时俱进,与句式变化相协调。能满足人们交际需要的被动标记,其生命力就强,否则就弱。汉语被动标记中,只有"被"能始终满足人们交际的需要,因而它的生命力最强。

被动标记"叫(教)、让、给"从产生到现在已有几百年历史,其生命力也不弱,现在在某些地区的口语中还在被人们使用。但不可否认的是"叫(教)、让、给"在与"被"的竞争中,"势力范围"逐渐缩小,并且有被"被"取代之势。在所有的被动标记中,"被"的生命力最强,从古至今作为被动标记约有两千多年历史。现在,无论在书面语中还是在口语中人们都非常喜欢使用它。

三、汉语方言的被动标记

我国地域辽阔,人口众多,不仅拥有的方言种类是世界上最多的,而且方言的历史也是很悠久的。目前现代汉语中被我国学术界认可的有七大方言,每种大的方言类型中还可以分出若干小类,每种方言小类都有自己的被动句,使用的被动标记也不尽相同。如海南屯昌用"要"作被动句的标记词;广东汕头、梅州用"分";广西客家人、广东西北、湖南临武用"畀";福建福州、闽南和广东潮州、汕头用"乞";福建南平用"埃";福建泉州用"传";福建厦门用"度";福建漳州西南部用"护";福建平和用"乞护";江苏苏州、上海用"拨"或"拨辣";鄂东,湖北黄冈、黄梅,湖南湘乡、长沙、益阳,江苏扬州、高淳用"把";鄂南、湖北浠水用"把到";湖北英山、罗田用"把得";浙江海盐用"本";浙江金华,江西石城、泰和用"等";浙江温州用"丐";湖南汝城,江西赣县、安远用"捞";四川成都用"拿给";江西信丰、上犹用"讨";安徽休宁用"提";湖南韶山用"听";山东寿光、荣成用"找";辽宁大连用"让";黑龙江哈尔滨用"叫";山西交城用"给"等。

由于语料有限,本文没有把汉语方言被动标记全部列出,但从上面的这些例子就可以看出汉语方言被动标记的丰富多彩,这是一个值得深入研究的课题。把普通话被动标记与方言被动标记的"源"与"流"解释清楚,分析普通话和方言被动标记的特点,有助于了解汉语被动句的标记系统。

下面我们来探讨一下汉语方言被动标记的特点:①很多方言不用"被"作被动标

记，而用其他词语（这说明“被”只适用于普通话，不适用于方言）。②“叫、让、给”既是方言的被动标记，也是普通话的被动标记。“叫、让”主要用于北方（特别是东北地区）方言，“给”多用于南方地区。③有些方言的被动标记不是单音节词，而是双音节词（普通话的被动标记都是单音节词，没有双音节词）。④方言的被动标记虽然数量较多，但表意基本相同。⑤方言被动标记的词汇来源与普通话被动标记的词汇来源接近。

方言被动标记的特征与普通话口语中被动标记（“叫、让、给”）的特征有些是接近的，比如二者的标记词差不多都来源于“遭受义、给予义、使令义”动词，但标记词的选用及构成的结构还是不同的。例如湖南长沙选择“把”作为被动标记，湖北英山、罗田用“把得”作为被动标记。在普通话中“把”不可以作被动标记，只能作处置式标记。可见，方言被动标记的“把”与普通话中“把”字句的“把”完全不同。被动标记和被动格式的选用要符合当地人的认知视点和心理预期，这就造成了不同地区的人选用不同的被动标记。

对方言被动标记的分析可以进一步证实汉语里表示“遭受义、使令义、给予义”的动词容易虚化为被动标记，或者说方言被动标记与普通话被动标记有共同的词汇来源，但二者的标记词不同，二者虽根脉相连，但有不同之处。

四、被动标记“被”的历史地位

现代汉语被动标记是在古代汉语被动标记的基础上发展起来的，二者的汉字相同，但用法已发生了很大变化。如果不包括方言被动标记，汉语有十多个被动标记；如果包括方言被动标记，就有几十个。在语言发展过程中，有的被动标记被淘汰后成了一般词汇。现在能够保留下来的被动标记已经不多了，普通话中只有四个，即“被、叫、让、给”。据我们统计的资料来看，在这四个被动标记中，“被”的使用频率最高，使用范围最广，既可以用在书面语中，也可以用在口语中；“叫、让”的使用频率次之，主要用在口语中；“给”的使用频率最低，也主要用于口语。

从被动标记使用时间的长短来看，在汉语的十几个被动标记中，“被”产生的时间最早、历史最长。“被”作为被动标记的萌芽产生于战国末期，此时的“被”位于谓语动词之前。汉代“被”作为被动标记逐渐成熟，其使用频率比战国时期高一些，开始介引施事。陈昌来（2002）认为有几个关键的因素影响以介词“被”为标记句式的发展：①介词“被”后施事的出现；②动词双音化和动词前后成分的复杂化；③句中动词原来的位置；④句中动词带不带宾语、带什么样的宾语；⑤“被……把（将）……”“被……所……”的出现；⑥表如意义或中性义的“被”字句出现。因为这些因素，以介词“被”为标记的句式变得更加完备、更加成熟，其构句规律性也更强。

在古代(近古以前)汉语中,“被”虽然是被动标记,但其使用频率不是很高,还没有成为典型被动标记。到了现代汉语阶段,“被”成为最重要的被动标记,以介词“被”为标记的句式已成为汉语特殊句式之一。

“被”成为典型被动标记是有原因的,主要原因是以下三点:

(一)以介词“被”构成的句式有利于“遭受义”和“受损义”的表达

在汉语被动表述的历史上,有些被动标记在使用时容易产生歧义或影响人们对语义的表达。在交际时,人们倾向于使用表意单一的句式标记,而淘汰那些容易产生歧义或影响语义表达的句式标记。介词“被”除了不会使句式表达产生歧义外,更重要的是其语法意义与句式义表达相协调,表达“遭受义”和“受损义”,作为被动句式标记有利于句式语义的表达,这是“被”取代其他被动标记的重要原因。“NP_1+被(+NP_2)+VP”是典型被动句的框架,在这个框架中,被动标记“被”介引施事 NP_2,位于受事 NP_1 和施事 NP_2 之间,厘清了句法语义成分的关系。

(二)被动标记语法化最彻底的是“被”

比较现代汉语被动标记“被、叫、让、给”等,语法化最彻底的是“被”,其他词语还在语法化的过程中。朱德熙(1985)的《语法讲义》、刘月华(2001)的《实用现代汉语语法》(增订本)、黄伯荣和廖序东(2002)的《现代汉语》等都认为“被”的语法化最彻底,因而成为典型被动标记。中国人非常看重排序,一般把重要的、职位高的排在前面。从排序来说,研究被动标记的学者几乎都把“被”排在第一位,说明“被”在研究者心目中的地位非常高。我们在对汉语被动标记梳理的过程中也发现“被”的虚化是最彻底的,综合各方面因素可以认为这与人们的心理认知有关。

(三)“被”成为汉语被动标记的代表

我们对辽宁师范大学幼儿园大班的30个孩子进行测试时发现,孩子们用被动句时,差不多都选以“被”充当被动标记的被动句。原因有两个:一是儿童作品中选用的被动句基本上都用以介词“被”为标记的句式,二是幼儿教师在教学过程中也都用以“被”为标记的被动句。这就造成儿童在日常交流时也多选用以介词“被”为标记的被动句。

从不同时期作家的作品来看,介词标记“被”的使用频率也是最高的。表1是我们对选取的名家名篇中被动标记使用情况的统计结果。

表1　不同时期作家作品使用被动标记情况①

作家·作品	被动句总数	被	给	叫	让
老舍《茶馆》	35	31	0	4	0
鲁迅《祝福》	23	23	0	0	0
王朔《顽主》	128	108	0	26	2
张正隆《雪白血红》	179	142	4	23	13
张爱玲《倾城之恋》	17	17	0	0	0
曲波《林海雪原》	141	130	0	5	6
冯雪峰《善良的单纯》	14	14	0	0	0

我们还考察了很多英译汉作品中被动句的使用情况。以《大饭店》和《查泰莱夫人的情人》为例，所有的汉语被动句都用了以介词“被”为标记的句式。现在很多学者在翻译英语作品时，遇到被动句就习惯性地用“被”字句翻译，很少用其他被动句句式。

我们对留学生学习汉语被动句的情况也进行了调查，让他们使用有标记被动句回答问题，几乎所有留学生选用的被动标记都是“被”。留学生在学习汉语被动句时只知道有“被”字句，不知道还有其他句式，所以在他们的意识中被动句就是“被”字句。

综上所述，“被”已成为汉语被动标记的典型代表，人们使用被动表述常常选择“被”字句。

五、英语被动句对汉语被动标记的影响

世界上有5 000多种语言，差不多每种语言都有被动句。不同语言被动句的形式不同，被动标记的标示方式也不同。汉语属于汉藏语系，英语属于印欧语系。我们分析了汉、英被动句的差别，主要表现在三个方面：①结构形式不同，英语被动句的动词有词形变化而汉语动词没有词形变化；②被动标记在句中的位置不同，汉语被动标记出现在动词前而英语被动标记出现在动词后；③句式义表达的倾向性不同，汉语被动句主要表达“遭受义”或“不如意义”而英语没有这样的限制。汉、英被动句经过近千年(汉语被动句的历史更长)的发展都形成了自己的特色，我们有必要比较一下世界上使用人数最多的这两大语言的被动句，了解其特点，进而分析英语被动句对汉语被动标记的影响。

(一)标记词不同，结构差异大

被动思维的发展需要用特殊的语言形式来表达，因而被动句应运而生。

无论是在汉语中还是在英语中，被动句都是比较常见的一种句式，是这两种语言

① 我们进行统计时参考了劲松(2004)的统计方法。

的重要组成部分。同汉语被动句一样，英语被动句也被人们广泛使用，在英语中的地位相当高。从使用数量上看，英语被动句的数量远远超过汉语被动句。但是由于中西方文化的差异，这两种语言被动句的结构差异比较大。

英语是 SVO 型语言，用“be＋V-ed”结构形式表被动。例如：

(20)a. The boy broke the glass.

b. The glass was broken by the boy.

例(20)a 句为主动句，意为“男孩打碎了杯子”；b 句为被动句，意为“杯子被男孩打碎了”。汉语动词“打碎”用于主动表述和用于被动表述没有形式上的变化。汉语用介词“被”引出施事“男孩”，介词“被”位于动词前；英语用介词“by”引出施事“boy”，介词“by”位于动词后。两种语言被动句的结构差异一目了然。

在汉语 SVO 句式中，施事一般位于动词前，在句子中作主语；受事一般位于动词后，在句子中作宾语。无论汉语还是英语，主动表述句中施事在动词前都是常规语序，受事在动词后作宾语是最自然的位置，不需要任何标记。而汉语被动句中“施事”移到介词后、动词前，与介词一起构成介词结构，作状语。例如：

(21)a. 张东东被踢了一脚。

b. 张东东踢了一脚。

例(21)a 句的“张东东”为受事，b 句的“张东东”为施事。怎么才能区分“张东东”的语义角色呢？最好的办法是通过介词标记来鉴别。

英语与汉语不同，介词标记与所介引的施事在句尾，如例(20)b 句所示。

(二)语义色彩表达的倾向性不同

英语的被动句用于描述某个事实，一般为中性，不带感情色彩；而汉语的被动句常用来描述不如意的事或令人不愉快的人或事。如：

(22)The door is locked.(描述“门上锁了”这个客观事实)

(23)门被锁上了。(说话者有不满或觉得不幸的情绪)

例(23)“门被锁上了”暗示说话者带有不满意的态度，而“门上锁了”则是客观描述。人们可以用汉语说“她又被老师批评了”，但一般不说“她又被老师表扬了”，而说“老师又表扬了她”或“她又受到了老师的表扬”。“她又被老师表扬了”这句话的使用是有一定语境限制的，常常是嫉妒该学生的学生说的，在这种情况下是可以使用的。

现代汉语有标记被动表述式具有一定的语义色彩，最基本的是表达不如意的贬义色彩(或称消极义色彩)，表达褒义色彩(或称积极义色彩)和中性义(态度没有倾向)的则很少。汉语被动标记“被”是由表“遭受义”和“受损义”的动词“被”在汉语发展的过程中逐渐虚化而来的，介词“被”或多或少保留了原动词的语义痕迹，因此汉语以介词“被”为标记的句式主要表达“遭受义”或“受损义”。

从汉、英两种语言被动句的使用情况来看，英语被动句的使用频率较高，汉语被动句的使用频率相对较低，主要原因有四个方面：第一，汉语被动句受语义表达和语境的限制，一般表达“不如意”或“不企望”；而英语被动句没有这样的限制，因而使用范围较广。第二，汉语即使要表被动，也不一定用被动句，用受事主语句就行，如“饭已经吃完了”。第三，汉语有标记被动句中只有“被”和“给”可以与动词直接连用，如“张伟被批评了一次”，有标记被动句的使用受一定条件的限制。第四，汉语的基本句式结构是“施事＋VP＋受事”，即主语通常由施事充当，受事作主语的情况较少，故被动句的使用也就较少。

（三）英语被动句对汉语被动句的影响

虽然汉、英被动句的结构差异较大，但英语被动句对汉语被动句的影响还是不小的。汉语被动句以“被”字句为代表，被动标记“被”一般只有语法意义，没有词汇意义，但在构句时对句式语义起着非常重要的作用。通过考察汉语被动标记的演变过程，我们发现被动标记的语法意义与原动词的词义有关联，所以典型被动句常表达不如意、受损的语义内涵。由于受英语被动句的影响，汉语被动句发展到今天，表如意义和表中性义的被动句越来越多，并且都以“被”为标记。例如：

(24)张波被评为大连市优秀教师。（表如意义）

(25)李秘书被提升为办公厅主任。（表如意义）

(26)中山路大部分路段被法国梧桐树遮盖。（表中性义）

可见，汉语中积极义被动句和中性义被动句越来越多，汉语被动句的使用范围越来越广。

英语被动句对汉语被动句的影响不仅表现在语义色彩上，还表现在被动标记的选择上。英语被动句翻译成汉语时，选用的被动标记几乎都是“被”，这也推动了介词标记“被”的广泛使用。

随着英语教育在中国的快速发展与普及，熟练使用英语者增多，英语被动句对汉语被动句的影响会越来越大，被动标记的选择也会固定下来，使“被”成为英译汉的首选；汉语被动句的句式语义也不再局限于“不如意、不企望”的“遭受义”，而是逐渐向中性义过渡，甚至出现不少与“不如意、不企望”完全对立的“积极义”的表达。从翻译作品来看，很多英语被动句翻译成汉语时都用“被”字句，这样就助推了“被”字句的广泛使用，从而使“被”成为现代汉语最典型、最常用的被动标记。

第二节 汉语被动标记的构句作用

一、选择被动标记的认知解释

在交际中，人们为了表达自己的立场、观点、看法，要选择适合的语言进行表述。在众多句式中，有人选择主动句，有人选择被动句，这与人们的认知视点有关①。同时，人们可以根据不同的交际目的、交际场合灵活地选择不同类型的介词标记。如果说话者选择被动句，就要考虑选择有标记还是无标记被动句；如果选择有标记被动表述，还要考虑被动标记的选择，选择哪个被动标记与说话者要达到的交际意图有关。

人们发表对一件事的看法时常常要从四方面考虑。

第一，要选择立场。是赞同、反对还是客观叙述，这取决于说话者对此事的认知态度。说话者的看法不同，选用的句式也就不同。以“约翰发生了交通事故”为例，人们选用的句式可能是：

(1)a. 约翰被汽车撞伤了。

b. 汽车把约翰撞伤了。

c. 汽车撞伤了约翰。

例(1)a 句是以介词“被”为标记的被动句，叙述约翰的遭遇，描述约翰的不幸，说话者带有同情的语气。b 句是以介词“把”为标记的主动句，说明约翰目前被撞的情况，句式的焦点是“伤了”，说话者认为“汽车”的责任最大，是“汽车”造成约翰受伤。c 句是施动句，无介词标记，是一种客观陈述，句式的焦点是“约翰”。

第二，要考虑句式的选用。选用主动句还是被动句，这与说话者对这件事的态度有关。以“昨天晚上学生宿舍发生了一起打架事件，学生甲打伤了学生乙”为例，说话者可能会选择以下某个句式来表达：

(2)a. 昨天晚上在学生宿舍学生甲打伤了学生乙。

b. 昨天晚上在学生宿舍学生甲把学生乙打伤了。

c. 昨天晚上在学生宿舍学生乙被学生甲打伤了。

例(2)a 句和 b 句采用主动表述形式，描写施事(学生甲)对受事(学生乙)所施加的处置(打)及产生的影响或结果(伤了)。两句的不同之处在于 a 句是无标记句式，b 句是以介词“把”为标记的句式。c 句是以介词“被”为标记的被动句式，体现“不如意

① 屈哨兵，2004. 现代汉语被动标记研究[D]. 武汉：华中师范大学：155.

义”和“遭受义”。汉语倾向于利用施受关系来描述客观事件，当施事作主语时，如果使用有标记句式，一般选“把”字句；当受事作主语时，要用以介词“被”为标记的句式。

第三，如果选择被动句，则要考虑选用有标记被动句还是无标记被动句。汉语被动句的动词没有词形变化，主要依靠标记词来体现，还可以通过语序来体现（即形成无标记被动句）。说话者如果确定使用被动句，就要进行有标记被动句和无标记被动句的选择。下面我们以“王立的出国计划取消”为例来分析一下。

（3）a. 王立的出国计划被取消了。

b. 王立的出国计划取消了。

例（3）a 句是有标记被动句，“出国计划被取消”说明不是自愿的，而是被强迫的。从说话者的语气猜测王立可能因为客观原因而不得不取消出国计划。b 句是无标记被动句，是客观叙述，取消的原因可能是主观原因，也可能是客观原因。

第四，如果选择有标记被动句，还要进行被动标记的选择，有八种句式可供选择：

被：　①被＋NP＋VP　②被＋VP

叫/让：　③叫/让＋NP＋VP

给：　④给＋NP＋VP　⑤给＋VP

复合被动表述（主要用于书面语，并有减少的趋势）：

⑥被＋NP＋所/给＋VP

⑦叫/让＋NP＋给＋VP

⑧为……所

可见，不同的被动标记形成的句式结构是不同的，例如：

（4）小流氓被李伟打得鼻青脸肿。

（5）录音机叫孩子弄坏了。

（6）碰瓷者给警察抓住了，拘留了五天。

（7）也是自己过分，我儿子的心叫我给伤透了。

（8）我为她高雅的举止所吸引。

据我们考察，现代汉语的几个被动标记使用的规则并不统一，但从认知“相似性”的理念出发，它们都是一个大家族的成员，只不过“被”完全虚化了，而其他标记大多是虚实并用，并且产生得比较晚。从地理分布来看，有的地方“叫、让、给”并存，比如北京、天津、济南；有的地方“叫”和“给”并存，如太原；有的地方“让”和“给”并存，如南京；有的地方“叫”和“让”并存，如东北三省。“叫、让、给”具有口语色彩，一般来说，北方方言区经常用“叫”和“让”，南方相对用得多的是“给”。

选择被动标记应该有一个基本原则，即不仅要使表达准确，而且要具有表现力。

人们为了表达自己的想法，必须把相应的语言材料组织起来，在组织过程中要进行选择：用哪一个被动标记最好呢？怎么组合最恰当呢？在选择的过程中有三点必须考虑到：①使听话者能得到最大的信息量，并受到影响；②让听话者与说话者之间产生共鸣；③符合说话者的身份和场合要求，同时还要考虑听话者的要求，做到选词用语得体。这样说话者和听话者之间才能顺畅地交流。

二、被动标记“被”的位置及标记对象

汉语被动标记往往是由动词经过语法化逐渐虚化为介词而最后形成的。动词虚化的过程既涉及词义的演变，也涉及句法形式的演变。一般来说，句法形式的演变要比词义的演变慢一些，这是语言发展的普遍规律；从另一个角度说，词义的变化常常带来语法形式的演变。被动标记的语法化过程既要考虑形式上的变化，也要考虑语义上的变化。

在有标记被动句中，被动标记一般位于施事前，或直接位于动词前。那么，被动标记主要标记什么呢？它在构句时起什么作用？下面我们来探讨一下。

1. 被动标记介引动作的施事。我们将介引动作施事的“被”标记为“$被_1$”。例如：

(9)幼小的剑波被姐姐的咳嗽声和低沉的呻吟声惊醒。(《林海雪原》)

(10)鞠县长和工作队的九个同志，被匪徒用一条大钢丝，穿通肩上的锁子骨，像穿鱼一样被穿在一起。(《林海雪原》)

(11)她又叫(让)他们糟蹋了一回，你当时干什么去了？

例(9)中“被”标记“姐姐的咳嗽声和低沉的呻吟声”，例(10)中“被”标记“匪徒”，例(11)中“叫(让)”标记“他们”。介词标记“被”与后面的名词性词语构成介宾结构，即“$被_1$N”的形式，在句子中作状语，修饰动词。被动标记“叫(让)”与“$被_1$”的用法相同。

汉语被动标记“被”介引的不一定都是[＋生命]的施事，有时可引出[－生命]的施事，如工具、物品等[①]，主要看这些[－生命]的施事对受事有没有产生影响。例如：

(12)她被女儿的婚事愁死了。

(13)小八路被高粱米喂壮了。

例(12)中“女儿的婚事”不能发出动作行为，但也会给“她”造成影响，使“她”发愁，所以也可以用于施事位置。例(13)中“高粱米”也不能发出动作行为，但能给人营养，对“小八路”的身体有好处，使他身体强壮，故也可以出现在施事位置。这两种情

① 本文为了研究的方便，将被动标记“被”后出现的名词性词语都认定为施事，这个施事是指广义上的施事。

况可以看作广义上的施事，我们评判的标准是只要对受事有影响就可以充当施事。

2. 汉语中还有一种有标记被动句，它的标记词“被”直接位于动词前，我们将其标记为“被$_2$”。“被$_2$”后面没有名词性词语，直接与动词连接。例如：

(14)老人被活活烧死，在火堆中她还紧搂着小孙子。(《林海雪原》)

(15)党的地下组织被破坏了。(《林海雪原》)

(16)外面的声音很大，我给吵醒了。

(17)*张山叫(让)夸得兴奋了。

例(14)中“被”直接与动词“烧”连接，中间没有施事。实际上，这个句子可以补出施事“火”。由于人们都知道“烧”与“火”有关，这样“火”就可以省略。例(15)中“被”直接与动词“破坏”连接，主要因为施事不用出现大家也知道是“反动派”，所以在具体表达时就可以省略。例(16)中“给”与动词“吵醒”直接相连，“给吵醒”往往与声音有关，所以句子省略了施事“声音”。例(17)中“叫(让)+夸”不能成立，中间必须加上人称，比如“张山叫(让)他们夸得兴奋了”。由此可见，直接位于动词前的被动标记只有“被”和“给”，“叫”和“让”不能直接与动词连接。

在一定的语境中，因表达需要可以省略“被$_2$”后面的名词性成分，有的学者把这个“被$_2$”看作助词，主要理由是介词不能介引动词性成分①，这个看法似乎有一些道理。让我们从不同角度对此问题进行探讨：一方面，从语言本体研究角度，我们认为“被$_2$”可分为介词和助词两种词性。“被$_2$”为介词时，后面的名词性成分可以补出来；“被$_2$”为助词时(“被$_2$”从介词“被”虚化而来)，后面的名词性成分(施事)不能补出来，“被$_2$”后面没有隐性名词性成分，而与动词直接搭配，比如“江姐被捕了”。另一方面，从对外汉语教学角度，如果我们把“被”划分为多个类型，留学生很难区分这些类型，学起来会感到头疼，这不利于留学生学习汉语被动句。比如“他已经被公司解雇了”中的“被”是介词，而“他已经被解雇了”中的“被”是助词。留学生很难理解“被”的不同词性。出于降低留学生学习汉语被动句的难度考虑，我们认为还是趋同为好，没有必要太烦琐，不如就把“被”看作介词(或被动标记)。

在被动句中否定副词和能愿动词可以出现在“被$_1$”前，也可以出现在“被$_2$”前。为了表达的需要，还可以有下面两种用法：

1. 主语为承前省略的情况时，介词标记“被”可位于小句句首，起连接作用。这种情况类似汉语的贯通句，即一个复句中的各小句前后贯通，一气呵成。例如：

(18)朱信歪脸瞥了她一眼，被噎得无言以对。(《皇城根》)

---

① 吕冀平，2000. 汉语语法基础[M]. 北京：商务印书馆.

(19)马林生如同插在架上的书,被紧紧贴挤在两扇脊背之间。(《我是你爸爸》)

如果不用"被$_2$",后一个句子需要加主语,这样结构上就不顺了;用了"被$_2$",句子的形式和内容便协调起来,前后句也就连贯了。

2. 标记连用增强被动意义表达的程度,如"被……被……被……"("被"字句连用)。

(20)他这种人很容易被欺负,被愚弄,被利用。

(21)在旧社会农民被剥削,被压榨,被奴役。

例(20)中三个"被"介引的结构"被欺负,被愚弄,被利用"以排比方式出现,增强了表达的气势。例(21)中三个"被"字句"被剥削,被压榨,被奴役"连用,以排比方式出现,不但进行了多角度描述,使语义内涵更丰富,而且使句式表达更有气势。

现代汉语中"被"兼有名词、动词、介词和助词等多种词性,在对外汉语教学中要分析每种词性的用法及特点,让留学生知道"被"的不同用法。介词标记"被"的用法非常复杂,一定要分析透彻,以便留学生正确使用以介词"被"为标记的句式。

三、汉语被动标记的作用

汉语句式使用被动标记与被动标记的功能有关。被动标记在句子中并非可有可无,相反,被动标记在构句时起到非常重要的作用。我们从四个方面进行分析。

(一)被动标记具有成句功能

在汉语表达中,有的句式中被动标记必须出现,否则句子的意思会发生变化(或造成歧义)或句子不能成立。例如:

(22)小刘被她拉进红漆大门,穿过黑乎乎的大门洞。(《皇城根》)

(23)金枝暂时被丢开,自由地扫视着大客厅。(《皇城根》)

例(22)中"小刘"是受事(被拉者),"她"是施事(拉人者)。如果没有"被",句子就变成"小刘她拉进红漆大门",句子的意思就发生了根本性变化。例(23)中有被动标记"被","金枝"是受事,句子是被动句;如果没有被动标记"被","金枝"是施事,句子是主动句。被动标记的有无决定句子的类型,影响句意的表达。

(二)被动标记明确施事和受事的位置

被动标记的使用能明确施事和受事在句子中的位置。当句子结构发生变化,施事后移到被动标记后时,受事前移到主语位置,凸显动作的结果。例如:

(24)金枝被王喜气得脸发青。(《皇城根》)

(25)王喜也被一位相熟的小伙子哄着推着,劝出了酒吧的大门。(《皇城根》)

例(24)以被动标记为界,前面的"金枝"为受事,后面的"王喜"为施事,动词语义指向受事,句子凸显"气"的结果"脸发青"。例(25)中"王喜"为受事,"一位相熟的小伙子”为施事，动词语义指向受事，句子凸显动作的结果“出了酒吧的大门”。

（三）被动标记的使用起到加强被动意义的作用

有没有被动标记，句子的意义不同。被动标记除了有成句的作用外，还有加强被动意义的作用，在表达时使句子带有明显的被动义，起到加强句子语气的作用。例如：

（26）脑子都被框住了，一想就想到别人俗套子。（《编辑部的故事》）

（27）他们那茬儿啊，都是被耽误了。（《编辑部的故事》）

例（26）和例（27）有被动标记“被”，句子明显有被动意义；如果没有介词标记“被”，句子也可以表达被动，但被动意义弱了很多。

（四）被动标记使主动与被动形成鲜明对照

人们在用汉语表达时，为了表达的需要，有时把主动和被动对照使用，使表达的目的清晰、态度明朗。例如：

（28）没有被工作累死的，只有享福享死的。（《编辑部的故事》）

例（28）中“被工作累死”与“享福享死”形成对比，主动与被动的对比表明了说话者的态度。

实际上，被动标记的作用不只这四个方面。通过分析，我们了解到被动标记的使用直接影响句子结构的排列组合。例如：

（29）刘美萍立刻被花花绿绿的游乐设施吸引了。（《顽主》）

（30）a. 参加军事干部学校以后被分配去的。（《组织部新来了个年轻人》）

b. 参加军事干部学校以后分配去的。

（31）我说祥子，水月灯今天就得安好。（《骆驼祥子》）

例（29）必须用标记“被”，否则句子不能成立；例（30）中介词标记“被”可用可不用；例（31）不用介词标记“被”。被动标记的用与不用受到来自不同层面的各种因素的制约，也正是因为来自不同的层面，所以这些因素在制约的过程中会有所交叉。语义层面的制约显然是最根本的，它是句子产生变化的基础。表达层面的制约是显性的，是不可忽视的方面。

有标记被动表述式的共同特点是把受事置于主语的位置，施事后移，需要加被动标记。我们知道英语被动句主要通过使用介词 by 来引入施事，且 by 被放在动词之后。由于汉语动词无形态和语态变化，所以只能靠语序和虚词来体现被动，因而被动标记很重要。

四、语体对被动标记具有选择性

认知语法认为，句法结构在相当程度上不是任意的，而是有动因的。在现代汉语中，被动标记的选择受语体的制约，其使用又受结构、语义和表达的限制。有些被动句必须用被动标记，有些可用可不用，有些干脆不用标记。这是一个很复杂的现象，其产生也是有动因的，后面我们分别进行讨论。

本章主要探讨被动标记，所以我们着重分析被动标记在不同语体中的使用情况。所谓语体就是适应不同的社会活动需要而形成的具有一定风格特点的语言表达形式①。我们将掌握的语料进行量化分析，发现被动标记的使用受语体制约，语体对被动标记具有选择性。

根据语言表达形式的不同，语体可分为书面语和口语两大类，其中书面语又分为文艺语体（包括小说、散文、诗歌、戏剧等）、法律语体、新闻语体、科技语体、公文事务语体、政论语体等②，口语语体包括谈话语体和演讲语体。我们在不同的语体中考察被动标记的使用情况，了解人们使用被动标记的语境和表达目的。

表 2 被动标记在不同语体中使用情况统计

语体·体裁·作品 \ 标记			被		叫		让		给		总数量
			数量	比例	数量	比例	数量	比例	数量	比例	
口语	小说	《编辑部的故事》	19	33.9%	3	5.4%	27	48.2%	7	12.5%	56
	相声	《刘宝瑞相声选集》	41	87.2%	0		1	2.2%	5	10.6%	47
	剧本	《茶馆》	5	23.8%	14	66.7%	0		2	9.5%	21
	北京话	北京话调查(1982)	11	34.4%	2	6.2%	9	28.1%	10	31.3%	32
书面语	小说	《空中小姐》	22	88%	0		2	8%	1	4%	25
	散文	《抱愧山西》	13	100%	0		0		0		13
	新闻	《人民日报》(1996)	1 505	100%	0		0		0		1 505
	科技文	《技术贸易实务》	56	100%	0		0		0		56
	法律	《海商法》	34	100%	0		0		0		34
	诗歌	《周总理，你在哪里》	0		0		0		0		0

从上表统计的情况看，口语使用的标记最为多样。《编辑部的故事》是对话体小说，属口语语体。从其对标记的使用来看，介词标记“让”的比例最大，其次是“被”，然后是“给”和“叫”，按比例大小排序是：让＞被＞给＞叫。在我们统计的语料中，这部小说使用的被动标记最多、最全。《刘宝瑞相声选集》虽然是口语语体，但其使用介词

① 李行健.2004.现代汉语规范词典[M].北京：外语教学与研究出版社：1601.

② 李行健.2004.现代汉语规范词典[M].北京：外语教学与研究出版社：1601.

标记“被”的比例最大，其次是“给”和“让”，“叫”没有出现，按比例大小排序是：被＞给＞让＞叫。老舍的《茶馆》使用“叫”的比例最大，其次是“被”和“给”，“让”没有出现，排序是：叫＞被＞给＞让。综合三者情况可以推断“叫”以前使用的比例是比较大的，现在逐渐在缩小使用的范围。纯北京口语（语料库提供）调查了48人，居住时间从第一代到第八代，文化层次从不识字到大学毕业。从统计结果来看，北京口语中标记词使用得丰富多彩，“被、让、给”三个标记的比例差不多，只有“叫”少一些。按比例大小排序是：被＞给＞让＞叫。这说明在北京口语中，这几个标记都在使用。上面的分析说明口语语体选择被动标记不统一，总体来看使用比例顺序应该是：被＞让＞给＞叫。“被”在口语语体中占的比例超过了“叫、让、给”。因为我们统计的是北京口语语料，所以“给”的出现率相对来说比较高。在我们统计的四种口语语体的语料中，“给”或多或少都出现了，这可能与北京口语方言有关。

在书面语体中，“被”有“一统天下”的趋势。小说《空中小姐》中共有25例被动表述的句子，其中“被”22例，占88%；“让”只出现2例；“给”仅出现1例。散文、新闻、科技文、法律等都使用了“被”。诗歌很少使用被动标记构成的句式，这可能与诗歌的特点有关（一般诗歌以抒情居多，客观描述较少，所以使用被动标记构成的句式较少）。研究发现，正式、严肃的文章，比如法律，都使用介词标记“被”，而不使用口语被动标记“叫、让、给”。

语体对被动标记的选择是不同的，这主要与不同语体的特点和被动标记的表意特点有关。被动标记“被”无论在书面语体还是在口语语体中都适用，而且使用比例最大，并具有扩大之势。“叫、让、给”则一般不用于书面语体，只用于口语。

“被”和“叫、让、给”除了在语体方面（指口语和书面语）使用的区别外，在语义表达上有没有区别呢？答案是肯定的。

“被”的使用倾向于比较正式的场合或严肃、严重的事情；而“叫、让、给”则倾向于非正式场合，常用于无关紧要、不严重的事情。比如：

（32）晚上睡觉时，让（叫）蚊子咬了一口。

（33）今天在公交车上，叫（让）人踩了一脚。

（34）由于今年有奥运会预选赛、世界杯外围赛、亚洲杯等重大赛事，中超赛程被这些赛事分割得七零八落。（《半岛晨报》，2004-09-05）

在人们看来，例（32）的“蚊子咬了一口”、例（33）的“人踩了一脚”都不是多么严重的事情；但是如果人们意识到事情是很严重的，或说到严肃的事情，就会用“被”，如例（34）。可见，被动标记的选择具有一定理性规则。

第三节 介词标记“被”的新发展

一、“被”的新用法产生的背景

“被”在2009年当选为年度流行汉字，这主要与“被”的新用法有关。这种用法与传统用法截然不同，在表达时耐人寻味，如“被自杀、被就业、被小三”等。这里的“被自杀”不是真的自杀了，而是被别人说成自杀了；“被就业”是个别大学里出现的现象，为了虚报就业率，把本没有就业的学生说成已就业；“被小三”是演艺圈里常用的一个词语，指某演员没有当“第三者”而被说成是某导演的情人。“被”的这种新用法遍及社会各行各业，形成了“被××”结构。这种结构以三音节居多，成为2009年的流行语。例如：

(1)张三丰又被离婚了一次，他已习以为常，见怪不怪了。

(2)我们现在成了“被中奖”的时代，购物中奖、QQ中奖、手机中奖……

例(1)中“被离婚”是指没有离婚而被人说成“离婚”了，是为了达到丑化他人的目的。例(2)中“被中奖”是指没有中奖而说成中奖了，以达到骗人的目的。

二、“被”的新用法的结构分析

(一)“被”的新用法的结构形式

“被”的传统用法主要是介引施事，后面都是名词性词语；而“被”的新用法形成的结构，后面不仅有名词，还有动词和形容词。能进入这种新结构的词语也是有限制的，不是任意的，必须依据一定的原则。

1.“被+名词”结构。例如：

(3)小李“被白领”了，实际上他每天出入高级写字楼只是去送水。

(4)孙岩“被美女”几次了，她都习以为常了。

例(3)中“被白领”的“白领”为名词，“被白领”表示并非从事脑力劳动的人被说成从事脑力劳动的人。例(4)中“被美女”的“美女”为名词，“被美女”表示不是美女而被说成美女。“被”后的名词多为双音节名词，类似的例子还有“被代表、被高薪、被高速、被股东”等。

2.“被+动词”结构。例如：

(5)这位导演“被吸毒”了。

(6)李大力“被升职”了，很多人发短信祝贺，他感到莫名其妙。

例(5)中“被吸毒”的“吸毒”为动词，“被吸毒”表示没吸毒而被人说成吸毒了。例

(6)中“被升职”的“升职”为动词,“被升职”表示没升职而被人说成升职了。“被”后的动词多为不及物双音节动词,类似的例子还有“被打折”和“被辞职”等。

3.“被+形容词”结构。例如:

(7)这个店铺的商品都“被优惠”了,快去抢购。

(8)“你幸福吗?”“我们都“被幸福”了。”

例(7)中“被优惠”的“优惠”为形容词,“被优惠”表示没有优惠出售而说成优惠出售。例(8)中“被幸福”的“幸福”是形容词,“被幸福”表示不幸福而被说成幸福。“被”后的形容词也多为双音节,类似的例子还有“被繁荣”和“被慈善”等。

从使用频率来说,双音节动词、名词、形容词在人们的交际中使用得最多;从韵律角度来说,双音节词语也容易被人们接受。在“被”的新用法中,单音节词语较少,目前我们还没有看到。三音节词语也可以用于这种结构,但从使用数量来看比双音节少。

(二)“被”的新用法的结构特点

“被”的新结构“被××”从出现到流行大约一两年的时间,虽然时间不长,但已形成自己的特点。

1.“被”的位置是固定的。“被”介引的是双音节名词、动词、形容词,并且“被”一定要位于双音节词语前面,语序不能发生变化,如“被跳楼、被下岗、被炒股、被逃跑、被上市、被升级、被怀孕、被涨价、被出国、被降价、被破产、被风流”等。

2.结构严谨。“被”的新结构中标记词“被”与所介引词语之间不能插入任何成分,如“被涨价”不能说“被他涨价”,也不能说“被涨一次价”。

三、“被”的新用法的语义分析

(一)“被”的新结构表达的语义内涵

汉语四大要素中语法相对来说比较稳定,但稳定并不是不变化。被动标记用法的变化折射出被动句式的发展变化,并使其产生新的语义内涵。例如:

(9)她自杀了。

(10)他“被自杀”了两次,谈及此事,他也无可奈何。

例(9)中“自杀”和例(10)中“被自杀”的意思完全不同。“自杀”表示主动寻死,而“被自杀”指本人没有寻死而别人说他寻死了。

(11)他吸毒之后,健康状况越来越差。

(12)这次的“被吸毒”是有人故意损害她的形象。

例(11)中“吸毒”是主动行为,是真吸毒;例(12)中“被吸毒”不是真的吸毒,而是有人故意诬陷她吸毒。

通过分析例子我们对“被”的新结构表达的语义内涵有了新的认识，即这种结构表示的是实际上没有发生的事情但却被说成已发生了，表达说话者的无奈，具有讽刺意味，我们称之为“嘲讽义”。汉语“被”的新结构表达的语义内涵主要是“嘲讽义”，随着语言的发展也许还会增加其他含义。

(二)“被”字结构的语义演变

1. 表达消极义，主要有“遭受义、受损义、不幸义”等。“被”作为被动标记构成的句式主要表达消极义，包括“遭受义、受损义”等。这种消极义从产生之日延续至今，有几千年历史，显示出语言的稳定性。例如：

(13)故奸莫不得而被刑者众，民疾怨而众过日闻。(《韩非子》)

(14)今兄弟被侵，必攻者，廉也；知友被辱，随仇者，贞也。(《韩非子》)

(15)国一日被攻，虽欲事秦，不可得也。(《战国策》)

(16)一二日必有密书促卿进道，张辽等又将被召。(《三国志》)

例(13)～例(15)中的“被刑、被侵、被辱、被攻”都表达“受损义”，直接用在动词前。例(16)中“被召”是客观描述，没有“受损义”。

“被”字句发展到东汉末年，开始出现引入施动者的用法，这时“被”直接用在动词前的句法结构有了改变。例如：

(17)亮子被苏峻害。(《世说新语》)

(18)吾被皇太后征，未知所为。(《三国志》)

例(17)中“被苏峻害”是“被＋施事＋动词”结构，“被”引入施事“苏峻”。例(18)中“被皇太后征”也是“被＋施事＋动词”结构，“被”引入施事“皇太后”。再如：

(19)吾自到此土，六度被人下药，我皆拈出。(《祖堂集》)

(20)他无语，便被师与三掴。(《祖堂集》)

例(19)中“被”后介引施事“人”，表达“遭受义”。例(20)中“被”后介引施事“师”，也表达“遭受义”。

现代汉语中表达消极义的“被”字表述还有很多。例如：

(21)日本福岛地区很多房屋被洪水冲走了。(《参考消息》，2015 年 9 月 11 日)

例(21)的“被洪水冲走”给日本福岛地区的房屋造成了很大损失，表达“受损义”。

2. 增加了“积极义”的语义内涵。“被”字句在唐代以前极少表达积极色彩的语义内涵，我们只找到一例：

(22)陌头杨柳枝，已被春风吹。(《全唐诗》)

而 1919 年以后的语料中，表达积极义的“被”字句却多了起来，这主要是受英语的影响，在英译汉的过程中逐渐接纳了英语被动句表达积极色彩的用法。例如：

(23)鸿渐被赞,又得意,又谦逊道:“这事开得太糟了,怕不容易转圜。”(《围城》)

(24)好像没梦想到会被聘为历史系副教授的,快乐像沸水似的洋溢满桌。(《围城》)

(25)我们是作为最优秀的青年被送入部队的。(《空中小姐》)

(26)李丽老师被授予“最美乡村教师”称号。

(27)大连被称为“浪漫之都”。

例(23)～例(27)对“受事”来说都是希望得到的,具有积极义。

3.出现了“嘲讽义”的新语义内涵。“被”字句发展到2009年,出现了一种新用法,形成了“被××”结构,这种结构表达的语义是“嘲讽义”。例如:

(28)她又“被怀孕”了,可她还没男朋友呢。

(29)这家汽车公司“被破产”了。

例(28)中“被怀孕”指没怀孕而被人说成怀孕了。例(29)中“被破产”指这家公司没破产而被说成破产了。这两个例句都具有“嘲讽义”,也表达出说话者的无奈。

四、“被”的新用法产生的动因

(一)社会需要催生“被”的新用法

“被”的新用法的出现一方面说明当时人们非常喜欢使用“被”字,这个汉字具有很高的使用率;另一方面反映出当时人们的心态和社会现象,人们只有用这种结构、这种组合才能表达出对所面对的现实情况的态度。这也符合很多人的思维特点,即不直接说出一件事,而是婉转地表达出来,让听话者玩味。

任何一种新的语言现象的出现都与社会变化的需要有关。人们表达新事物的方式有两种:一种是用创新性的、全新的形式;另一种是以旧寓新,赋予已有的词语以新的内涵。“被”的新用法就属于第二种,用“被××”格式体现无奈和嘲讽的语气。

(二)“被”本身能引申出这样的语义内涵

汉语被动标记除了“被”外,还有其他标记,人们只选择“被”而没有选择其他标记,与“被”本身的作用有关。当人类社会出现新现象或新事物时,人们需要用语言来描述或概括这种新现象或新事物。这种语言得到大多数人认可后,就会在社会上流行开来。“被××”成为时代流行语,就是因为当时的社会需要这种结构来表达没有做的事情或没有实现的愿望而被别人说成做了或实现了,“被”字结构的引申用法正好体现了这样的语义内涵。

第四章

以介词为标记句式的形成机制及情景语义研究

绝大多数汉语典型介词标记都是从动词虚化而来的，由于原动词的词义不同，虚化后介词的语法意义也不同，这样就造成了由介词标记构成句式的结构各具特点，语义差异较大，而且每个介词标记的表达功能也不同。我们有必要对这些复杂的介词标记分别加以研究。本章主要研究介词“把、被、连、比、在”的构句机制及情景语义。

第一节　以介词“把”为标记句式的形成机制及情景语义

一、研究背景

现代汉语的特殊句式主要有“把”字句、“被”字句、连动句、兼语句、存现句等①，其中两大特殊句式分别以介词标记“把”和“被”为句式标记，并以这两个介词命名为“把”字句和“被”字句。可见介词标记在构句时起到了非常重要的作用。由介词标记“把”构成的句式结构非常有特色，句式语义表达很丰富，而且这种句式只有汉语有，其他语言没有。介词标记“把”及其构成的句式从20世纪80年代逐渐成为语言学界研究的热点，诸如王还(1984)、薛凤生(1987)、张旺熹(1991)、崔希亮(1995)、金立鑫(1997)、范晓(2001)、张伯江(2001)、陈昌来(2003)、叶向阳(2004)等学者从多方面进行了研究。

不管从历时还是共时角度看，“把”字句都是汉语中一个非常重要的句式。唐代以前，“把”并不是介词，而是动词，其句法格式为“施事＋把(动词)＋受事”。到了唐代，“把”逐渐虚化为介词，成为句式标记，但使用频率并不高，其基本句式结构为“施事＋把＋受事＋动词＋补语(或其他)”。此时处置式标记出现最多的是“将”。元代以后，“将”较多地应用在书面语中，“把”在口语中逐渐占据了支配地位。到了清末，“将”基本退出处置句式标记(有些方言区还在使用)，“把”成为处置句式标记。方言的处置式标记不一定都用“把”，粤方言和客家方言中就没有“把”字句；吴方言虽然有处置式，但是不用“把”作标记，而用“拿”。我们在广州进行方言调查时发现有这样一种现象：对同一事件，人们用普通话表达时使用“把”字句，而用方言表达时就不用“把”字句。

---

① 黄伯荣，廖序东，2002. 现代汉语[M]. 北京：高等教育出版社：38.

前辈学者对“把”字句已做过不少卓有成效的研究工作，但是这些研究基本上只是局限在传统语法的框架中进行。20 世纪 60 年代中期，吕叔湘先生提出一个全新的研究课题：全面考察“被”字句和“把”字句以及不用“被”也不用“把”的句式互相转换的范围和条件。“被”字句和“把”字句是汉语语法研究的重要内容之一，吕先生早已给我们指明了研究方向。这一节我们运用标记理论全面考察介词标记“把”的构句机制和情景语义，下一节探讨介词标记“被”的构句机制和情景语义。

二、介词标记“把”的发展演变

(一)介词“把”成为句式标记的动因

李行健(2004)认为“把”主要有四个词性，即动词、量词、名词和介词。这四个词性并不是一开始就都有，而是随着语言的发展在不同阶段出现的。据考证，“把”最早是动词，东汉许慎编撰的《说文解字》认为“把，握也，从手，巴声”[①]。由此可知，东汉以前“把”的本义与手的握、持动作有关，应该是动词。例如：

(1)握以下者为柴楂把以上者为室奉。(《管子》)

(2)师行，师尚父左杖黄钺，右把白旄以誓。(《史记》)

我们查阅了从西周到春秋战国时期的文献，发现“把”只有动词用法，而且使用的频率并不高，只在十多句中出现过，其句法结构为“S＋把＋宾”。例如：

(3)禹亲把天之瑞令，以征有苗。(《墨子·非攻下》)

(4)拱把之桐、梓，人苟欲生之，皆知所以养之者。(《孟子》)

(5)盍将把兮琼芳。(《九思》)

(6)欲知把齐国者，则其利之者邪？(《晏子春秋》)

例(3)中动词“把”的宾语为“天之瑞令”，例(4)中动词“把”的宾语为“桐、梓”，例(5)中动词“把”的宾语为“琼芳”，例(6)中动词“把”的宾语为“齐国”。从以上例句我们可以看出，这一时期“把”为动词，后面常带宾语。

先秦时期“把”主要用作动词，虽然使用数量不多，但此时还没有虚化。两汉时期“把”的句法结构发生了变化，出现了“S＋把＋宾$_1$＋V＋宾$_2$”的句式结构。例如：

(7)手把其尾，拽而出之至渊之外，雷电击之。(《论衡》)

(8)太山之险，则既明矣，试使一人把大炬火夜行于道，平易无险。(《论衡》)

(9)周公把大钺，召公把小钺，以夹武王。(《史记》)

例(7)的句式结构是“S＋把＋宾，＋V＋其他”，“把”成为句式中第一个动词，和动词“拽”构成连动句。例(8)的句式结构为“S＋把＋宾＋V＋其他”，“把”为动词，和

① 许慎，1963. 说文解字[M]. 北京：中华书局：56.

“行”构成连动句式。例(9)的句式结构发生了变化,形成了“S_1＋把$_1$＋宾$_1$,＋S_2＋把$_2$＋宾$_2$”结构,动词“把”为“拿”之义,处于第一、二个动词位置。由此可见,动词“把”构句的用法已发生了一些变化,“把”可以和其他动词共同构句,形成连动结构。从所处的位置看,“把”在前的用法多,在后的用法少。哪个动词是核心动词,此时还不是很明朗。

隋朝以前“把”是普通动词,还没有形成一种句式标记。后来随着语言的发展,“把”逐渐虚化为介词。到了唐代,“把”成为处置句式的标记,没有实在的词汇意义,但有语法意义。在古代汉语中,动词“把”为“握持义”,这个动词义直接影响“把”虚化后的介词用法。由“把”构成的句式其语义的表达与“把”的“握持义”有直接关系,“把”的“处置义、致使义”都来源于此。例如:

(10)素姿好把芳姿掩,落势还同舞势斜。(《全唐诗》)

(11)师便把枕子当面抛之,乃告寂。(《祖唐集》)

(12)众人不测,遂把物撑之。(《祖唐集》)

(13)王氏又不懂“饶俊”的意义,把俊字改成纵。(敦煌变文)

(14)而押座文又是讲经的先声,所以把押座文冠于全书之首。(敦煌变文)

例(10)中“把”为介词标记,动词“把”已虚化为介词,并作为句式标记出现。例(11)中动词“把”意为“拿”或“抓”,句意为“拿起枕头当面扔了”,动词“把”是对物体“枕子”的处置。例(12)中“把”也是动词,意为“拿”,是对“物”的处置。例(13)中“把”是介词,为句式标记,和前面两个例句的用法不同。例(14)中“把”为介词标记,构成了“把”字句,句式具有“处置义”。此时,“把”既有动词的用法,也有介词的用法,正处于虚化过程中。介词“把”的语法意义留有动词语义的痕迹,所形成的句式主要表达“处置义”。由此看来,介词“把”是在连动句式结构基础上发展形成的,在连动句式结构中“把”为第一个动词,第一个动词最容易虚化,“把”由动词逐渐虚化为介词,介词“把”的语法意义随即产生了。

汉语中并不是所有动词都可以虚化为介词,只有符合虚化条件的才可以[①]。“把”的动词理性义素可以分析为[＋手][＋握持][＋物],其语义特征为[＋处置],动词虚化为介词标记后,使句式具有“处置义”和“致使义”。

“把”经过了漫长的语法化过程才成为介词,可以说“把”字句的产生是汉语语法发展的结果,这与人们的交际需要有密切关系。通过对句式标记的分析也能看出汉语特殊句式“把”字句的发展轨迹。

(二)以介词“把”为标记的句法结构

从汉语的句法结构来看,连动句式中的第一个动词容易虚化。动词“把”在连动结构中常处于第一个动词的位置,为其语法化提供了前提条件。在春秋时期的文献

① 李永,2011.汉语语序的历史变化对动词语法化的影响[J].语言教学与研究(1):48-53.

中，动词“把”已经开始使用，只不过使用频率不高。经过几百年的发展，“把”的动词性由强变弱，最后虚化成了只具有语法意义的介词。介词“把”的位置遗留在原动词用法的位置上，永远固定在了谓语动词之前，形成了 PPV 语序结构[①]。

1. 连动结构为“把”虚化提供了条件。秦朝以前，“把”作为动词独立作谓语，很少有连动用法。到了两汉时期，动词“把”的构句方式有了变化，具有“握持义”，能和其他动词共现在一个句子中，而且往往以第一动词的身份出现在连动句中，形成的基本句式为“把＋N_1＋V＋N_2”。例如：

(15)汤乃兴师率诸侯，伊尹从汤，汤自把钺以伐昆吾，遂伐桀。(《史记》)

(16)悉发国人操刀把杖以击之，若岁终逐疫，然后为可。(《论衡》)

(17)武王把钺讨纣，无巍巍荡荡之文，而有动兵讨伐之言。(《论衡》)

例(15)中“把钺以伐昆吾”是连动结构，“把”为第一动词，意为“握”或“拿”。例(16)的“把杖以击之”和例(17)的“把钺讨纣”都是连动结构，动词“把”意为“拿”或“握”。

从上面列举和分析的例子来看，“把”最初以动词身份出现在句式中，而且这个句子有两个动词，“把”常常处于第一动词的位置，意为“握、拿”，句子中真正能体现句意的是第二个动词。这不是说动词“把”在句子中不起作用，实际上“把”是实现后面动词动作行为的先决条件，表“握、拿”之义的“把”在某种程度上依靠后面的动词达到某种结果或影响。“把”在构句中没有占据主要动词位置，这为其以后的虚化打下了基础。

到了隋唐时期，中国封建社会处于经济、文化的繁荣时期，各种新事物层出不穷。“把”在这个阶段的用法也发生了一些变化，例如：

(18)凭谁为谑穆天子，莫把瑶池并曲江。(《全唐诗》)

(19)错把黄金买词赋，相如自是薄情人。(《全唐诗》)

例(18)中“莫把瑶池并曲江”和例(19)中“错把黄金买词赋”都具备了“把”字句的雏形，“把”字句的最初框架是“S＋把＋O＋V＋其他”。“把”字句在唐代产生以后，用法不是很稳定，其语法意义也不像现在这样表示“处置义”和“致使义”。

2.“‘把’字结构－动词”成为以介词“把”为标记句式的语序格局。汉语连动式的产生为第一动词“把”的虚化创造了条件，虚化为介词的“把”在构句时，句法位置没有发生改变，但作用已经发生根本性变化，成为句式标记，形成的语序结构为“S＋把＋O＋VP＋其他”。这个语序结构受连动式的影响非常大，“把”字句的句法语义框架基本维持原来的框架格式。根据这种框架格式，我们很容易解释为什么否定副词和能愿动词位于介词“把”之前，而不在动词前。在古代，否定副词要位于第一动词前，

① 石毓智，2006. 语法化的动因与机制[M]. 北京：北京大学出版社：92-112.

“把”虚化为介词后，否定副词的位置没有改变，沉淀于介词“把”前。

动词“把”虚化为介词导致句式结构发生了变化，“把”字结构在句中作状语。例如：

(20)谁肯把针儿将线引，向东邻通个殷勤。(《西厢记》)

(21)天不曾生个笔，人把兔毫来做笔。(《朱子语类》)

3. 动补结构的出现促进了“把”字句的发展。唐朝时期出现的“把”字句中，受事宾语前移到动词前，这些动词一般是光杆动词，后面没有其他成分。例如：

(22)莫把杭州刺史欺。(《戏醉客》)

(23)悠然散吾兴，欲把青天摸。(《初夏游楞枷精舍》)

例(22)的“欺”和例(23)的“摸”都是光杆动词，后面没有其他成分。

后来随着汉语的发展和人们表达的需要，补语逐渐进入“把”字句。例如：

(24)这火伴你敢是不会煮料么。你把锅烧滚了。(《老乞大》)

(25)谁知那贼就放一箭。把一个弓手射下马来。(《老乞大》)

例(24)中“滚”是动词“烧”的补语，例(25)中“下来”是动词“射”的趋向补语。

表3 不同时期作品中“把”字句带补语情况的统计

朝代	文献	“把”字句数量	补语种类	补语比例
唐、五代	敦煌变文	8		
南宋	《朱子语类》	63	结果、趋向、数量	28%
清代	《官场现形记》	232	结果、程度、数量、趋向	78%
当代	《编辑部的故事》	128	结果、趋向、程度、数量、状态	93%

由上表可知，唐、五代的敦煌变文中“把”字句已出现，动词基本都是单音节动词，后面没有补语出现。随着“把”字句的发展，使用数量增多，南宋时期动词后面开始出现补语，但数量不多。到了清代，“把”字句基本成熟，使用数量较大，动词后出现补语的数量也很多。“把”字句发展到现在，成了人们生活中不可缺少的句式，使用数量非常多，而且动词后常有补语出现。动补结构的产生具有以下作用：

[1]促进了“把”字句的形成，句法结构以介词“把”为标记使表意更加明晰。例如：

(26)秦重把银子包解开，都是散碎银两。(《醒世恒言》)

(27)回到家中，把衣服浆洗得干干净净，买几根安息香，薰了又薰。(《醒世恒言》)

例(26)中由于介词“把”的作用，明确了处置对象“银子包”。例(27)中介词“把”引出处置对象“衣服”，让人一目了然。

[2]使“把”字句的谓语部分变得复杂起来，受事宾语被移到动词之前。例如：

(28)把个刘四妈惊得眼中出火，口内流涎。(《醒世恒言》)

(29)不上一年，把家业挣得花锦般相似，驱奴使婢，甚有气象。(《醒世恒言》)

例(28)中宾语“刘四妈”前移；“眼中出火”为句子补语，成为句子的焦点。例(29)

中宾语“家业”前移;“花锦般相似”为句子补语,成为句子凸显的部分。

[3]使以介词“把”为标记的句式使用数量增多。例如:

(30)贵哥便把这东西放在自己箱内,踌躇算计,不敢提起。(《醒世恒言》)

(31)你且把夫人平日的性格说说我听。(《醒世恒言》)

(32)贵哥把簪儿递与女待诏道:“这个就是信物了。”(《醒世恒言》)

汉语以“把”为标记的句式,“把”后常常引出“受事”,这是最典型的用法。但在实际使用中,有时还有其他用法。例如:

(33)那女待诏把前前后后的话细细陈说了一遍。(《醒世恒言》)

(34)小妮子闻得那啄木鸟把尖嘴在那树上画了几画,摇了几摇。(《醒世恒言》)

例(33)中介词“把”的宾语“前前后后的话”属于主语施事说的内容,具有领属关系。例(34)中介词“把”的宾语“尖嘴”是谓语“画”的施事“啄木鸟”的一部分。

一般来说,“把”后宾语为受事的,常要求其谓语动词是及物动词;“把”后宾语为非受事的,句子的谓语一般是非及物动词或形容词。例如:

(35)云长见了,把马一拍,舞八十二斤青龙偃月刀,来夹攻吕布。(《三国演义》)

补语进入“把”字句促进了“把”字句的发展,为其取代“将”字句提供了前提条件。

(三)介引“受事”的介词标记“把”与“将”

在汉语发展的历史上,用于介引受事的介词标记主要有两个:一个是“把”,另一个是“将”。《现代汉语规范词典》解释“将”为“把”(多用于书面语),如“将皮包放在桌子上”。按照这个解释,“把”和“将”的区别好像不大,只是在使用语体方面有一点差别。从历史上看,“把”和“将”成为介词标记的时间不同,词语来源不同。二者构成的句式义有相同之处,也有相异之处。“把”字句除了具有“处置义”外,还有“致使义”;而“将”字句主要表达“处置义”。由此看来,这两个介词标记还不能完全对等。

1.“将”和“把”成为句式标记的时代。最早出现的处置式介词标记是“将”,唐朝时“把”才成为“处置式”介词标记。这两个标记的发展演变过程为:介词“将”为优势标记(唐以前)→“将”和“把”两标记混用(唐至明)→“将”和“把”两标记分工,“把”成为优势处置标记(清)。刁晏斌(1993)认为“近代汉语处置式主要包括‘把’字句和‘将’字句两种形式”①。例如:

(36)所以圣人诫宫女,莫将罗绮扫尘埃。(敦煌变文)

(37)恶友既将珠走去,还向何国土也唱将来。(敦煌变文)

(38)将棘围守暖,把铁砚磨穿。(《西厢记》)

① 刁晏斌,1993.近代汉语“把”字句与“将”字句的区别[J].辽宁师范大学学报(社科版)(1):50.

处置句例(36)和例(37)的介词标记是“将”,例(38)的介词标记是“把”。“把”字句与“将”字句产生的时代不同,“将”字句比“把”字句产生得早,最早用例见于公元3世纪的汉译佛经中。

据学者考证,宋以前“将”字句使用得极为广泛,元明时期“把”字句的使用逐渐增多,19世纪中叶“把”字句完全取代处置标记“将”,最终成为优势处置标记①。

2.动词“将”和“把”的语义差别。“将”和“把”都是“持拿义”动词②,具有相同的语义特点,且所处的句法环境相同,因此都发展成了介词标记,但二者的本义存在明显的差别。动词“将”的本义是“率领”,其宾语多是“兵”,用于军事行动,所处句式多为连动结构,表示“率领士兵行走一段路程去作战”,在战争连连的春秋战国时期有极高的使用频率。例如:

(39)而秦襄公将兵救周,战甚力,有功。(《史记》)

(40)荣见太祖所将兵少,力战尽日。(《三国志》)

例(39)和例(40)的“将”都为动词,表示“率领”之义。

南朝时期动词“将”的宾语范围开始扩大,出现了人、牲畜、(无生命的)车,它们都是可以移动的。“将”所处的连动结构表示“带领某人做某事、去某处”或“驾车做某事”等,词义开始泛化。后来“将”发展出了“握持义”,出现了少量宾语是可以用手“握持”之物的例子。例如:

(41)牛本不迟,由将车人不及制之尔。(《世说新语》)

(42)郭氏于是盛威仪,多将侍婢。(《世说新语》)

(43)急捉衣裾,将与杖。(《世说新语》)

例(41)表示人驾车与牛车一起位移,例(42)表示带领某物或某人一起位移,例(43)表示握持物体而使其发生位移。这一时期动词“将”已发展出义素[+驾车][+带领][+握持],但“使发生位移”始终是“将”的核心语义。

而动词“把”的本义是“握持”(通常是用手),没有发展出引起位移的义素。例如:

(44)交拱之木,无把之枝。(《淮南子》)

(45)荷斤斧,把筑锸,与彼握刀持笔何以殊?(《论衡》)

例(44)和例(45)的“把”都是“握持”之义,“握持义”是“把”的核心语义。

到了唐五代(处置式形成的重要时期),动词“将”和“把”的分工非常明确。例如:

(46)师到石霜,将锹子向法堂前过来过去。(《祖堂集》)

(47)对曰:某甲不将刀子来。(《祖堂集》)

(48)把花钿粉饰身,解持佛戒断贪嗔。(敦煌变文)

---

① 石毓智,2006.语法化的动因与机制[M].北京:北京大学出版社:113-134.

② 黄晓雪,2010.“持拿”义动词的演变模式及认知解释[J].语文研究(3):48-52.

例(46)中动词“将”是“拿”的意思，例(47)中动词“将”是“取”的意思，例(48)中动词“把”是“用”的意思。

3.“将”和“把”语法功能的差别。“将”和“把”的原动词义影响了人们的选择，在句式标记上也有体现。例如：

(49)此时暂与交亲好，今日还将简册回。(《全唐诗》)

(50)若把长江比湘浦，离骚不合自灵均。(《全唐诗》)

例(49)中“送回简册”有位置的改变，涉及位移，所以用“将”字句来表达。而例(50)中“若把长江比湘浦”是两条河的比较，没有位移，所以选用“把”字句。

看来，介词标记“将”和“把”的使用是有分工的，当表达涉及位移时选用“将”，而不涉及位移时则选用“把”。但这也不是绝对的。例如：

(51)到头委付何曾是，虚把罗襦与彦回。(《全唐诗》)

(52)狡兔何曾擒，时把家鸡捉。(《全唐诗》)

汉语发展到宋元明时期，处置式标记“将”和“把”的使用具有一定的规律。例如：

(53)卜乔兑足了银子，将瑶琴送到王家。(《醒世恒言》)

(54)把秦重做亲子看成，改名朱重。(《醒世恒言》)

例(53)中“将瑶琴送到王家”，瑶琴的位置发生了移动，所以用“将”。例(54)中“把秦重做亲子看成”，秦重没有发生移位，所以用“把”。

大量例句证明，介词“将”和“把”构成句式的语义存在一定的差别，这与它们的原动词义有关。“将”和“把”虚化为介词后，它们的语用功能还会受到其原动词义的制约，这一细微的功能差别是导致“将”和“把”不同发展命运的重要因素之一。在表达时，人们更习惯选用表意效果最佳的标记词语。

4.“将”和“把”语法化程度的差别。动词“将”和“把”都虚化为介词，成了处置式标记，但它们的虚化时间和语法化程度不同。我们通过下面的表格来进行说明。

表 4 “将”与“把”用作动词和介词标记的统计

朝代	作品名	动词		介词标记	
		将	把	将	把
元朝	《窦娥冤》	39	23	76	34
明朝	《醒世恒言》	22	19	32	45
清朝	《儒林外史》	7	3	26	114
当代	《编辑部的故事》	0	0	0	128

从上表的统计我们发现，元朝时期介词标记“将”的使用频率远远超过“把”，而两个词的动词使用频率差不多，这说明在这个时期两个词都有动词和介词的用法，作为处置式标记“将”用得更普遍些。到了明朝时期，两个词的动词使用频率差不多，而作

为句式标记的介词使用频率发生了变化，“把”的使用频率超过了“将”。清朝时期，两个词的动词用法都在减少，介词标记用法依然较多，但从使用频率来看发生了非常大的变化，“把”的使用频率远远超过了“将”，处置式标记“把”逐渐取代了“将”。到了当代，两个词语的动词用法几乎没有了，而“把”完全取代了“将”作为处置式标记的介词用法，最终“把”发展为优势处置标记，而“将”已无力与“把”竞争处置式标记。

三、介词标记“把”的构句机制

(一)介词“把”的构句类型

以介词“把”为标记构成的句式，主要通过介词“把”使受事移到谓语动词前，受事作介词“把”的宾语，主语是施事，句子主要凸显动作对受事产生的结果或影响。下面我们分析一下“把”构句的几种类型。

1.“施事＋把＋受事＋动作＋了/着”结构。例如：

(55)我简短说了一句：“我把她休了。”(《空中小姐》)

(56)你把钱收着，别弄丢了。

例(55)中动词“休”后要用“了”；如果没有“了”，只用光杆动词“休”，没有动作行为的结果，这个句子就不成立。例(56)中动词“收”后要用“着”；如果没有“着”，只用光杆动词“收”，没有体现动作行为的结果，这个句子也不成立。

2.“施事＋把＋受事＋动作＋补语”结构。例如：

(57)我把香水找出来，一边往她头发上喷了几滴，一边问她。(《空中小姐》)

(58)我弟弟他们想把我们家那房子装修一下。(《无人喝彩》)

(59)老师讲了半天，玛丽也没把这两个词语的意思弄明白。

例(57)中动词“找”后有补语“出来”；如果没有补语“出来”，就缺少处置的结果，句子就不能成立。例(58)中动词“装修”后有补语“一下”；如果没有补语“一下”，就缺少处置的结果，句子也不能成立。例(59)中动词“弄”后有补语“明白”；如果没有补语“明白”，就缺少致使的结果，句子也不能成立。

3.“施事＋否定词＋把＋受事＋动作＋其他”结构。例如：

(60)“你别把衣服给我。我说冷，只是想听你几句暖话。”(《空中小姐》)

(61)你放心，我绝对没把这件事告诉她。

汉语否定副词“不、没、别”等在句子中一般要位于动词和形容词前，而在以介词“把”为标记的句式中“不、没、别”等必须位于介词“把”前，如例(60)的否定副词“别”和例(61)的否定副词“没”都位于介词标记“把”前。

4.“施事＋能愿动词＋把＋受事＋动作＋其他”结构。例如：

(62)我们应该把病情告诉患者，患者有知情权。

(63)你能把论文及时交上,我很高兴。

汉语能愿动词在句子中一般要位于动词前,而在以介词“把”为标记的句式中必须位于介词标记“把”前,如例(62)的能愿动词“应该”和例(63)的能愿动词“能”都位于介词“把”前。

5.“施事＋把＋受事＋动作＋补语(到、成、给、在)＋宾语”结构。例如:

(64)你把老舍的小说翻译成俄文吧。

(65)我把剩下的两只冰糕递给她。(《空中小姐》)

(66)王眉把我领到招待所,给我吃,给我喝,还洗了个舒畅的热水澡。(《空中小姐》)

例(64)中介词“把”介引受事“老舍的小说”,句子的宾语为“俄文”。例(65)中介词“把”介引受事“两只冰糕”,句子的宾语为“她”。例(66)中介词“把”介引受事“我”,句子的宾语为“招待所”。具有补语又有宾语的“把”字句相对来说比较复杂,需要弄清楚句子成分及其语义关系。

6.施事不是动作的发出者。例如:

(67)空中气象万千的景色把我吸引住了。(《空中小姐》)

(68)股市把成千上万人的资金套牢了。

例(67)中“空中气象万千的景色”不是动作行为的发出者,但可以位于施事的位置。例(68)中“股市”也不是动作行为的发出者,也可以位于施事的位置。

7.少数具有结果意义的双音节动词可以充当“把”字句的谓语。例如:

(69)你要把这些学习任务完成才能睡觉。

(70)我了解小李,她能把那个困难克服。

汉语以介词“把”为标记的句子,动词后一般要有补语或“了、着、过”等表示结果的成分,很少用光杆动词;而有些句子可以用表示结果意义的光杆动词,如例(69)用了“完成”和例(70)用了“克服”。

8.动词重叠可以出现在“把”字句中。例如:

(71)你把这种现象好好研究研究。

(72)你把这本书读读。

在以介词“把”为标记的句式中,不表示“结果义”的动词一般不能单独出现,但可以以重叠形式出现。如例(71)如果只用“研究”,句子不成立;但用“研究研究”,句子就可以成立。例(72)如果只用“读”,句子不成立;但用“读读”,句子就可以成立。

(二)构成“把”字句的条件

1.施事向受事施加动作,使受事发生了变化。例如:

(73)保姆把玻璃擦得很干净,主人很满意。

(74)张鹏一口气把这瓶啤酒喝光了。

例(73)通过“擦”的动作使玻璃干净了,例(74)通过“喝”的动作使啤酒没了。

2.施事向受事施加动作,使受事的位置发生移动。例如:

(75)司机把客人送到了大连北站。

(76)我把樱桃放进了冰箱。

例(75)通过“送”的动作使客人的位置由原处到了大连北站。例(76)通过“放”的动作使樱桃的位置发生了变化,由外面到了冰箱里。

3.施事向受事施加动作,使受事产生了结果。例如:

(77)王五把李四的腿打伤了。

(78)马力把鲁迅的小说翻译成英文了。

例(77)通过“打”的动作使李四的腿受了伤,例(78)通过“翻译”的动作使鲁迅的小说由中文变成了英文。

(三)“把”字句不能成立的情况

1.介词“把”的宾语没有发生变化、受到影响或产生结果。例如:

(79)*田中把轿车有,我没有。

(80)*我把这部电视剧喜欢了。

汉语能充当“把”字句谓语的动词常常是动作性强的动词,使“把”的宾语发生变化、受到影响或产生某种结果。判断动词(“是”)、存在动词(“有”)、趋向动词(“进去、上来、下去、起来”等)、能愿动词(“能、会、应该、愿意”等)、部分心理动词(如“喜欢”和“想”)等都不能进入以介词“把”为标记的句式。

2.“可能补语”不能进入“把”字句。例如:

(81)*我把黑板字看得清楚。

(82)*你把那本画报买得着吗?

(83)*约翰把这封中文信看不懂。

“可能补语”是在谓语动词后表示可能性的补语,这种可能性没有明确动作行为对宾语造成的影响或使宾语发生的变化,所以一般不用于“把”字句。

(四)介词标记“把”的作用

无论实词还是虚词,在构句时都有自己的位置,其排列都具有一定的规律性[①]。一旦打破了这种排列规律,句子的整体结构就会发生变化,可能会因此满足了表达的需要,也可能会导致句子不成立。例如:

① 范晓,2010.关于句式问题[J].语文研究(4):1-11.

(84)2014 年巴西世界杯半决赛,德国队踢进了 7 个球。

(85)2014 年巴西世界杯半决赛,德国队把 7 个球踢进了。

例(84)是典型的汉语句式语序。例(85)则是以介词“把”为标记的句式,由于介词“把”的使用而将宾语“球”提前,以表达“处置义”。

通过介词标记“把”将受事宾语置于动词前,可以达到突出动作结果的目的。例如:

(86)小余也人真是,出差也不把事儿交代清楚,让我真傲蜡。(《编辑部的故事》)

(87)(焦熘丸子)就是把猪肉剁碎了成末儿,攥的一块儿就这个。(《编辑部的故事》)

例(86)中“清楚”是动词“交代”的补语,是句子信息的焦点。例(87)中“碎了成末儿”是动词“剁”的补语,也是句子信息的焦点。

“把”的宾语是不是焦点呢?很多学者在讨论“把”字句时认为宾语是焦点,并认为“把”字句最大的作用就是提宾。实际上,提宾的目的还是要突出动作行为的结果或影响。当然有时人们说话有意强调宾语,宾语就成了话语焦点。例如:

(88)约翰把宠物狗赶跑了,还留个宠物猫。

(89)他把香蕉吃了,别的水果连动都没动。

例(88)突出赶跑的是“宠物狗”,“宠物狗”成为话语焦点。例(89)强调吃的是“香蕉”,其他水果都没吃,“香蕉”成为话语焦点。

四、以介词“把”为标记句式的情景语义

以介词“把”为标记构成的句子是现代汉语特殊句式之一。介词标记“把”使受事宾语移到谓语动词之前,施事主语 NP_1 没有发生位置的变化,而受事 NP_2 发生了位置的变化,这种句子结构上的变化必然会带来语义上的变化。李行健(2004)认为介词“把”构成的句式有两方面语义:①表示处置,“把”的宾语是后面及物动词的受事,如“把车修好了”;②表示致使,“把”后动词通常带有表示结果的补语,如“把他急坏了”;如果句式表达发生了不如意的事情,“把”的宾语是后面动词的施事,如“正需要人照顾,偏偏把老伴死了”。

在借鉴前人研究成果的基础上,我们认为以介词“把”为标记句式的情景语义主要有七种类型。

(一)处置义

以介词“把”为标记句式的“处置义”是指施事通过动作行为对受事的一种处置,句法格式为“施事+把+受事+VP”。例如:

(90)小山把旧课本扔了。

(91)文丽把电脑还给了老师。

例(90)表示施事“小山”对受事“旧课本”的处置及处置结果,例(91)表示施事“文丽”对受事“电脑”的处置及处置方式。

当“把”字句表示处置时,要选择对受事进行处理、支配、影响、操纵的“处置义”动词。这种动词一般具有[+自主][+可控]的特征,如“骂、打、唱、挖、盖、踢、拿、搬、放、整顿、推倒、保护、批评、修理、解剖”等。例如:

(92)他把文物保护起来,避免了损失。

(93)在最后的10秒,科比把球投进了。

例(92)的动词“保护”和例(93)的动词“投”都具有[+自主][+可控]的特征,所以能够进入“把”字句。

(二)致使义

以介词“把”为标记句式的“致使义”是指施事通过动作行为对受事(与事、工具)产生一种影响,句式格式为“施事+把+受事(或非受事)+VP”,其句式义可概括为“由于施事的作用而使受事(或非受事)发生了变化”。例如:

(94)孩子不见了,可把她急坏了。

(95)学生们把小礼堂挤得水泄不通。

汉语中也有受事处于“把”字句主语的位置而对施事产生影响的。例如:

(96)污染的蔬菜把老百姓的身体都吃坏了。

(97)电脑和手机把很多孩子的眼睛都看近视了。

施事多为有生命的人,但有些句子的施事不是有生命的人。例(96)中“污染的蔬菜”和例(97)中“电脑和手机”都是非生命的物品,在“把”字句中分别使得“老百姓的身体”和“孩子的眼睛”发生了变化(身体“坏了”、眼睛“近视了”)。

(98)他把菜刀切钝了。

(99)她把枪口对着我。

例(98)和例(99)是“工具”进入“把”字句受事的位置。例(98)由于施事“他”的作用,使得工具“菜刀”发生了变化(“钝了”)。例(99)由于施事“她”的作用,使得“枪口”的位置发生了变化(由“不对着我”到“对着我”)。

(100)我们把黑板涂上了蜡。

(101)他把黑墙贴了风景画,看上去好看多了。

方位词进入“把”字句常常要求与受事同现。例(100)由于“我们”的作用,使得黑板由原来的没有蜡,到现在有了蜡,“黑板”与“蜡”同现。例(101)由于“他”的作用,使得黑墙由原来的没有风景画,到现在有了风景画,“黑板”与“风景画”同现。

(102)工人把煤做成了煤球。

(103)老人把竹条变成了篮子。

例(102)和例(103)表明,具有"使动"用法的动词或形容词可以表达"致使义"。又如:

(104)裁缝把那块布料做了一个围裙。

(105)妈妈把东屋放了杂物。

(106)孩子们把大人吵醒了。

(107)她把枕头哭湿了。

(三)遭受不幸或不愉快

以介词"把"为标记构成的句子表达"遭受不幸或不愉快"之义时,其句式格式为"把(+个)+NP+V+了",这种"把"字句很难转换成其他句式。例如:

(108)偏又把凤丫头病了!(《红楼梦》)

(109)干瞧着把个妙人儿走了。(《红楼梦》)

(110)怎么忽然把个晴雯姐姐也没了?(《红楼梦》)

(111)糟糕,把个日本特务给跑了。

例(108)中"凤丫头病了"指"王熙凤病了",这对贾母来说是件不愉快的事,因为王熙凤是贾府的管家,贾母靠她管理贾府。例(109)中"妙人儿走了"指"妙人去世",表达说话者的无可奈何,体现出对死者的同情。例(110)中"晴雯姐姐也没了"指对晴雯的突然去世感到惋惜。例(111)中"日本特务给跑了"对说话者来说是不愉快的事。

这种类型的"把"字句主要表达遭受不如意的事,进入该句式的动词多为[一如意][十损失]等语义特征的动词,如"死、没、亡、病、聋、摔、瞎"等。又如:

(112)李婶两年前失去了丈夫,现在又把孩子失去了。

(113)他在车祸中失去了双手,这次火灾又把双眼失去了。

(四)主观义

以介词"把"为标记的句式具有主观义。"主观"一词可以解释客观上没有变化的处置意义。例如:

(114)我把公园游览了一遍。

(115)老师还要把为人处世的道理教给学生。

例(114)表达客观上公园没有变化,但主观上却把公园加上了"我游览了一遍"的印记。例(115)表达老师不仅要教学生知识,还要教学生为人处世的道理,也体现了一定的主观性。

"把"字句还有加强致使义或引出致使者的作用,试比较:

(116)a. 孩子病了。

b. 病了孩子。

c.把孩子病了。

例(116)a句为客观陈述,焦点在“病了”;b句的焦点在“孩子”,因为某种原因使孩子病了;c句的焦点在“病了”,“把”前面有致使者,表达致使的原因,由于介词标记“把”的作用而使句式具有主观性。

(五)谴责义

虽然汉语中以介词“把”为标记的句式表达“谴责义”的例子并不多,但我们查找了一些语料,发现确实有这种用法。这种句式的被动标记“把”后不用动词,而用名词性词语,如名词、代词等。例如:

(117)把你那狼心狗肺的,我看也不看。(《红楼梦》)

(118)如来骂道:“我把你这个尿精猴子!你正好不曾离了我掌哩!”(《西游记》)

例(117)中“把你那狼心狗肺的”表达“谴责义”,句中没有动词。例(118)中“我把你这个尿精猴子”也表达“谴责义”,句中也没有动词。这种用法多见于口语之中,有责怪对方的意思,例如使用“猢狲、尿精猴子”等达到责骂的效果,同时通过降低对方的身份、品行以达到贬损人的目的。

(六)影响义

汉语以介词“把”为标记的句式也能表达“影响义”。例如:

(119)孩子的病总不好,这把孩子的妈妈愁坏了。

(120)HSK考试过了六级,可把玛丽高兴坏了。

例(119)的焦点是“愁坏了”,“把”字句式表达孩子的病对妈妈的影响。例(120)的焦点是“高兴坏了”,“把”字句表达通过HSK六级对玛丽的影响。

(七)取得义

表达“取得义”的句子主要使用一些有“获取义”的动词,如“取、得到、拿”等。例如:

(121)小李把这些东西拿回来了,你不用去了。

(122)我把奖品取来了。

例(121)使用介词标记“把”将受事宾语提前,凸显动作的结果“拿回来了”,表达“获取义”。例(122)凸显动作的结果“取来了”,表达“取得义”。

第二节　以介词“被”为标记句式的形成机制及情景语义

一、研究背景

世界上的大部分语言都有被动句，每种语言的被动句都有明显的标志，因而研究被动句不能不研究句式的结构和语义表达。与其他语言的被动句不同，现代汉语的被动句有两种类型，即“有标记被动句”和“无标记被动句”。例如：

(1)三亚市1996年被国家环保总局列为“全国生态示范区”。(《人民日报》，2000-01-01)

(2)大连地铁2号线建完了，最近要试运行。

例(1)为“有标记被动句”，受事位于主语位置，施事后移至介词标记“被”的后面。例(2)为“无标记被动句”，“大连地铁2号线”为受事作主语。被动标记的有无决定了句式各成分的排列顺序。

汉语被动标记有“被、叫、让、给”等，典型被动标记为“被”，由“被”构成的句式叫“被”字句，“被”字句是汉语特殊句式之一。没有介词标记的句子称为“意义上的被动句”(有的学者称其为“受事主语句”)。无标记被动句的语序与汉语常规句式的语序一样；有标记被动句的语序与汉语常规句式的语序不同，改变了SVO语序格局，形成了“受事(O)＋被＋施事(S)＋V＋其他”的语序格局。

前人对“被”的构句机制有了一些研究，对“被”字句的语义也进行了一些探讨，认为“被”字句主要表达“不如意”“不希望”或“受损”的语义内涵[①]。实际上，汉语在发展，被动句也在变化，这种变化不仅体现在结构上，也体现在语义表达上。我们有必要进一步加强对“被”的构句机制及“被”字句的情景语义的研究。

二、介词标记“被”的构句机制

不同语言的被动句的构句机制各不相同。汉语被动句以“被”字句为代表，在构句时内部词语的位置排列非常有规律。汉语以“被”为标记句式主要有两种句式类型：一种是“受事(O)＋被＋施事(S)＋V＋其他”；另一种是“受事(O)＋被＋V＋其他”。我们分别分析这两种句式的构句机制。

① 王力，2003. 汉语语法史[M]. 3版. 北京：商务印书馆：272.

(一)"受事(O)+被+施事(S)+V+其他"的构句机制

有标记被动表述的一个最重要的特点是把受事移到主语的位置,施事移到被动标记之后,其他成分按照要求排列组合,形成不同的语序格局。下面我们分6种情况来分析。

1."受事(O)+被+施事(S)+V"句式。以介词"被"为标记的句式中,谓语动词常常是及物动词;有时光杆动词也可以出现在句子中,但有一定的限制条件。例如:

(3)霍丘被敌所破,这消息震惊了整个红军。(《作家》)

(4)贪污的大部分钱都被崔挥霍。(《作家》)

(5)我看到一辆巡逻的警车被狂欢的人们团团围住。(《作家》)

例(3)中"被敌所破"使用了"被……所"格式,后面的动词可以为光杆动词;如果不用"被……所"格式,这个句子就不成立。例(4)中"被崔挥霍"的"挥霍"为述补结构的动词,可以单独成为谓语动词,后面可以没有其他成分。例(5)中"被狂欢的人们团团围住"的"围住"也为述补结构的动词,可以作谓语动词,后面也可以没有其他成分。

2."受事(O)+被+施事(S)+V+了/过"句式。以介词"被"为标记构成的句式,要表达动作行为的结果,动词后常用助词"了"或"过"来体现。例如:

(6)她正填汇票,汇寄5块大洋给他的父亲,谁知却被时先生发现了。(《作家》)

(7)他没上过大学,曾有多次机会可成为名牌大学学生,都被他自动放弃了。(《作家》)

(8)小美被人谋杀了,被谋杀的原因是她拒绝被强奸。(《作家》)

例(6)中动词"发现"后用了动态助词"了",表示动作行为的结果。例(7)中动词"放弃"后也用了动态助词"了",表示动作的完成。例(8)中动词"谋杀"后也用了动态助词"了",表示动作的实现。

3."受事(O)+被+施事(S)+V+补语"句式。以介词"被"为标记构成的句式,要表达动作行为的结果,除了用动态助词"了"或"过"以外,还常常用补语。例如:

(9)景深正在埋头为徐女士选稿,忽然他的肩上被人在背后拍了一下。(《作家》)

(10)崔晓勇因生意纠纷被别人打得遍体鳞伤,邹颖得知后,赶忙去探望。(《作家》)

(11)科林因此被逮捕了三次,每次都是凯蒂念在夫妻情分上把他保出来。(《作家》)

例(9)中"被人在背后拍了一下"的动词"拍"后为动量补语"一下",例(10)中"被别人打得遍体鳞伤"的动词"打"后为结果补语"遍体鳞伤",例(11)中"被逮捕了三次"的动词"逮捕"后为数量补语"三次"。

4."受事(O)+否定副词+被+施事(S)+V+补语"句式。在汉语的普通句子中,否定副词("不、没、别")一般要位于动词或形容词前;但在以"被"为标记的被动句中,否定副词一定要位于介词标记"被"前,这种用法与一般用法完全不同。例如:

(12)直到结束了这段干校生活,我们的地下恋也没被别人发现。(《作家》)

(13)这些钱没被骗子骗走,我要感谢银行这位姑娘。

(14)你过马路时要小心,别被车撞了。

例(12)的否定副词“没”、例(13)的否定副词“没”、例(14)的否定副词“别”都位于介词标记“被”前。需要注意的是,否定副词位于介词标记“被”前并不是对被动标记的否定,也不是对施事的否定,而是对动作行为的否定。

5.“受事(O)+能愿动词+被+施事(S)+V+其他”句式。汉语能愿动词在普通句构句时应位于动词前,而在以介词“被”为标记的句式中要位于被动标记“被”前。例如:

(15)老李可能被海尔公司开除了,最近他一直没上班。(《作家》)

(16)孩子应该被警察保护起来了,你不用担心。(《作家》)

例(15)中“可能”为能愿动词,位于介词标记“被”前,表示估计或猜测。例(16)中“应该”为能愿动词,也位于介词标记“被”前,表示肯定的语气。

6.“被”介引非施事的情况。以介词“被”为标记的句式中,“被”介引的不一定都是施事,有时介引的不是动作的发出者,而是与动作或多或少有一定关系的事物,我们把这样的事物也看作施事(本文所说的施事是广义上的施事)。例如:

(17)到底是半个世纪前的事了,记忆被岁月冲淡了许多。(《作家》)

(18)半夜时分,他被一些声音所惊醒。(《作家》)

例(17)中“被”的介引对象为“岁月”,指时间;虽然动词“冲淡”不是施事“岁月”发出的,但可以用介词标记“被”介引“岁月”。例(18)中“被”的介引对象为“声音”,“惊醒”与“声音”有关,但不是“声音”发出的动作行为。

(二)“受事(O)+被+V+其他”的构句机制

这种类型的被动句,施事省略或不必出现,被动标记直接位于动词前。下面我们来分析一下这种类型的4种情况。

1.“受事(O)+被+V”句式。汉语以“被”为标记的句式存在一种施事省略或不用的情况,被动标记“被”与动词直接连接,这个动词常常是光杆动词。例如:

(19)最好你自己提出辞职,免得被辞掉,难为情。(《作家》)

(20)她想“体面退役”的申请已被驳回。(《作家》)

(21)她在基地内的安全通行证已被取消,只在有人员陪同的情况下才能接近飞机。(《作家》)

(22)这个年轻人因带头参加学潮而被学校开除。

例(19)中的“辞掉”、例(20)中的“驳回”、例(21)中的“取消”、例(22)中的“开除”都是光杆动词,后面没有补语或宾语,这些动词都是述补结构,直接表达一种结果,可以进入被动表述句式中。

2."受事(O)＋被＋V＋补语"句式。汉语被动句的广泛使用与补语的出现有直接关系。被动句的动作行为一般要有结果，而结果的体现往往通过补语来实现。例如：

(23)车开了，车上人多，车门被挤开了，老乡被挤下去了。(《作家》)

(24)倘他真的住在我家，我的写作计划肯定就被打乱了。(《作家》)

(25)结果新婚刚过一个月，8万多元便被花得精光。(《作家》)

例(23)中的"开"是第一个动词"挤"的结果补语，"下去"是第二个动词"挤"的趋向补语。例(24)中的"乱"是动词"打"的结果补语。例(25)中的"精光"是动词"花"的结果补语。被动表述使用补语表达动作行为的结果。

3."受事(O)＋被＋V＋(补语)＋宾语"句式。这种情况是"被"后没有施事，动词后出现宾语，并且这个宾语与受事有关。例如：

(26)立即去和看守长交涉，迫使敌人放回了被拷打的两位叔叔。(《作家》)

(27)我原是那么热爱工作的人，可突然被剥夺了工作的权利。(《作家》)

(28)出生在日本九州的魏可镁，经常被误认为是日本人，因为他的日语、他的长相。(《人民日报》，2000-01-06)

例(26)中"被"字句的宾语为"两位叔叔"，例(27)中"被"字句的宾语为"工作的权利"，例(28)中"被"字句的宾语为"日本人"。这几个句子的"被"后都没有出现施事，"被"直接位于动词前，宾语出现在动词后。

4."受事(O)＋否定词＋被＋V"句式。汉语否定副词除了"不、没、别"以外，还有"未"可以直接位于动词前。例如：

(29)她果然写了一个近万字的详细提纲给导演，可惜风格上与导演有距离而未被采用。

(30)孩子丢了，但是一直未被找到。

例(29)中否定副词"未"位于被动标记"被"之前，否定的是动词"采用"。例(30)中否定副词"未"也位于被动标记"被"之前，否定的是动词"找到"。

三、以介词"被"为标记句式的情景语义

在话语交际中，人们说什么和怎么说，主要和交际目的、交际对象、话语背景等有关，选择的句式不同，表达的作用也不同。说话者在表达时应尽量选用适合某种场景的最佳句式。

句式的选用与语言环境有关，即使是同一句式，在不同的情景中表达的语义内涵也不同。王力(1985)认为"'被'字句主要用于表示不幸或者不愉快的事情，如遭受灾

祸、受欺骗或引起不利的结果等”[①]。随着语言的发展，汉语以“被”为标记句式的语义内涵也发生了很大的变化，王力先生总结的“被”字句的语义“不幸或不愉快的事情”，如今只保留为“被”字句语义的一部分。受语言情景的影响，“被”字句的语义不再单一化，而是出现了其他语义内涵。我们认为以“被”为标记句式的情景语义共有 8 种类型，下面分别进行介绍。

（一）遭受义

以“被”为标记的句式可以表达受事主语遭受不幸。例如：

(31)有一个幼儿双腿被热水烫伤后遭遗弃，引起了齐市各界的关注。(《人民日报，2000-01-02》)

(32)岳桥乡西吉村农民张美荣，在走亲戚时不幸被一骑摩托车的农民撞伤，双方为赔偿费发生纠纷。(《人民日报》，2000-01-05)

(33)他的家也被折腾得乱七八糟。(《作家》)

例(31)中“双腿被热水烫伤”表达了幼儿遭受的不幸，例(32)中“不幸被一骑摩托车的农民撞伤”表达了张美荣遭受的不幸，例(33)表达了“他的家”遭受的不幸。这三个句子都具有“遭受义”。

（二）丢失义

以“被”为标记的句式可以表达受事主语丢失了财产、职务、工作等。例如：

(34)根据命令，亚库什金还同时被免去总统新闻秘书的职务。(《作家》)

(35)蔡申熙在 1931 年 4 月与敌作战中右臂负伤被截肢。(《作家》)

(36)这个县被洪水和泥石流毁坏的多是简易住房，而且数量很大。

(37)他被上海美专开除。(《作家》)

例(34)说明受事亚库什金失去总统新闻秘书的职务，例(35)表达蔡申熙失去了右臂，例(36)表达“这个县”失去了很多简易住房，例(37)说明受事“他”失去了工作。

（三）受损义

以“被”为标记的句式可以表达受事主语的受损情况。例如：

(38)李盛昌脸部被砍伤 3 处、胸部被砍了 5 刀，鲜血浸透了全身。(《人民日报》，2000-01-04)

(39)大李夫妻的股票也被“套牢”了，原来赚来的 6 万元一下子化为乌有。

(40)据不完全统计，该省供电局每年被窃电量近 2 亿千瓦时。

例(38)表达受事李盛昌身体受到的损害，例(39)表达受事“大李夫妻”的财产受

---

① 王力，1985. 中国现代语法[M]. 北京：商务印书馆：88.

到的损失，例(40)表达受事“该省供电局”遭受的电量损失。

(四)致使义

戴浩一和薛凤生先生较早进行了“被”字句表达“致使义”的研究，1994 年他们在《功能主义与汉语语法》一书中进行了比较深入的分析①。熊学亮和王志军(2003)对这个问题也进行了探讨②。前辈学者的研究都很有见地。我们对这个问题也进行了探讨，发现以“被”为标记的句式确实可以表达“致使义”。例如：

(41)(他们)没想日头太毒，绷好的皮子被晒裂了，赶紧返工……(《作家》)

(42)垂下来的头发已被汗水浸透，半掩着她苍白的脸。(《作家》)

(43)结果我们在因特网等计算机应用技术方面被美国甩到后面。

例(41)表达由于太阳的暴晒致使“绷好的皮子被晒裂了”，例(42)表达由于汗水多致使头发被浸透了，例(43)表达由于因特网等计算机应用技术落后致使我们在该领域被美国甩在后面。

(五)获取义

汉语以“被”为标记的句式主要表达“遭受义”或“不如意义”。随着语言的发展，其表达的语义内涵也在发生变化，现在表达如意的语义内涵逐渐多了起来，其句式义的基本语义特征为[＋获得]。这种语义的表达常常出现在各种职务的升迁、政府(或部门)的表彰和各种奖励的语境中。例如：

(44)奥运冠军被市政府奖励 20 万元。

(45)马力被评为三好学生。

(46)杨怀珠同志在 1978 年被选为第五届全国政协委员。

例(44)表达奥运冠军获得 20 万元的奖励，句式具有“获得义”的语义特征。例(45)的“被评为三好学生”是一种荣誉的获得，也表达“获得义”。例(46)“被选为第五届全国政协委员”是职务上的获得。

(六)处置义

表达“处置义”的句式不仅仅局限于以介词“把”为标记的句式，实际上以“被”为标记的句式同样可以表达“处置义”。例如：

(47)不称职的领导会被淘汰，不称职的员工会被轮换岗位。

(48)不少冰箱企业被停产、限产或转产。

例(47)表达对不称职领导、不称职员工的处置，例(48)表达对“不少冰箱企业”的

① 戴浩一，薛凤生，1994. 功能主义与汉语语法[M]. 北京：北京语言学院出版社：47-50.

② 熊学亮，王志军，2003. 被动句认知解读一二[J]. 外语教学与研究，35(3)：195-199.

处置。

(七)客观义

以“被”为标记的句式可以表达没有褒义和贬义的情感，只客观陈述某事或某人的情况。例如：

(49)东京都内所有靠近办公区的商务旅馆早被各公司订满。

(50)中国选手勇夺13金，其余4块金牌分别被匈牙利、墨西哥、美国、加拿大选手获得。

例(49)客观说明“商务旅馆被各公司订满”的情况，例(50)客观说明“4块金牌分别被匈牙利、墨西哥、美国、加拿大选手获得”这件事。

(八)嘲讽之中包含“无奈义”

本书在第三章第三节讨论了“被”的新用法，分析了“被”新用法的语义特征是表达“嘲讽义”。为了研究的系统性，我们把这种语义特征也列出来。例如：

(51)听说这次他又“被提升”了。

(52)这个公司“被破产”了，使公司损失很大。

例(51)中的“被提升”是有人故意说“他”升职了，实际上他没有升职，句式有嘲讽之义。例(52)的“公司”没有破产而被说成破产了，话语中具有讽刺意味，且有“无奈义”。

四、积极义“被”字句的语义类型及形成动因

汉语被动句在产生之初和使用的相当长一段时间里主要表达“不如意义”或“受损义”，随着语言的发展，表达积极义的被动句在现实生活中越来越多。然而具有[+受益][−受损]语义特征的“被”字句不是在任何场合都可以使用的，其使用受语言环境的限制。积极义“被”字句的使用有一条基本准则：“受事”是获益者。我们对受事是获益者的“被”字句进行了整理归类，同时对这种现象产生的原因进行了分析。

(一)积极义“被”字句的语义类型

“被”字句在现代汉语中出现了很多新的用法，在表意方面更加丰富多彩。我们对社会中出现的积极义“被”字句进行了统计，并把相同特征的句式进行了归类，归类的基本原则是语义类聚。

1.授予类。国家或团体对一些有贡献或优秀的人授予一些称号或给予一些评价时，常用“被”和动词“授予”搭配，形成“授予类”被动句。例如：

(53)王进喜曾被授予“全国劳动模范”称号。

(54)王嘉天同学被授予“辽宁省优秀大学毕业生”称号。

(55)她因为毕业成绩名列全年级第15名而被授予“特优级”飞行证书。

例(53)是积极义被动句式,“授予‘全国劳动模范’称号”体现了授予类语义特征,这种句式常常体现上对下的关系。例(54)也是积极义被动句式,“授予‘辽宁省优秀大学毕业生’称号”也体现了授予类语义特征,也体现上对下的关系。例(55)“授予‘特优级’飞行证书”表明受事“她”获得了荣誉,具有“获取义”。

2.奖励类。政府给予有功之人或表现好的人奖励时,常使用“被”和动词“奖励”搭配,受事是获奖者,体现一种上对下的关系。例如:

(56)该运动员曾被政府奖励80万元。

(57)魏明慧同学获得国家一等奖学金,被奖励2万元。

例(56)的句式为积极义被动句,政府奖励该运动员80万元,该运动员是受益者,体现一种上对下的关系。例(57)的受事魏明慧得到2万元奖励,体现一种“获得义”。这两个句子都体现奖励类语义特征。

3.称誉类。人们对某一方面有特殊才能的人高度评价时,常用“被”与动词“誉为、称为”等搭配,受事是荣誉的获得者。例如:

(58)王军霞被誉为东方神鹿。

(59)荀慧生、尚小云早在20世纪20年代就与梅兰芳、程砚秋一起被誉为京剧“四大名旦”。(《人民日报》,2000-01-05)

(60)傅玉斌被人们誉为“门神”。

(61)他因为能破大案,被誉为“中国的福尔摩斯”。

例(58)是积极义被动句,“东方神鹿”是人们对王军霞的高度评价,虽然没有物质奖励,但被誉为“东方神鹿”也是一种奖励,是称赞王军霞跑得快。例(59)的“四大名旦”是人们对荀慧生、尚小云、梅兰芳、程砚秋的高度评价。例(60)的“门神”是人们对傅玉斌的高度评价,说明傅玉斌把守的球门很少被攻破。例(61)的“中国的福尔摩斯”是人们对“他”破案能力的高度评价。

4.评选类。人们表达国家或政府机构举办的比赛或评比活动的受益者(受事)时常用“被”与动词“评为”搭配。例如:

(62)该工程被评为郑州市优质工程和河南省优质工程。(《人民日报》,2000-01-03)

(63)她努力工作,今年又被评为公司最佳员工。

(64)王老师在单位工作积极,曾多次被评为先进教师。

例(62)表达郑州市和河南省举办了优质工程评比,“该工程”被评为优质工程,获得了很高的荣誉。例(63)表达该公司举办最佳员工评比活动,“她”为这项活动的获奖者。例(64)表达王老师获评为先进教师,成为评比活动的获益者。

5.任命类。职务或职称升迁是人生一大喜事,“受事”成为受益者,人们常用“被”

与动词“任命、委任、提升”等搭配来表达这一情况。例如：

(65)因为工作成绩突出，他被提拔为主管经济的副市长。

(66)上级考察不久，她被委任为教育局副局长。

例(65)的“被提拔为主管经济的副市长”是上级赋予“他”重任，属于职务的升迁。例(66)的“被委任为教育局副局长”对她来说也是职务的升迁。这两个句子中“受事”都是获益者，句式表达“获取义”。

6. 派遣类。国家或单位派遣某人留学或做访问学者，对被派遣者来说是受益的，我们把这种类型称为“派遣类”。例如：

(67)1987 年 4 月，魏可镁被派往日本化学技术研究所做访问研究。(《人民日报》，2000-01-06)

(68)李伟被学校派往日本东京大学作高级访问学者。

例(67)的“做访问研究”对受事魏可镁来说是一件好事，有利于他提高研究能力。例(68)的“作高级访问学者”对受事李伟来说也是非常好的事情，对提升他的能力有好处。

7. 称作类。人们对一些具有价值的名胜古迹、产业、动物、人等给予很高的评价，对这些产业、动物等来说是有利的。例如：

(69)软件产业被称为 21 世纪的“黄金产业”。

(70)大熊猫被称作国宝。

(71)她曾被世界乒联列为种子选手。(《读者》)

例(69)的“黄金产业”是最好的产业，“被称为 21 世纪的‘黄金产业’”对软件产业来说是非常大的利好，句式为积极义被动句。例(70)中大熊猫是受益者，“被称作国宝”对保护大熊猫非常有利。例(71)的“种子选手”是体育竞赛中对水平较高的选手的称号，“被列为种子选手”是她的荣誉，具有积极义色彩。

8. 资助类。

(72)目前许多小微企业被注入资金以后，出现了繁荣景象。

(73)每个贫困大学生被资助 5 000 元。

例(72)表达国家关注小微企业，为了帮助它们渡过难关，给它们一定额度的低息贷款，句式体现资助类语义特征。例(73)表达国家对贫困大学生的资助，受事“大学生”是受益者。

9. 聘用类。现代生活离不开邀请和评聘之事，二者对受事来说都是有利的。例如：

(74)小李很快就被聘请为乡办办公室文书，继而荣升为乡办副主任、乡经管站长。

(75)于海洋被聘为市场监督员。

(76)钟瑞能在众多的人当中被选进中央台,非常珍惜这个机会。(《作家文摘》)

(77)李伟森被调至上海,在团中央宣传部工作并参加《中国青年》的编辑。(《作家文摘》)

例(74)当"乡办办公室文书"对受事"小李"来说是非常好的事情。例(75)的"市场监督员"对于海洋来说是非常好的工作,解决了他的就业问题。例(76)的"进中央台"是播音员梦寐以求的事情,对受事"钟瑞"来说非常好。例(77)的"调至上海,在团中央宣传部工作"对李伟森来说是非常好的事情。

(二)积极义"被"字句形成的动因

汉语"被"字句在形成之初主要用来表达"遭受义"和"受损义",随着语言的发展这种情况发生了很大变化,现在表达积极义的"被"字句越来越多。汉语积极义"被"字句有其形成的动因:①语言自身发展的需要;②社会发展的需要;③在语言接触过程中受英语影响的结果。

1."被"字句本身发展的需要。语言系统的自身调整是"被"字句发展变化的主要原因。在以"被"为标记句式的发展过程中,为什么有一部分用于表达"称心如意"的事情呢?这与人们的需要有关。当人们表达积极义看法时,需要积极义被动句,这样被动句的语义色彩就发生了很大变化,"被"字句出现了积极义被动句,语义表达范围扩大了,使被动系统更完善。

在积极义"被"字句中,动词占据核心位置。如果"积极义"动词占据了核心位置,形成的"被"字句就有褒义色彩;如果"受损义、遭受义"动词占据了核心位置,形成的句子就是"受损义、遭受义"的"被"字句。例如:

(78)她被学校免去了教导主任职务。

(79)她被学校提为教导主任。

例(78)中"免去了教导主任的职务"的动词"免去"有贬义色彩,使受事"她"失去了职务,句子为"遭受义"的"被"字句。例(79)中"提为教导主任"的动词"提为"有褒义色彩,受事"她"是获益者,因而句子为"积极义"的"被"字句。

2.社会发展的需要。当今社会选人、用人越来越多,对优秀人员进行表彰的活动也越来越多,这些活动成为社会生活的一部分,人们描述这些社会活动需要用语言来表达,积极义被动句应运而生。可见,语言的发展与社会的发展密切相关,现代社会出现的很多对"受事"有利的事情,不仅需要用主动句表达,也需要用被动句表达,积极义"被"字句的产生是社会发展的需要。

积极义"被"字句的大量使用与社会的发展需要密不可分,为了更好地表达这种社会变化，才会有褒义色彩“被”字句的大量出现[①]。

3.受英语影响较大。语言接触也是汉语“被”字句被广泛使用的原因之一。汉语在和其他语言接触的过程中，不可避免地要受到影响，其中受英语的影响最大。中国学生从小学（有的从幼儿园）就开始学习英语，到大学毕业时已学习英语达 16 年，英语的学习伴随着学生的成长。纵观中国语言史，在对汉语的影响方向没有任何一种语言能超过英语。

汉语是一种弱被动语言，实际表达中被动句用得较少；而英语是一种强被动语言，实际表达中被动句的使用较普遍。我们在翻译英语作品时，一般要用汉语有标记被动句翻译英语被动句。这样褒义色彩被动句和贬义色彩被动句都出现在汉译作品中，无疑增加了汉语被动句的数量，也增加了汉语被动句的语义内涵，使大量积极义被动句涌现出来。

① 邢福义，2004.承赐型“被”字句[J].语言研究，24(1)：1-11.

第三节 以介词"连"为标记句式的形成机制及情景语义

一、研究背景

以介词"连"为标记的句式是汉语高频句式,不仅结构复杂,而且表意丰富。例如:

(1)现在厂部正愁人多活少,连工资都快发不出去了。(《赤橙黄绿青蓝紫》)

(2)遇到什么困难,连个帮你解决难处的人都没有。(《京华闻见录》)

例(1)中"连"引出名词"工资",起强调作用,暗示工厂的经济状况非常不好。例(2)中"连"引出一个复杂的短语(短句),也起强调作用,暗示家人与朋友的重要性。从这两个例句可以看出"连"字句的结构很复杂,在不同语境所起的作用是不同的。

很多学者从不同角度研究了以介词"连"为标记的句式,如朱德熙(1981)、崔永华(1984)、崔希亮(1990,1993)、邢福义(1996)、洪波(2001)、周小兵(2004)、曹秀玲(2005)、袁毓林(2006)、邵敬敏(2008)等,他们的探索给我们很大的启发。我们在前人研究的基础上,从"有界"和"无界"角度探讨"连"字句的"量"与"值",进一步研究"连"字句的构句机制和情景语义。

二、介词标记"连"的发展脉络

(一)介词"连"的发展演变历程

"连"初始时是名词,随着语言的发展,其用法也发生了变化。先秦时期"连"出现了动词用法,两汉时期"连"延续先秦时期的动词用法。例如:

(3)民相连而从之。(《吕氏春秋》)

(4)外连衡而斗诸侯,于是秦人拱手而取西河之外。(《史记》)

例(3)中"连"为动词,意为"联系"。例(4)中"连"也为动词,意为"联合"。

汉语发展到魏晋南北朝时期,"连"的动词用法发生了变化,不仅有表示"联结义"的动词用法,还出现了具有"连同义、包括义"的介词用法。例如:

(5)冀州刺史王芬、南阳许攸、沛国周旌等连豪杰,谋废灵帝。(《三国志》)

(6)尝发所在竹篙,有一官长连根取之,仍当足。(《世说新语》)

例(5)中"连"是动词,表示"联系"的意思。例(6)中"连"开始出现了介词的用法,有"连同"之意。

到了隋唐时期,"连"的介词用法逐渐多了起来。例如:

(7)连枝同荣,吐绿含英。(《全唐诗》)

(8)愿为连根同死之秋草,不作飞空之落花。(《代寄情楚词体》)

到了宋代,"连"和副词形成框架结构,这种框架结构主要起强调作用。例如:

(9)他连那地下亦是天。(《朱子语类》)

(10)他人连个千条万目尚自晓不得,如何识得一贯。(《朱子语类》)

(11)非惟是功效不见,连那所做底事都坏了。(《朱子语类》)

例(9)中介词"连"与副词"亦"形成框架格式"连……亦","亦"相当于现代汉语的"也",这种框架格式在句中主要强调处所。例(10)中介词"连"与副词"尚"形成框架格式"连……尚","尚"相当于现代汉语的"还",所形成的框架结构在句中主要强调数量。例(11)中介词"连"与副词"都"形成框架格式"连……都",在句中主要强调"所做的事情"。可见,由"连"与副词形成的框架格式在句中作状语,主要起强调作用。

"连"发展到宋代,已经完全虚化,成为介词标记,形成的框架格式"连……亦/尚/都"在句中主要起强调作用。

元明时期,介词标记"连"的强调作用逐渐成熟,"连……也/都"框架初步形成。例如:

(12)不但衣服,连鞋袜都要告借。(《元代话本》)

(13)连自己爹娘也道是个异事,却不知其中缘故。(《喻世明言》)

(14)一脚把房门踢开,吓得郑夫人魂不附体,连朱婆也都慌了。(《警世通言》)

例(12)的"连鞋袜都要告借",用"连……都"格式强调家里穷。例(13)的"连自己爹娘也道是个异事",用"连……也"格式强调这确实是件奇怪的事,因为自己的父母都不知道原因。例(14)的"连朱婆也都慌了",用"连……也"格式强调事出突然。

元明以后,以介词"连"为标记的句式表示"强调义"的用法日趋普及,到了明代完全定型,"连……也/都/还"格式一直沿用到现在。[①]

表 5　几部重要古典文献中"连"字句的用法统计[②]

作品名	连……也	连……都
《三国演义》	185	141
《西厢记》	27	12
《老残游记》	136	78
《儿女英雄传》	167	92

从表格统计的文献记载中我们可以发现"连"字句已经成熟,使用相当广泛。又如:

(15)智深情知不肯,起身又走,连走了三五家都不肯卖。(《水浒传》)

① 曹小云,2000.明清时期的"连"字结构[J].阜阳师范学院学报(社会科学版)(4):38-41.

② 这个表格参考了曹小云论文的统计格式。

(16)从此托病,不肯下楼,连客也不肯会面了。(《醒世恒言》)

例(15)使用的是“连……都”格式,例(16)使用的是“连……也”格式。

清代晚期的“连”字句已经和现代汉语的“连”字句没什么区别了。我们参看这一时期的小说,发现“连”字句的结构已经完全固定,而且“连”的强调意义占有支配地位。从小说《儿女英雄传》中我们发现大量“连”字句,说明这一时期“连”字句已经相当成熟完善了,“连”已经成了固定语法标记。例如:

(17)不但不必抄给人看,连你也不必看。(《儿女英雄传》)

(18)安老爷看着太太忙得连袋烟也没工夫吃,便说道:“太太不必忙。”(《儿女英雄传》)

(二)“连”成为介词标记的动因

1.交际的需要。从“连”的发展演变我们看到动词“连”成为介词标记有一个语法化的过程,一方面“连”字句语义的表达与句式义要协调,另一方面“连”字句语义的表达又需要相应的语言环境,从而通过语法化过程使动词“连”虚化为介词,词义也由实转虚,最后形成“连……也/都”框架格式,在句子中起强调作用。例如:

(19)项羽虽闻汉东,既已连齐兵,欲遂破之而击汉。(《史记》)

(20)他就替你用力,连赔钱都是肯的。(《儒林外史》)

(21)既是如此通达谙练,岂有连个送礼的轻重过节儿他也不明白的理?(《儿女英雄传》)

例(19)的“连”为动词,意思是“联合”。例(20)的“连”为介词,介引“赔钱”,“连”与副词“都”构成“连……都”框架格式,在句子中起强调作用。例(21)的“连”为介词,介引“送礼的轻重过节儿”,暗含对比义,说明“他”应该明白这个道理,“连”与副词“也”构成“连……也”框架格式。这三个例句说明“连”在秦汉时期还是动词,随着语言的发展、句法环境的变化,“连”的词义由实向虚转化,后来成为表“强调义”的介词标记,满足了人们的交际需要,“连”字句逐渐成为汉语一种普遍使用的句式。

2.“连”处于第一动词的位置。句式中第一个动词容易虚化,这从结构上为“连”的虚化提供了前提条件。例如:

(22)只因他老子娘在家里,连吃的都没有。(《红楼梦》)

(23)亲友知道,岂不笑话咱们这样的人家,连个规矩都没有?(《红楼梦》)

例(22)中“连吃的都没有”的“连”已不是动词,而是介词,在句子中引出强调对象“吃的”。例(23)中“连个规矩都没有”的“连”也是介词,在句子中引出强调对象“王法规矩”。这两个例子的格式已经固定,“连”成了句式标记。

3.表“强调义”的需要。人们在交际时常常要强调某成分,“连”正好满足了这种需要,特别是“连”与副词“都、也”形成的框架结构可以更好地实现句式表“强调义”的需要。“连”字句的基本格式是“连+NP+也/都+VP”;有时NP省略,直接出现在动词前,形成“连+VP+也/都+VP”格式,两个句式的句法格式有一定差别,但表意基本是相同的。例如:

(24)不但我不敢管,连二位老爹也不必管他。《儒林外史(上)》

(25)那个詹嫂听得公子来了,死也不敢出那个厢房门,连答应都怵着答应。(《儿女英雄传》)

沈家煊(1997)认为标记现象是语言交流的“经济原则”(economic motivation)和“象似原则”(iconicity motivation)两者“动因竞争”(competing motivations)的结果。[①] 介词标记“连”应该也是这样产生的。

(三)介词“连”构句的作用

1.介词标记“连”的有无,决定句子成立与否。例如:

(26)a.他们连我也一块给轰出来了。(《顽主》)

*b.他们我也一块给轰出来了。

(27)a.那些天,我连这些女孩的笑声都十分厌恶。(《空中小姐》)

*b.那些天,我这些女孩的笑声十分厌恶。

例(26)b句没有用介词标记“连”,不符合汉语构句的语序规则,出现了句法上的错误,造成整个句式的语义表达和语义关系不清楚;a句子用了介词标记“连”,句子的表达就很清楚。例(27)b句没有“连……都”,句子的强调部分不突出,表达不顺畅,结构也不符合汉语语法的要求。

2.介词标记“连”使表达具有夸张的意味。例如:

(28)合着您连太阳都忘了。(《编辑部的故事》)

(29)我跟牛大姐连玉米芯儿都吃过。(《编辑部的故事》)

例(28)的“您连太阳都忘了”和例(29)的“连玉米芯儿都吃过”都有夸张的意味。

3.介词标记“连”使句子的表达具有加合作用。例如:

(30)咱跟人家提条件的时候,人连磕巴都没打。(《编辑部的故事》)

(31)你不能连我睡觉你都管吧。(《编辑部的故事》)

例(30)隐含的意思是“人家完全没犹豫”,通过“连”字句体现了加合义。例(31)的意思是“你管得太多了”,介词“连”的使用在表意时具有加合作用。

4.介词标记“连”使句子的表达具有“暗含义”。“连”字句的“显性义”很明显,但

---

① 沈家煊,1997.类型学中的标记模式[J].外语教学与研究(1):1-10.

也包含一定的“隐性义”，我们称为“暗含义”。例如：

(32)只要你们晚饭前能离开，我什么都告诉你们。连我们家藏钱的地方都跟你们说行了吧。(《编辑部的故事》)

(33)我连鸡鸭都交代了，还瞒着萝卜干什么呀？(《编辑部的故事》)

例(32)提到的“藏钱的地方”一般都是秘密，把“藏钱的地方”告诉别人，暗示不保留秘密。例(33)提到的“鸡鸭”是比较重要的家禽，“连鸡鸭都交代了”暗示不会隐瞒。

这种“连”字句的表面有一层意思，内里还隐含另一层意思。对话语真正内涵的理解仅靠表面理解是不行的，还要了解说话的背景。这样的句式表达耐人寻味。

三、介词标记“连”的构句机制

(一)介词标记“连”在构句时的用法

汉语中，不同的介词标记构句的方式不同，形成的句式格式不同，表达的语义内涵也有差异。介词“连”在构句时介引名词性词语或短语，位于动词前作状语，起强调作用。例如：

(34)要是上面还一个劲要，连大牲口的料都得减。(《邢老汉和狗的故事》)

(35)你就一个人，吃饱了连小板凳都不饿，好歹都能凑合。(《邢老汉和狗的故事》)

例(34)的介词“连”引进强调的对象“大牲口的料”，例(35)的介词“连”引进强调的对象“小板凳”。

汉语介词标记在构句时有两种用法：一种是单独使用，另一种是与副词构成框架结构。下面分别探讨一下。

1.介词标记“连”引进名词性词语，后面没有范围副词“都”或“也”，表示“包括在内”。例如：

(36)连自行车一起买了吧，省得再跑一回。

(37)连导游一共30个人，一车拉走了。

(38)连机油一起加了吧。

例(36)的“自行车”、例(37)的“导游”、例(38)的“机油”都是介词“连”介引的对象，也是句子包括的对象。

2.介词“连”与副词“都、也、还”构成框架结构“连……都/也/还”。例如：

(39)一出去就聊个没完，连家也不回了。(《编辑部的故事》)

(40)出了门儿，连根儿冰棍儿都买不起。(《编辑部的故事》)

(41)连这点道理还弄不明白，书读哪儿去了？

例(39)的介词“连”与副词“也”形成框架结构，强调的对象是“家”。例(40)的介词“连”与副词“都”形成框架结构，强调的对象是“(一)根儿冰棍儿”。例(41)的介词“连”与副词“还”形成框架结构，强调的对象是“这点道理”。

介词“连”与副词“都、也、还”构成的三个框架结构，在表意上略有不同。[①] 例如：

(42)a. 连加班费都没给。

b. 连加班费也没给。

c. 连加班费还没给。

例(42)a句的“连……都”主要表达“包含全部”之义，说明加班没有加班费；b句的“连……也”主要表达“类似”之义，即加班不给东西，也不给加班费；c句的“连……还”主要表达“还将持续”之义，即加班给加班费，但现在没给，不给的状态还会持续。

(二)介词“连”与副词“都、也、还”搭配的构句机制

汉语介词标记“连”与副词“都、也、还”构成特殊的表达格式，在构句时主要起强调作用。崔希亮(1994)认为“连……也/都”结构在汉语中是一个比较特殊的表达形式，其负载的言语信息是多层次的。[②] 他认为“连……也/都”结构表达丰富的信息内容，实际上这种句式常常有两层意思：一层是显性的，另一层是隐性的。例如：

(43)他到农贸市场买菜连价钱都不好意思问。(《顽主》)

(44)王副厂长连茶也没有喝，赶紧坐小轿车进城。(《邢老汉和狗的故事》)

例(43)中“连价钱都不好意思问”的显性意思是“不好意思问菜价”，隐性意思是“很害羞”。例(44)中“王副厂长连茶也没有喝”的显性意思是“王副厂长没喝茶”，隐性意思是“王副厂长很忙”。

1.“连+数量名”结构。介词标记“连”可以介引“数量名”，并且一般以量少居多。例如：

(45)她连一眼也没看我。(《顽主》)

(46)我们互相彼此连一句正经话也不会说。(《看上去很美》)

(47)拣金乡有的村连订一份报纸的钱都没有。(《人民日报》，2000-02-23)

例(45)中介词标记“连”介引的对象为“一眼”，“一眼”是数量结构，表示量少。例(46)中介词标记“连”介引“一句正经话”，“一句正经话”也是数量名结构，指数量少。例(47)中介词标记“连”介引“订一份报纸的钱”，“订一份报纸的钱”也是数量名结构，同样指数量少。吕叔湘(1984)对这个问题进行了研究，认为“‘连+数量’，数词限于

---

① 陆俭明，马真，2003. 现代汉语虚词散论(修订版)[M]. 北京：语文出版社：36.

② 崔希亮，1994. 从“连……也/都”结构看语言中的关联[C]//九十年代的语法思考. 北京：北京语言学院出版社：185.

‘一’,谓语限于否定形式”[①]。吕先生限定数词为“一”,实际上有时还可以用“半、几”等,这种结构的表达主要体现数量的极小值。“连+数量名”结构对“数量”是有严格限制的,一般表量少的容易进入这种“连”字句,而表量大的不容易进入。例如:

(48)a. 孩子没有食欲,连半碗粥都没喝。

*b. 孩子没有食欲,连两碗粥都没喝。

(49)a. 研究生三年,他连几本专业书都没读完。

*b. 研究生三年,他连30多本专业书都没读完。

(50)a. 老师走吧!这纯粹是个侃爷,连一分钱也甭给他。(《皇城根》)

*b. 老师走吧!这纯粹是个侃爷,连一百块钱也甭给他。

例(48)a句的“半碗粥”表示量少,所以可以成立;b句的“两碗粥”表示量多,所以不成立。例(49)a句的“几本专业书”表示量少,句子成立,说明研究生三年书读得太少了;b句的“30多本专业书”表示量多,研究生三年读30多本专业书也算多的了,没读完也属正常,故句子不成立。例(50)a句的“一分钱”表示量少,所以可以成立;b句的“一百块钱”表示量多,所以不成立。

沈家煊(1995)认为数量词对语法结构有制约作用。[②]“连+数量名”一般排斥大量,而用小量,强调的数量一般是有界的。例如:

(51)a. 今天他连一碗饭都没吃就上班了。

*b. 今天他连三碗饭都没吃就上班了。

(52)a. 连一件干净的衣服也没有。

*b. 连十件干净的衣服也没有。

(53)a. 帮我干了半天活,连一点儿水也没喝。

*b. 帮我干了半天活,连一些水也没喝。

例(51)~例(53)的a句都可以成立,主要表达量少;b句都不成立,主要表达量多。不定量词“一点儿”可以用,而“一些”不可以。不过如果用“这、那”就可以说了。例如:

(54)她连这些新衣服都给人了。

(55)张三连那些帮助过他的人都忘了。

例(54)和例(55)表达的是量多,这种结构与“连+数量名”结构是不同的。

介词“连”在介引时间量时,也是表达量少,但都是相对而言的。例如:

---

① 吕叔湘,1984.现代汉语八百词[M].北京:商务印书馆:326.

② 沈家煊,1995.“有界”与“无界”[J].中国语文(5):367-380.

(56)你能在这儿工作一个月,我连一天也待不了。

(57)你能在这儿工作三个月,我连一个星期也待不了。

例(56)和例(57)中的时间量都是相对而言的,如“年”相对于“月”、“月”相对于“星期”、“星期”相对于“天”、“天”相对于“小时”等。

(58)一年连5 000千米都没跑出来,这车怎么开的?

例(58)也是相对来说的。通常汽车一年能跑上万千米,而这辆车才跑了不到5 000千米,说话者的意思是“太少了”。这是人们在认知域里的一种反映,不直接表达“车跑得太少”,而通过句式信息带出来,体现人们对事件所持有的认知态度。

沈家煊(1995)认为“数量词对句法结构的制约作用实际上体现了人类认知上‘有界’(bounded)和‘无界’(unbounded)这样一种基本对立”①。人们感知“量”时也体现了“有界”和“无界”的对立。“连……都/也”强调的数量名常常是有界的,表示量少,而一般不用表示大量的数量名。例如说“连一瓶酒也喝不了”为有界,表量少,而不说“连十瓶酒也喝不了”,因为“十瓶”为大量。

2.“连+名词/代词等+都/也+V”结构。介词标记“连”可以介引名词、代词等名词性词语,主要起强调作用。例如:

(59)很多人连袜子也不穿,所以臭脚很多。(《看上去很美》)

(60)张大伟真是走投无路了,要不怎么连房子都卖了。

(61)您连太阳都忘了,不应该,太不应该了。(《编辑部的故事》)

例(59)的“连”字句强调名词“袜子”,例(60)的“连”字句强调名词“房子”,例(61)的“连”字句强调名词“太阳”。“连”字句强调的名词性成分往往是有定的、确指的。“连”字句的主语和宾语以名词性词语居多,这些词介词标记“连”都可以介引,但同一个名词性词语,有无介词“连”介引时表意是不同的。例如“卖了房子”和“连房子都卖了”表达的意思是不同的,前句“卖了房子”是很正常的事情,而后句表现“经济状况不好”,是在没有办法的情况下才把房子卖了。

“连”引出名词性词语的语义特征具有两极性,或小或大,或弱或强,如强调[+人][+职务],可以强调职位高的,也可以强调职位低的。[+人][+年龄]一般强调孩子或老人;[+人][+性别]一般强调女性;[+人][+国别]一般强调外国人,而不强调中国人。例如:

(62)连校长都走了,我们还留在这儿干吗?

(63)连小孩都知道助人为乐,大人怎么不知道?

① 沈家煊,1995.“有界”与“无界”[J].中国语文(5):368.

(64)连美国人都尊重孔子,中国人就更应该尊重了。

例(62)的前句强调职务高的"校长"走了,是后句"我们"走的充分理由,前句是条件,后句是结果,表达了说话者的真正意图"我们也应该走了"。例(63)的前句是预设,后句表达说话者的真正意图,即"大人也应该知道"。"连"字句的表达不是直接表达,而是间接表达,让人感知和认识。例(64)的前句预设"美国人尊重孔子",预设结果是"中国人更应该尊重孔子","连"字句是预设,后句才是真值。可见,前句和后句在表达时两两对应,职务高对应职务低、小孩对应大人、美国人对应中国人。两者不能在同一条线上,否则有贬低别人之义。实际上这种表达暗含比较,体现二者的差距。

3."连+V+都/也+V"结构。"连"字句中有一种特殊用法,即"连"介引的对象不是名词性词语,而是动词,并且这个动词与后面的动词一致,形成"连+V+都/也+V"的句式结构。例如:

(65)篮球连打都没打就认输了,真窝囊。

(66)这首歌连听都没听过,我怎么会唱?

(67)你连喝都没喝,怎么就知道这酒不好喝?

(68)《红楼梦》连读也没读,就送人了。

例(65)的"连打都没打"暗指害怕对方,不敢和对方交手。例(66)的"连听都没听过"指"我"从来没听过这首歌。例(67)的"连喝都没喝"暗指没喝这酒,不应该知道这酒是否好喝。例(68)表示《红楼梦》没读就送人了,说话者觉得这样做不妥。"连"字句强调"动词",并不是真正强调这种动作行为,而是通过这种表达方式强调"事件",体现对做人做事方式的评价,或说明一种情况、一种状态。

需要说明的是重叠动词不能用于"连"字句;当"连"字句强调动词时,这个动词只能重复使用。例如:

(69)a.你看把这个孩子惯的,连说也不能说。

　　*b.你看把这个孩子惯的,连说说也不能。

例(69)a句是动词重复使用,句子成立;b句是重叠动词,句子不成立。

"连"字句对重复使用的动词也是有限制条件的,并不是所有的动词都可以用到"连"字句中。能在"连"字句中重复使用的动词一般为动作性强的动词(包括心理动词),动作性弱的动词一般不能进入"连"字句。

动作性强的动词:打、走、跑、跳、推、搡、哭、笑、吃、看、摸、读、喝、写、想等。

动作性弱的动词:是、有、属于、应该、可能、病、死、失误、缺少等。

能进入"连"字句的动词,一般为[+自主][+持续]的动作动词,表示动作的过程或态度;[-自主][-持续]动词一般不能进入"连"字句。例如:

(70) * 我连病也不病。

(71) * 东西连缺少也不缺少。

(72) * 连失误也没失误。

例(70)～例(72)不成立的主要原因是此类动词的动词性弱。

“连”字句强调动词性词语和强调名词性词语，表达的意义是否一样呢？下面我们通过例子来分析一下。

(73)a. 饭连吃也没吃就走了。

b. 连饭也没吃就走了。

例(73)a 句强调动词“吃”，表达的意思是“饭已经做好了，但没吃就走了”；b 句强调的是“到了吃饭时间，但没吃就走了”。由此可见，两种表达还是有一定区别的。

4. 强调短语或小句。“连”介引的对象常常以短语或小句形式出现。例如：

(74)产量过高，当年种子市场供大于求，销售价格连收购价格都卖不到。(《人民日报》，2000-02-23)

(75)被李阿姨细嚼慢咽吃得连骨头渣子都不剩。(《看上去很美》)

(76)那座古寺有上千年历史，相当有名，连我们这一带的街名都是以其命名的。(《顽主》)

例(74)的“收购价格”是偏正短语，指收购种子的价格。例(75)的“骨头渣子”也是偏正短语，这句话一方面指李阿姨吃得慢，另一方面指她很贪婪。例(76)的“我们这一带的街名都是以其命名的”是小句，这句话表达那座古寺的历史悠久。

介词“连”介引不确指的对象时，介引的对象中有疑问代词。例如：

(77)你连上街买什么都不知道，还逛什么街呀？

(78)这孩子连美国在哪个大洲都不清楚，考什么大学？

例(77)的“上街买什么”是小句，位于“连……都”结构中，是强调的对象。例(78)的“美国在哪个大洲”也是小句，是“连……都”结构强调的对象。

(三)以介词“连”为标记句式的肯定与否定用法

汉语“连”字句既有肯定用法，也有否定用法，在实际使用中否定用法居多。

1.“连……都/也＋否定副词”结构。据调查，以介词“连”为标记构成的句式，常常用否定形式，其否定词主要有“不、没、别”等。例如：

(79)(办公室的同志们)都十分难过，连朱秀芬也不例外。(《痴人》)

(80)这个女孩长得一般，连一个追求者都没有。

(81)连这位小兄弟都不知道你叫什么，我就更不知道了。

(82)你连饭也别吃，赶快去买票。

例(79)和例(80)用的否定副词是“不”,例(81)用的否定副词时是“没”,例(82)用的否定副词是“别”。

“连”字句使用的否定副词不同,表达的意思也不同。例如:

(83)a. 衣服连换也没换,就出差了。(客观描写)

b. 衣服连换也不换,就出差了。(主观态度明显)

(84)* a. 衣服连换也别换,就出差了。

b. 衣服连换也别换,马上出发。(命令语气)

2.“连”字句的肯定形式。以介词“连”为标记句式的肯定形式,常常客观陈述一种情况。例如:

(85)他们连预赛资格都被取消了。(《顽主》)

(86)人也尽量不去触动她,连握手都是轻轻地。(《顽主》)

3.“连”字句后出现反问句,进一步表达说话者的意图。例如:

(87)连文学是什么都不知道,你还能当作家吗?(《顽主》)

(88)我招你们惹你们了?连话都不能说了吗?(《王朔文集》)

(89)连老同学都不认了,他还认得谁?(《顽主》)

例(87)表达出说话者认为“你”当不了作家,例(88)表达说话者的不满,例(89)体现说话者很不满意的态度。

可见,以介词“连”为标记构成的句式是有条件限制的,这种限制条件涉及所强调的部分,也涉及使用的语言环境、说话者的态度。在这些条件下,强调的成分决定了“连”字句的构句机制。

四、以介词“连”为标记句式的情景语义

“连”字句的表意一般不自足,必须与前后句共现,才能表达说话者的真正意图。认知语言学认为形式和意义之间是一种“有理据的约定俗成”①。构式语法认为一个构式既要有自己独特的形式,也要有独特的意义,构式的意义制约进入构式的成分。任何意义的表达都和语境有着密切的关系,研究以介词“连”为标记的句式,只研究结构而不考虑在不同情境下的语义是不全面的,还需要分析不同情境下的语义内涵。

(一)强调义

在以介词“连”为标记的汉语句式中,介词“连”介引的对象往往是句式要强调的部分。例如:

---

① 参见沈家煊2005年认知语言学讲座。

(90)我们所有的电影里连一个男女接吻的镜头都没有。(《让梦穿越你的心》)

(91)这女人胆儿真大,连赶飞机这事还敢含糊。

例(90)强调“一个男女接吻的镜头都没有”,说明当时的电影表现男女之恋都是从工作和思想上体现,而没有肌肤接触流露情感的镜头。例(91)强调“赶飞机这事”,说明“赶飞机这事”非常重要,应该重视。

有时因强调的对象发生了变化,在表意和语气上也有一定差别。例如:

(92)a. 连三岁孩子都会发微信,我还不会。

b. 三岁孩子连微信都会发,真聪明。

例(92)的表达背景是“三岁孩子年龄小,一般不会发微信”;a 句用“连”字句强调“三岁孩子都会发微信”,说话者觉得自己在这方面还不如一个三岁孩子;b 句主要强调孩子非常聪明。

在以介词“连”为标记构成的句式中,句子的焦点一般在被强调的部分,即在 NP。但在实际交际中有时可以省掉介词“连”,句子表达的意思不会发生变化。例如:

(93)a. 妻子是办公室秘书,连周六、周日都在办公室加班,很少陪孩子玩。

b. 妻子是办公室秘书,周六、周日在办公室加班,很少陪孩子玩。

(94)a. 连我都知道这件事了,她当然知道了。

b. 我知道这件事了,她当然知道了。

(95)a. 大家连饭也没吃就出发了。

b. 大家饭没吃就出发了。

例(93)~例(95)a 句都有介词标记“连”,b 句都省略了“连”。a、b 两句的意思变化不大,但从语气上看还是略有不同,有“连……都/也”结构的句子语气更强。

(二)对比义

“连”字句表递进,又隐含比较,表达某种言外之意。以介词“连”为标记句式隐含的“比较义”是靠转喻产生的,“对比义”取代了“强调义”,且比较要有参照物。例如:

(96)中国人连死都不怕,还怕困难吗?(《让梦穿越你的心》)

(97)我也得做个诤友——她差点意思,连勉强及格都够不上。(《痴人》)

例(96)对比的对象为“困难”,“死”是最可怕的事,“连死都不怕”暗含“中国人什么都不怕”之义,当然也就不怕困难了。例(97)通过与“诤友”对比,“连勉强及格都够不上”暗含“她够不上好朋友”之义。

介词“连”只是句式标记,本身没有对比性,“连”字句的对比性是在句式表达中体现出来的。例如:

(98)当官的吃干的,普通老百姓连粥都喝不着。(《顽主》)

(99)连老师都解不开这道题,别说我们学生了。

例(98)隐含一种对比,意思是当官的多贪多占,而普通老百姓什么也没有。例(99)也隐含一种对比,意思是老师做不出来的题学生当然也做不出来,同时也暗含"这道题很难"之义。

(三)极性义

以介词"连"为标记句式所强调的对象常常具有极性特征,这种极限值有两种:一种是极大值,另一种是极小值。在"连"字句中,强调极大值句式的使用频率要高过强调极小值句式的使用频率。例如:

(100)我要最惨的,输得连裤衩都赔上的。(《王朔文集》)

(101)连银行都敢抢,还不敢干什么?

(102)他连爸爸都敢打,谁还不敢打?

例(100)的"裤衩"是贴身穿的最内的衣服,如果不穿裤衩的话就会一丝不挂。"连裤衩都赔上的"指比赛失利情况极其严重。例(101)的"银行"通常戒备森严,一般人不敢去抢银行,抢银行是一种极端做法。例(102)的"爸爸"是长辈,本应受到儿子的尊敬,儿子打爸爸是极端的特例。具有极端义的"连"字句主要体现说话者的惊讶、谴责或惋惜等情感。

有对比义的"连"字句常强调最大值。例如:

(103)a. 连研究生都不认识这个字,何况我这个小学生。

*b. 连小学生也不认识这个字,何况研究生。

例(103)a 句的强调对象为"研究生",从年龄和学识来看,"研究生"与"小学生"相比是极大值,句子成立;b 句不成立,与"研究生"相比,"小学生"是极小值,强调"极小值"不符合构句的要求。

(四)包括义

"连"字句除了表达"强调义"等意义以外,还可以表达"包括义"。例如:

(104)我们学校连留学生一共有两万多人。

(105)连一块钱硬币在内,一共不到 100 元。

(106)连刚出生的孩子在内,这个家一共 20 口人。

例(104)表达包括留学生在内学校共有两万人,例(105)的"连一块钱硬币在内"指包括一块钱硬币,例(106)的"连刚出生的孩子在内"指包括刚出生的孩子。

(五)推测义

"连"字句有时可以表达对人或事的一种推测,即预测未来的结果。在这种句式中,介词标记"连"在前半句,"推测义"在后半句。例如:

(107)你连这件小事都做不了,还能做大事吗?

(108)他连自己的房间都不扫,何以扫天下?

例(107)强调的是"小事",由小事做不了推测大事就更做不了。例(108)强调的是"自己的房间",把"不扫自己的房间"比成自己的小事都不做,推测他做不了大事。

(六)递进义

当以介词"连"为标记的句式位于后句时,前句常有"不仅"等关联词语,表达"递进义"。例如:

(109)不仅中国人喜欢吃饺子,连美国人也喜欢。

(110)不仅校长知道这件事了,连我这个普通教师都知道了,这不是什么秘密了。

例(109)和例(110)用"不仅……连……也/都"构成递进复句,表达递进义。

五、"连"字句的主观性

关于语言的主观性问题,中外很多学者都进行了探讨。国内研究以沈家煊先生为代表,他(2001)认为主观性是语言的一种特性,即说话人在说出一段话的同时表明自己的立场、态度和感情。① 任何语言的使用都与说话者的认知有关。汉语"连"字句在表示强调时,往往体现说话者的主观推断,表现说话者的真实意图。"连"字句的主观性常常通过所强调的"极量"或"极值"表现出来。

(一)"极量"体现的主观性

"极量"分为"极小量"和"极大量"两种,无论是"极大量"还是"极小量",都表达说话者的主观态度。

1."极小量"体现的主观性。"极小量"是指强调的数量非常少,这种表达具有一定的主观性。例如:

(111)你连一分钱都没赚着,还买什么名牌服装?

(112)街道上空空荡荡,连一个人影儿也没有。(《橡皮人》)

例(111)的"一分钱"表示的是一种极小量,句子表达说话者认为没赚到钱就不应该买名牌服装,具有一定的主观性。例(112)的"一个人影儿"表示的也是一种极小量,句子表达说话者主观上认为街上人很少。

2."极大量"体现的主观性。"极大量"是指强调的数量非常多,这种表达也具有一定的主观性。例如:

(113)他连 200 斤大米都能扛回家,何况这才 20 斤。

① 沈家煊,2001.语言的"主观性"和"主观化"[J].外语教学与研究(外国语文双月刊)(4):268.

(114)(老周)连100万的豪车都开上了,还还不上你这几个钱吗?

例(113)的"扛200斤大米"对一般人来说是一种大量,句子表达说话者主观认为他扛20斤大米没有问题。例(114)的"连100万的豪车都开上了"说明老周有钱,句子表达说话者主观认为老周一定会还上借的钱。

通过对"连"字句的使用情况所做的调查我们发现,强调"极小量"的"连"字句要多于强调"极大量"的"连"字句。通过"极量"表达说话者的态度和立场可以使句子更有说服力。

(二)"极值"体现的主观性

"极值"可以分为"极大值"和"极小值"两种,无论"极大值"还是"极小值"都体现说话者的主观态度。

1."极小值"体现的主观性。"极小值"指人或物的重量轻、体积小、价值低或人的地位低等。例如:

(115)我从小胆小,走路连蚂蚁都不敢踩。(《我是狼》)

(116)他的手臂软得像面条,似乎连烟灰缸都抓不牢了。(《许爷》)

例(115)的"蚂蚁"是动物界非常小的动物,"连蚂蚁都不敢踩"表达说话者主观认为自己胆量非常小。例(116)的"烟灰缸"一般是很轻的,"连烟灰缸都抓不牢"表达说话者主观认为"他"已经没力气了。

2."极大值"体现的主观性。"极大值"指人或物的体积大、价值高或人的地位高等。例如:

(117)他连校长都不放在眼里,何况我们这些普通老师了。

(118)连孩子都生了,一个女人还怕什么!(《让梦穿越你的心》)

(119)中国人连死都不怕,还怕困难吗?(《让梦穿越你的心》)

例(117)的"校长"在学校里地位最高,表示的是一种大的极值,"连"字句表达说话者认为"他"不重视校长,进而认为"他"也不会重视普通老师,具有一定的主观性。例(118)的"生孩子"是女人的一件大事,"连孩子都生了"表达说话者主观认为生孩子是最令女人畏惧的事,既然孩子都敢生,那么这个女人就没什么害怕的了。例(119)的"死"是人生的结束,"连死都不怕"表达说话者认为中国人不怕死,进而更不会怕困难,在表达上具有一定的主观性。

交际是语言最基本的功能,语言结构是说话者为了表达自己的想法、实现自己的交际目的而使用的一种句式框架,是人们对客观世界认识的反映。"连"字句的"量"与"值"都能体现说话者的主观性。

第四节　以介词“比”为标记句式的形成机制及情景语义

一、研究背景

世界上的事物千差万别，要想知道彼此之间的差别，就离不开比较，可以说比较是人类认识世界的基本方式之一，是人类的一种本能，也是人类认知方面的反映。要比较就要运用比较句式，汉语表达比较的句式主要有五种类型：①比；②（没）有；③跟（像）……一样；④不如；⑤越来越。这五种比较类型表示比较的方式不同，比较的语义内涵也不同。要表示两个人（或两种事物）之间存在的差别，使用频率最高的是以介词“比”为标记的句式。李行健（2004）认为“‘比’是介词，引进比较的对象”[①]。

马建忠（1898）在《马氏文通》中开始对介词“比”进行研究，研究的主要内容是古汉语“比”字句的用法。吕叔湘（1984）在《现代汉语八百词》中对介词标记“比”进行了比较详细的描写，认为“比”主要用于比较性状和程度，并从几个方面进行了解释：①两种不同事物的比较；②同一事物不同时期的比较；③一＋量＋比＋一＋量，表示程度累进。[②] 马真（1986）探讨了“比”字句内“比较项 Y”的替换规律。殷国光（1988）从历时角度研究了“比”字句。李讷、石毓智（1998）系统地研究了比较句结构的演变，把“比”字句的研究推进了一大步。

其他学者也对“比”字句做了研究，因篇幅原因不一一列出。学者们从不同角度对“比”字句进行的探讨，为我们深入研究“比”字句打下了基础。目前，学者们对汉语“比”字句的研究成果仍存在一些争议，还没有达成共识，有些问题还需要继续探讨，特别是以介词“比”为标记句式的构句机制及情景语义问题，非常有必要下大力气去研究。

二、介词标记“比”的构句机制

（一）比较句标记的演变

历史上汉语最早用于比较的介词标记是“于”，而不是“比”。例如：

（1）季氏富于周公。（《论语》）

（2）冰，水为之而寒于水。（《劝学》）

例（1）的意思是季氏比周公富，句子的比较介词标记是“于”。例（2）的意思是冰

---

① 李行健，2004. 现代汉语规范词典[M]. 北京：外语教学与研究出版社：63.

② 吕叔湘，1984. 现代汉语八百词[M]. 北京：商务印书馆：74.

是由水冻成的，但比水更凉。

"比"最早是动词，没有介词的用法，表示"与……相比较"之义。随着语言的发展，动词"比"逐渐虚化。人们在实际运用中觉得介词"于"的用法非常复杂，而且容易引起误会，用"比"表比较要优于用"于"。经过几百年的发展演变，"比"逐渐取代"于"成为比较句的介词标记。

明朝时期，文学作品中大量出现以介词"比"为标记的比较句。例如：

(3)那妇人见了，却比半夜里拾金宝的一般欢喜，堆下笑来。(《水浒传》)

(4)吴学究称赞道："休言将军比小李广，便是养由基也不及神手。"(《水浒传》)

(5)辽曰："兄与玄德交，比弟与兄交何如？"(《三国演义》)

(6)关公怒曰："汝比颜良、文丑若何？"(《三国演义》)

(7)今之曹操可比项羽，将军何由得为桓、文乎？(《三国演义》)

例(3)～例(7)的介词结构虽与现代汉语的"比"字句还有一些差别，但已基本确定了"比"字句的雏形。

到了清代，以介词"比"为标记的句式格式与现代汉语"比"字句的句法结构"A比B+VP"的差别就不大了。例如：

(8)我们清朝的制度不比前代，龙飞东海，建都燕京，万水朝宗，一统天下。(《儿女英雄传》)

(9)王孝廉比王乡绅小一辈，因此他二人以叔侄相称。(《官场现形记》)

(10)现在这当统领的，姓胡号华若，是湖南人氏，同戴大理同乡同年，因此他俩交情比别人更厚。(《官场现形记》)

(11)那头上的汗珠子比黄豆还大。(《官场现形记》)

"比"成为比较句的介词标记经历了一个漫长的发展过程，有近千年的历史。什么原因促使"比"从动词虚化为介词，进而成为句式标记呢？一方面，这与"比"本身的动词词义有关，"比"在句子中的动词功能逐渐发生变化，为"比"的虚化打下了基础；另一方面，"比"成为句式标记与人们的认知心理和表达需要有关，容易被人们所接受，以实现表达效果最大化，介词标记"比"与句式义的表达能够实现和谐。

(二)"比"字句的构句机制

汉语比较的方式比较多，有差比、等比、平比等，以介词"比"为标记的句式主要用于差比。介词"比"引进比较对象，比较不同事物(或人)或同一事物(或人)在不同时期、不同情况下的差别。比较句中谓语部分显示比较的结果，是比较句的核心，也是句子的焦点。按照谓语构成的不同，我们初步将"比"字句分为两大类：一类"比"字句的谓语为性质形容词，另一类"比"字句的谓语为动词。根据句子的结构特点，每种大类之下还有若干小类。

1. 谓语为形容词类型。

[1]甲＋比＋乙＋形容词

甲事物与乙事物相比，用介词“比”引出参照项“乙”，谓语常常是性质形容词。

基本格式：比较项(甲)＋标记词(比)＋比较项(乙)＋比较结果。例如：

约翰　　　比　　田中　　　　胖。

这棵槐树　比　　那棵槐树　　高。

典型“比”字句的特征可以概括为：通过介词“比”引出可比较的对象，体现一种比较的结果，这种结果常常体现为一种虚量。比较义是句式带来的，而不是形容词谓语带来的。例如：

(12)摩托当然比面包车快。(《皇城根》)

(13)这个女孩比妈妈漂亮。

(14)我的宿舍比你的宿舍干净。

例(12)的比较项是“摩托”与“面包车”，比较结果是“(摩托)快”。例(13)的比较项是“女孩”与“妈妈”，比较结果是“(女孩)漂亮”。例(14)的比较项是“我的宿舍”与“你的宿舍”，比较结果是“(我的宿舍)干净”。

[2]甲＋比＋乙＋形容词＋数量

甲事物与乙事物相比，体现具体的差异，形容词后有数量补语，这种结果常常体现为实量。例如：

(15)虽然小一岁，郜家宝却比王均化高了一寸。(《无名高地有了名》)

(16)这外边儿可是比屋里热三度！(《皇城根》)

(17)说实话，玛丽比你大两岁。

例(15)的数量补语为“一寸”，例(16)的数量补语为“三度”，例(17)的数量补语为“两岁”。这三个例子比较的结果都为确量。

[3]甲＋比＋乙＋还(更)＋形容词

形容词前有程度副词，表达比较的程度，这种比较的结果是约量。例如：

(18)运输工作人员的损失也许比步兵还大。(《无名高地有了名》)

(19)今年入冬似乎比往年更早，没到十一月就开始下雪了。

“比”字句中表达程度深的副词主要有“更”和“还”，其他表程度的副词不能用于“比”字句。

[4]甲＋不(否定词)＋比＋乙＋形容词

用介词“比”构成的比较句中，否定词的用法与汉语一般句式中否定词的用法差别很大，主要体现在两方面：①否定词的位置不同。一般句式的否定词位于动词、形容词前，而“比”字句的否定词位于介词标记“比”之前；②一般句式使用的否定词有“不、没(有)、别、非、甭、无、未、勿、莫”等，而用介词标记“比”的否定句中否定词主要用“不”，很少用其他否定词。例如：

(20)你们那错别字不比他少。(《顽主》)

(21)我觉得在演技上您不比他们差。(《顽主》)

这种形式表示甲和乙差不多，具有等比之义，表达比较的结果差不多是等量。如果体现二者的差别就要用“没有”，比如：

(22)a. 田中的汉语水平不比玛丽差。

b. 田中的汉语水平没有玛丽好。

例(22)a句表示田中和玛丽的汉语水平差不多，而b句表示玛丽的汉语水平比田中高。

[5]同一事物(或人)在不同时期、不同地点的比较

(23)他知道自己的确是好，而且应当一天比一天好。

(24)我的汉语水平一年比一年高。

(25)旅游去的地方一处比一处好。

例(23)和例(24)表示同一个人在不同时期的比较，例(25)表示同一件事情在不同处所的比较。

[6]甲的＋N＋比＋乙的(＋N)＋形容词(体现比较结果)

(26)他的鼻子比我的大。

(27)玛丽的衣服比我的漂亮。

例(26)后面比较项用了“的”字结构，不必重复说出比较点“鼻子”。例(27)后面比较项也用了“的”字结构，不必重复说出比较点“衣服”。

这种类型的“比”字句的典型格式为：

	比较项X	比较点N	标记词(比)	比较项Y	(比较点N)	比较结果
例如：	儿子的	胳膊	比	爸爸的	(胳膊)	长

这里主要表达儿子的胳膊长，而以爸爸的胳膊为参照点。汉语中常常省略后面比较项的比较点，而用“的”字结构代替。比较点N在比较句中具有显著度，X/Y与N之间存在整体与部分的关系。马真(1999)通过变换分析了这种格式的合格性和不合格性。

(28)a. 这双鞋的价格比那双鞋的价格便宜。

b. 这双鞋的价格比那双鞋便宜。

c. 这双鞋比那双鞋的价格便宜。

d. 这双鞋比那双鞋便宜。

e. 这双比那双便宜。

例(28)的 a，b，c，d，e 五个句子意思一样，只不过说话的语境不同，所以句式的选择不一样。前三句的 X/Y 与 N 之间是整体与部分的关系，后两句则没有这种关系。因为句子中有“便宜”一词，不用说“价格”听话者也能知道说话者指的是价格。

(29)a. 小王的哥哥比小李的哥哥更喜欢篮球。

b. 小王的哥哥比小李更喜欢篮球。

c. 小王比小李的哥哥更喜欢篮球。

d. 小王比小李更喜欢篮球。

例(29)的 a，b，c 三个句子的意思不一样，X/Y 与 N 之间是亲属关系，不是整体与部分的关系。因为比较点 N[＋述人][－领有物]不同，句子的意思就不同。d 句因为没有 N，句子的意思发生了变化。

2. 谓语为动词类型。

[1]甲＋比＋乙＋动词＋宾语

动词可以出现在以介词“比”为标记的句式中。例如：

(30)我比约翰喜欢玛丽。

(31)张家比李家有钱，因为张家一直做国际贸易。

例(30)的“喜欢”为心理动词，后面可以出现宾语“玛丽”。例(31)的“有”为一般动词，后面可以接宾语“钱”。

[2]甲＋比＋乙＋动词＋补语

(32)刘军比张亮跑得快，但二人在一起较量的机会很少。

(33)大王比小王穿得多。

例(32)中“跑得快”的“快”是形容词作动词“跑”的补语，例(33)中“穿得多”的“多”是形容词作动词“穿”的补语。

(34)俄罗斯留学生比去年减少一半。

(35)我比他多走 5 000 米。

(36)今年约翰的汉语水平比往年提高了一大截子。

例(34)中“减少一半”的“一半”是数量词，作动词“减少”的补语。例(35)中“走 5 000 米”的“5 000 米”也是数量词，作动词“走”的补语。例(36)中“提高了一大截子”的“一大截子”也是数量词，作动词“提高”的补语。

[3]程度副词“更”和“还”在句子中的位置不同，作用也不同。例如：

(37)妈妈比爸爸更爱我。(“爱”为心理动词)

(38)爸爸比妈妈干得更多。("干"为一般动词)

(39)这个教室比那个教室还干净。("干净"为形容词)

例(37)的"更"在心理动词"爱"之前作状语,表示妈妈与爸爸相比,妈妈爱我的程度深。例(38)的"更"在动词"干"之后作补语,表示程度高。例(39)的"还"在形容词"干净"之前作状语,也表示程度高。

[4]甲+比+乙+能愿动词+动词

能愿动词在以不同介词为标记的句子中的位置是不同的,在"把"字句和"被"字句中,能愿动词应位于"把"和"被"之前;而在"比"字句中,能愿动词应位于动词前,而不能在介词"比"之前出现。例如:

(40)她能把这件事做好。

(41)你不完成作业,会被老师批评的。

(42)小王比哥哥能吃苦。

(43)若论打篮球,陈老师比孔老师会打。

例(40)的"能"位于介词"把"之前,例(41)的"会"位于介词"被"之前,而例(42)的"能"位于动词"吃苦"之前,例(43)的"会"位于动词"打"之前。这说明汉语能愿动词并不是都位于介词标记之前,而是根据表达的需要来占据不同的位置。

[5]谓语为动词的"比"字句的用法较多,不同的结构表意略有不同。试比较下面三种句式:

①甲+比+乙+动词+得+结果(形容词)

(44)我比你吃得多。

(45)校长比张老师书读得多。

②甲+动词+得+比+乙+结果(形容词)

(46)我吃得比你多。

(47)校长书读得比张老师多。

③甲+动词+宾语+动词+得+比+乙+结果(形容词)

(48)我吃水果吃得比你多。

(49)校长读书读得比张老师多。

格式①主要强调比较的结果,格式②主要强调比较项乙,格式③明确比较项。

句式语法不仅重视句式结构,也很重视句式语义。以介词"比"为标记的句式语义为:A选定对象B进行比较,产生比较的结果,B处于"比"和谓语之间,要求谓语必须对比较对象产生结果。

对比双方必须具有可比性。同类事物(或人)之间、相近事物(或人)之间可以比较，没有可比性或不符合逻辑的两种事物（或人）不能比。例如：

(50) * 他比楼高。

(51)他比小李高。

例(50)中“他”与“楼”之间没有可比性，所以句子不成立。例(51)中“他”和“小李”具有可比性，所以句子成立。

（三）分段剖析“比”字句

“比”字句用于比较两种事物（或两个人）的差别，作谓语的形容词或动词前用介词“比”引出比较的对象，谓语是比较的结果。我们把“比”字句分为 A,B,C 三段。

1. A 段——主语部分。汉语常常比较两种事物（或人）的性质、结果、程度、数量等，因而 A 段可以出现不同类型的词语和短语。

[1]名词

(52)玛丽比泰阿娜漂亮。

(53)北京大学比辽宁大学更有名。

例(52)的“玛丽”是名词，作主语。例(53)的“北京大学”也是名词，作主语。

[2]代词

(54)他比你高。

(55)我们比他们早。

例(54)的“他”是人称代词，作主语。例(55)的“我们”也是人称代词，作主语。

[3]动词

(56)笑比哭好。

(57)跑比走减肥效果好。

例(56)的“笑”是动词，作主语。例(57)的“跑”也是动词，作主语。

[4]形容词

(58)红比蓝好看。

(59)安静比热闹更舒服。

例(58)的“红”是形容词，作主语。例(59)的“安静”也是形容词，作主语。

[5]动宾短语

(60)学汉语比学英语容易。

(61)坐地铁比打车快。

例(60)的“学汉语”是动宾短语，作主语。例(61)的“坐地铁”也是动宾短语，作主语。

[6]主谓短语

(62)语法研究比词汇研究难多了。

(63)牙疼比感冒还难受。

例(62)的“语法研究”是主谓短语,作主语。例(63)的“牙疼”也是主谓短语,作主语。

2. B段——状语部分。B段主要由两部分组成:一是介词标记“比”,二是由“比”介引的比较项,二者结合成为介词短语,在句子中作状语。

[1]比+名词

(64)英语语法比汉语语法复杂。

(65)这本书比那本书有意思。

[2]比+代词

(66)我比他更了解你。

(67)他们比我们忙。

[3]比+形容词

(68)大比小好,大媳妇会疼人。

(69)紫比黄更显富贵。

[4]比+离合词

(70)跳舞比唱歌更有利于身心健康。

(71)游泳比跑步更见效果。

3. C段——谓语部分。不是所有的形容词和动词都能进入“比”字句。哪些形容词和动词可以进入这个句式?哪些不能进入这个句式?为什么?

[1]形容词

性质形容词一般容易进入以介词“比”为标记的句式,状态形容词则不能进入“比”字句。例如:

(72)樱桃比桃子甜。

(73)猫比狗温柔。

(74)这条路比那条路直。

(75)*这条路比那条路笔直。

性质形容词可以在“比”字句中直接作谓语,后面不出现其他成分,如例(72)的“甜”、例(73)的“温柔”、例(74)的“直”。而状态形容词不能用于以介词“比”为标记的句式中,如例(75)的“笔直”是状态形容词,不能出现在“比”字句中。

[2]动词

汉语动词有几种类型,其中心理动词(“了解、喜欢、关心、爱”等)和动作性强的动词容易进入以介词“比”为标记的句式中。例如:

(76)何晶比曲兰更爱肖程。(《产科医生》)

(77)妈妈比爸爸关心得多一些。

(78)我们多少年了？比你了解。(《顽主》)

(79)若论跑步，杨峰比刘明跑得快。

(80)＊杨峰比刘明跑。

动词出现在以介词“比”为标记的句式中时，心理动词后可带宾语，如例(76)中“肖程”为动词“爱”的宾语；心理动词后也可以带补语，如例(77)中“多一些”为心理动词“关心”的补语；心理动词还可以单独作谓语，如例(78)中“了解”单独作谓语。而动作性强的动词在“比”字句中必须有补语，不能单独作谓语，如例(79)中形容词“快”作动词“跑”的补语；而例(80)中动词“跑”后没有补语，缺少比较的结果，所以句子不成立。

[3]补语

汉语差比句的比较结果常通过补语的形式体现，主要有以下几种类型：

(81)日韩留学生比欧美留学生汉字写得好。(结果补语)

(82)王老师比李老师讲得清楚。(结果补语)

(83)你比他快半个小时。(数量补语)

(84)我比你多去了一次。(数量补语)

(85)香瓜比西瓜甜得多。(程度补语)

(86)约翰比田中的汉语水平高得多。(程度补语)

4.“比”字句比较点的隐省。当交际双方都知道句子的比较点时，根据经济的原则比较点可以省略。比较点的省略主要有两种情况：全部隐省与部分隐省。

[1]全部隐省

“比”字句常常省略交际双方都知道的比较点，这种隐省主要是为了经济的目的。例如：

(87)玛丽比美娜高1厘米。

(88)美娜比玛丽重1千克。

例(87)主要说明“玛丽的个子比美娜的个子高”，句子中没有说比较点“个子”，但大家都知道指“个子”。例(88)主要说明“美娜的体重比玛丽的体重重”，句子虽没有把比较点“体重”说出来，但人们都知道指“体重”。

[2]部分隐省

(89)大家的智慧一定比一个人的多！(《无名高地有了名》)

(90)运输工作人员的损失也许比步兵还大。(《无名高地有了名》)

例(89)的后一比较项可以不出现“智慧”，用“的”字结构代替。例(90)的后一比较项的比较点“损失”没有出现，但不影响人们对整个句子的理解。

三、介词标记"比"的构句功能

汉语以介词"比"为句式标记，形成了特殊的结构形式，表达了特殊的语义内涵，形成了特殊的表达功能。"比"在构句中起到非常重要的作用，让我们来具体分析一下"比"的构句功能。

(一)影响句子的语序形成

有的句子必须使用介词标记"比"，否则句子的语序就会出现混乱，表达就会出现歧义，甚至会产生另外的意思。例如：

(91) *a. 我大他。

b. 我比他大。

c. 我大他几个月。

d. 我比他大几个月。

例(91)的 a 句不成立；b 句用了介词标记"比"，句子就成立了，表示二者的比较，比较结果是我大，他小；C 句有了时量补语，句子就可以成立；d 句用"比"引出比较的对象，"他"由宾语变成状语，句子的格局发生了变化，时量补语直接出现在形容词"大"之后，体现了比较的结果。

(92)还有什么比人民的信任更宝贵啊？(《编辑部的故事》)

(93)国内外的事儿我一点儿也不比你们知道得多。(《编辑部的故事》)

例(92)如果不用介词标记"比"的话，句子变成：①人民的信任更宝贵啊；②还有什么人民的信任更宝贵啊？句子变为句①后意思发生了变化，句②不成立。例(93)如果不用介词标记"比"的话，句子变成：①国内外的事儿我一点也不知道；②国内外的事儿我一点儿也不你们知道得多。句子变为句①后意思也有了变化，句②不成立。可见，介词标记"比"起到成句的功能，不是可有可无的，而是一定不能缺少的。

(二)引出比较的对象

不同人或不同事物之间的差别常常通过比较得以体现，通过比较才能显示某人或某物与比较对象的差异。在比较的过程中需要引出比较项，介词"比"就起到这个作用。例如：

(94)学习英语的人数比学习日语的人数多多了。

(95)春节比端午节重要，放假时间也更长。

(96)女儿比妈妈漂亮多了。

(97)大李比小张性格好。

例(94)表达学习英语的人数与学习日语的人数相比，学习英语的人数更多。例

(95)表达春节与端午节相比,春节更重要,放假时间更长。例(96)表达女儿与妈妈相比,女儿更漂亮。例(97)表达大李与小张相比,大李性格更好。在这些例句中,介词“比”引出了句子的比较项,使双方完成了比较,达到了说话者的表达目的。

(三)突出比较的结果

1. 突出比较的结果。介词“比”把比较项移到谓语(形容词或动词)前,突出了比较的结果,句尾是焦点,也是新信息所在。例如:

(98)保育院的女孩子普遍比男孩子发育早,身体灵活,头脑清晰。(《看上去很美》)

(99)陈北燕翻得比谁都大,半天不见黑眼珠落回槽儿。(《看上去很美》)

例(98)突出比较的结果是“发育早,身体灵活,头脑清晰”。例(99)突出比较的结果是“翻得比谁都大”。

2. 突出比较点。在“比”字句中,比较点出现在“X 比 Y W”之外,起到突出比较点的作用。例如:

(100)在学习上,马力比约翰努力。

(101)我家现在这个房子比以前的房子漂亮多了。

例(100)的比较点是“学习”,出现在“比”字句前,这个句子也可以说成“马力在学习上比约翰努力”。如果没有比较点的存在,那句子所表达的意义就会模糊,产生“到底是从‘学习’上来比较,还是从‘工作’上来比较呢?”的疑问。例(101)的比较点为“房子”,在 X、Y 两边,句子的成分对称分布,突出了比较点,使比较的内容一目了然。

四、以介词“比”为标记句式的情景语义

汉语以介词“比”为标记句式的语义表达与具体的语言环境有关,在不同的场合表义不同。下面我们具体分析一下。

(一)有界差量义(确切差量义)

“有界差量”是指直接说出比较双方的具体差量数,常用数量补语。例如:

(102)这件衣服比那件衣服贵 150 元。

(103)他比我高 3 厘米。

(104)我参军的时候比你还小两岁呢!(《无名高地有了名》)

(105)金枝跟朱信都是戏校毕业的。朱信比金枝高两届。(《皇城根》)

例(102)的具体差量为 150 元,例(103)的具体差量为 3 厘米,例(104)的具体差量为两岁,例(105)的具体差量为两届。

(二)无界差量义(模糊差量义)

“无界差量”是指不直接说出比较双方的具体差量数,而是说出模糊的差量,分为

两种类型。

1. 表示差量小的无界差量义。汉语比较句常常在形容词后加补语，使用“一点儿、一些”等数量短语表示比较的差量，这种差量的数量较小且不明确。例如：

(106)英雄营长贺重耘的身量只比一般的中等身材稍高一点。(《无名高地有了名》)

(107)我比他多喝了一些。

例(106)用“一点”表达差量少，例(107)用“一些”表达差量少。“一点(儿)”和“一些”表示的都是差量小的无界差量义。

2. 表示差量大的无界差量义。无界差量除了有表示差量小的之外，还有表示差量大的，主要通过程度补语体现。例如：

(108)高铁比普通列车快得多。

(109)奔驰比比亚迪贵多了。

(110)我抽烟的历史比你年龄长得多，那会儿天天开会天天熏，就会了。(《顽主》)

例(108)的无界差量是“得多”，例(109)的无界差量是“多了”，例(110)的无界差量也是“得多”。在汉语比较句中形容词后加补语“得多、多了”等表示差量大。

无论是“差量小的无界差量义”还是“差量大的无界差量义”，它们的差量界限都不明显，也可以说是一种模糊差量，但说话者和听话者心知肚明。

(三)相对差量义

这种“比”字句常常用性质形容词或心理动词作谓语，后面没有补语，体现一种相对的量。例如：

(111)我们历史感比你们强。(《顽主》)

(112)玛丽比姐姐漂亮。

(113)北京的夏天比大连热。

例(111)表达相比而言“我们”的历史感更强，例(112)表达相比而言玛丽更漂亮，例(113)表达相比而言北京的夏天更热。

有时为了体现比较的结果差别相对较大，还可以使用程度副词，而在程度副词中只有“更”和“还”可以用在以介词“比”为标记的句式中(因为这两个副词具有比较义，其他副词没有这样的意义)。例如：

(114)妈妈比任何人都更着急，她最担心孩子的安危。

(115)靳彪，才十九岁，身量不高，胆子比天还大，独自向前。(《无名高地有了名》)

例(114)表达相比而言妈妈最着急，例(115)表达相比而言靳彪胆子最大。

(四)无差量义

汉语否定词“不”一般用来否定谓语，通常位于动词或形容词前；但在汉语特殊句式中，特别是以介词“把、被、比”为标记的句式中，否定词“不”要位于介词标记前。“不”在“比”前与“不”在“把、被”前的用法不同，这种表达不是否定比较的结果，而是指比较的双方差不多，或稍好（或差）于对方，换句话说就是比较双方基本无差量。例如：

（116）大连的城市建设不比釜山差。

（117）她的汉语水平不比我高。

例（116）表达大连的城市建设（水平）与釜山基本相当，差别不大。例（117）表达“她”的汉语水平与“我”差不多。

（五）自身比较中的变化义

汉语在自身不同时期的比较中，在差量中体现一种变化义。例如：

（118）他知道自己的确是好，而且应当一天比一天好。（《皇城根》）

（119）天气一天比一天暖和，你应该多出去运动运动。

（120）结婚后，她觉得日子一天比一天幸福。

（121）田中的汉语水平一天比一天高。

（122）他今天比昨天进步，明天又比今天进步。（《无名高地有了名》）

这种比较的句式一方面重视比较的结果，另一方面重视比较的过程。同一事物（或人）在不同时期的情况不同，在比较中也体现渐变的过程。例（118）～例（122）采用的模式是“一天比一天”或“今天比昨天”，后面加上形容词，体现出一种量的变化，即逐渐增大。

本节探讨了介词“比”的构句机制及情景语义，运用语义功能语法理论研究了介词“比”的功能及“比”的构句规则，归纳了“比”字句的理据性。在不同语境中，“比”字句的语义内涵不同，因为人们根据交际的场合选用不同的表达方式，与“比”字句的情景语义有直接的关系。留学生学习“比”字句常出现一些偏误，主要原因在于他们不了解“比”字句的构句规则和情景语义。如果他们掌握了“比”字句的构句规则，了解了“比”字句式的情景语义，就不会觉得学习以介词“比”为标记的句式那么难。我们多角度研究以介词“比”为标记的句式，主要的目的就是帮助留学生了解“比”字句和使用“比”字句。由于以介词“比”为标记的句式非常复杂，我们的研究还有很多不足之处，今后还要继续深入。

第五节 以介词"在"为标记句式的形成机制及情景语义

一、研究背景

《现代汉语规范词典》(2004)将"在"的词性归为三种,即动词、介词和副词,并解释"在"的介词用法为引进动作行为有关的处所、时间、范围、条件等。介词"在"是汉语中使用频率很高的词,在《汉语水平词汇与汉字等级大纲(修订本)》(2001)中被列为甲级词。据有关资料显示,"在"的介词用法远高于动词用法。介词"在"的表意丰富,用法复杂,它能与时间、处所、范围等名词组合,也能与"东、西、南、北、上、下、前、后、左、右、里、外、中、间、旁"等方位词结合,构成一些介词结构,其中"在……上""在……中""在……下"这三种用法最普遍。我们统计了北京语言大学 HSK 动态作文语料库,发现外国人学习汉语"在"字句时出现的偏误比例较大,这说明介词标记"在"是一个值得研究的问题。前人对这个问题进行了一些探讨,我们在前人研究基础上进行进一步研究,重点研究介词标记"在"的构句机制,并分析以介词"在"为标记句式的理据性。

二、介词标记"在"的构句机制

(一)句式结构和语义分析

1. 句法结构。在现代汉语中,绝大多数介词是由动词虚化而来的。有的动词没有完全虚化,不仅有介词的用法,还有动词的用法,从而造成汉语史上动词和介词词性划分的争论。"在"就是个兼类词,既有介词的用法,又有动词的用法。

我们使用"在"时,首先要区分"在"是动词、介词还是副词;词性区分开之后,就要看它的句法结构,即介词"在"在句子中常处于什么位置、形成什么样的句法结构。沈家煊先生(1999)把"在"字句的句法结构划分为四种:①在+M+SVO;②S+在+M+VO;③SVO+在+M;④S+V+在+M+O(注:M 为名词性词语)。我们非常赞同这种划分方法,根据介词"在"的位置进行划分比较科学,也简单明了。例如:

(1)a. 在公司里,张伟做销售工作。

b. 张伟在公司里做销售工作。

例(1)a 句中,"在+M"表示范围,可以理解为"在公司里"张伟是"销售员";而 b 句则强调张伟做"销售工作"。

格式③和④的"在"都在动词后,它们的主要区别在于介词短语出现在宾语前还是后。格式③的介词短语出现在宾语之后，离动词较远；而格式④的介词短语在宾语之前，离动词较近。例如：

(2)a. 刘会计放在桌子上500块钱。

b. 刘会计放了500块钱在桌子上。

例(2)a句强调在什么地方放"多少钱"，而b句则强调钱放在"什么地方"了。

2. 语义表达。汉语介词"在"主要表达的情景语义有：

[1]用在时间词语前，介引时间。例如：

(3)在今年九月，大连市将在星海广场举办服装节。

(4)学院在明天上午9时举行开学典礼。

例(3)的第一个"在"介引时间"今年九月"，例(4)的"在"介引时间"明天上午9时"。

[2]用在处所词语前，介引处所。例如：

(5)留学生在报告厅开会。

(6)在操场上，一群学生在跳舞。

例(5)的"在"介引处所"报告厅"，例(6)的第一个"在"介引处所"操场"。

[3]"在"可以介引范围。例如：

(7)刘丽丽在全院同学面前进行了检讨。

(8)我在全体党员面前许下诺言，一定把这个集体带好。

例(7)的"在"介引范围"全体同学"，例(8)的"在"介引范围"全体党员"。

[4]"在"还可以介引条件。例如：

(9)在王老师的帮助下，这次演讲我取得了第一名。

(10)在陌生人的指引下，我找到了亲戚家。

例(9)的"在王老师的帮助下"表示条件，"取得了第一名"表示结果。例(10)的"在陌生人的指引下"表示条件，"找到了亲戚家"表示结果。

研究介词"在"的构句机制和语义表达使我们对介词标记"在"有了进一步了解。

(二)句式的语用分析

1. "在+M+SVO"和"S+在+M+VO"句式。例如：

(11)a. 在李老师的帮助下，王芳顺利考上了北京大学。

b. 王芳在李老师的帮助下顺利考上了北京大学。

(12)a. 在韩国，美容很流行，不分男女。

b. 美容在韩国很流行，不分男女。

(13)a. 在地图上，我终于找到了村子所在的地方。

b. 我终于在地图上找到了村子所在的地方。

例(11)～例(13)a句中，介词“在”与名词性词语构成介词短语，在句子中作状语，位于主语之前；b句的“在”字结构作状语，位于主语和动词之间。

“在”字结构可以引出具体背景。例如：

(14)在欢送会上，刘琳感谢所有帮助过她的领导和同事。

(15)在大连服装节上，我们看到了许多国外新品牌。

例(14)和例(15)的介词结构由逗号跟后边的句子隔开，有强调和突出背景的作用。

“在”字结构有利于突出主题。例如：

(16)在这之前，我就表示过不同的意见，而且一直是采取怀疑的态度。(《编辑部的故事》)

(17)前排的小朋友是一人儿打一小雨伞儿，在蒙蒙细雨当中，这么一看演出……多有诗意啊。(《编辑部的故事》)

例(16)突出“在这之前，我就表示过不同的意见”，例(17)突出“在蒙蒙细雨当中”。再如：

(18)其实是姐儿俩，一个在前头比画，一个在幕后唱，天衣无缝的一对儿双簧。(《编辑部的故事》)

(19)在我们老家，像我这种人被当作能人。(《编辑部的故事》)

(20)在这最后的日子里多一点儿满足，少一点儿遗憾。(《编辑部的故事》)

(21)你不能走，在这儿地下做一千个俯卧撑，我给你数着。(《编辑部的故事》)

(22)人现在能耐了，当编辑了，在什么《人间指南》编辑部工作。(《编辑部的故事》)

2.“SVO＋在＋M”和“S＋V＋在＋M＋O”句式。“SVO＋在＋M”的“在”字短语在宾语之后，“S＋V＋在＋M＋O”的“在”字短语在动词之后、宾语之前。这两种结构的“在”字短语在使用上有一个共性，即都在动词后出现，往往指在动作行为的作用下事物到达的“处所”。例如：

(23)a. 小赵把化妆品放在梳妆台上。

b. 小赵放化妆品在梳妆台上。

c. 小赵放在梳妆台上的化妆品。

d. 小赵在梳妆台上放化妆品。

(24)a. 王老师把地图挂在黑板上。

b. 王老师挂地图在黑板上。

c. 王老师挂在黑板上的地图。

d 王老师在黑板上挂地图。

例(23)a、b两句强调的内容一样，c、d两句强调的内容与前两者则不同。a、b两句强调化妆品放的处所，c、d 两句强调宾语“化妆品”。例(24)a、b 两句强调的内容一样，c、d 两句强调的内容与前两者则不同。a、b 两句强调挂地图的地方，c、d 两句强调宾语“地图”。例(23)和例(24)a、b 两句都说明某人发出某动作使某物存在于某处。

三、介词标记“在”与方位词“上、中、下”构成的框架结构

(一)介词标记“在”与“上、中、下”的搭配

汉语以介词“在”为标记的句式中，“在”可以直接位于名词前面，构成介词结构，介引时间或处所。例如：

(25)在抗战期间，西南联大为国家培养了大量人才。

(26)在陕甘宁边区，由于日军的三光政策，人们的日子很艰苦。

例(25)的“在”引出时间，例(26)的“在”引出处所。

有些句子的“在”要求方位词“上、中、下”与之呼应，否则句子会不通顺。例如：

(27)＊a. 这篇小说在情节、结构以至语言的使用都有独到之处。

b. 这篇小说在情节上、结构上以至语言的使用上都有独到之处。

(28)＊a. 在汉语学习，我们结下了友谊，最后成了人生伴侣。

b. 在汉语学习中，我们结下了友谊，最后成了人生伴侣。

(29)＊a. 在这种情况，要想取得 HSK 六级是不可能的。

b. 在这种情况下，要想取得 HSK 六级是不可能的。

例(27)～例(29)a 句里的介词“在”都是放在一般名词前，没有“上、中、下”与之呼应，造成了句子的错误。“在”有时可以单用，与名词性词语构成介词短语；有时要选择对应的方位词，构成介词结构，否则句子就不成立。

(二)“在”字结构对框架中间成分的要求

汉语的“在……上”“在……中”“在……下”结构对中间成分的要求不同。例如：

(30)晚会在乐曲中结束。

(31)在和平环境中我们要积极发展对外交往。

(32)在演讲中她告诉我们那段不为人知的往事。

例(30)“在乐曲中”的“乐曲”是名词，例(31)“在和平环境中”的“和平环境”是名词性短语，例(32)“在演讲中”的“演讲”是动词。可见，“在……中”中间既可以有名词性词语，也可以有动词性词语。

而“在……上”和“在……下”就不同了，它们中间只能进入名词性词语，不能进入动词性词语。例如：

(33)在这个问题上，中美还存在分歧。

(34)在阳光下,小草茁壮成长。

例(33)的名词“问题”可以出现在“在……上”结构中,例(34)的名词“阳光”可以出现在“在……下”结构中。实际上,一些短语也可以出现在这两种结构中,如:

(35)在朋友帮助下,他才能去美国留学。

(36)在招生问题上,我们要认真对待,不能有半点儿马虎。

例(35)的“朋友帮助”是主谓短语,可以出现在“在……下”结构中。例(36)的“招生问题”是偏正短语,可以出现在“在……上”结构中。

(三)“在”字结构的语义表达

“在……上”“在……中”“在……下”这三种结构有各自表达的语义内涵,每种结构都有自己的特点,不能互换使用。

1.“在……上”主要表示人或事物的某方面。例如:

(37)在管理上,我们应该多向西方学习。

(38)在工作上,他是个工作狂,从不主动休息。

例(37)的“在管理上”指管理方面,例(38)的“在工作上”指工作方面。

2.“在……中”主要表示范围。例如:

(39)这件事在留学生中产生了很大影响。

(40)在朋友中也有不吸烟、不喝酒的。

例(39)的“在留学生中”指留学生这个范围,例(40)的“在朋友中”指朋友这个范围。

3.“在……下”主要表示条件。例如:

(41)在大家的帮助下,落水儿童被救了上来。

(42)在自己的努力下,终于过了英语六级。

例(41)的“大家的帮助”是落水儿童获救的条件,例(42)的“自己的努力”是考过英语六级的条件。

(四)“在”字结构的使用条件

在什么情况下应该使用这些有介词标记“在”的格式,在什么情况下不能使用这些“在”字格式,我们具体探讨一下。

“在……上”“在……中”“在……下”这三个格式,在句子中主要用在谓语动词前,作状语,如“在这件事上要吸取教训”“在旅行中要注意卫生”“在灯光下踢球”。但这三个格式有时也作定语,如“在普及基础上的提高”“在劳动中的乐趣”“在鼓励下的进步”,可见,这三个格式作定语的共同的规律是要有“的”。

这三个格式通常在句子中作修饰语,而在对留学生的教学中我们发现很多学生没有这个概念,常说出这样的病句:

(43)*a. 学院召开的班长会议，由于大家再三要求，院长作了怎么学汉语的报告。

b. 在学院召开的班长会议上，由于大家再三要求，院长作了怎么学汉语的报告。

(44)*a. 听老师介绍，在这项工程的复杂程度上是历史上没有过的。

b. 听老师介绍，这项工程的复杂程度是历史上没有过的。

(45)*a. 在今年秋季运动会中共有1 000多名运动员参加。

b. 今年秋季运动会共有1 000多名运动员参加。

例(43)a句中“学院召开的班长会议”是主语，可是句子没有承接这个主语说下去，而是又出现一个主语“院长”，这样就出问题了，因为“学院召开的班长会议”不是主语，而是状语；b句用“在……上”格式就能明确“学院召开的班长会议”是状语，所以b句就通顺。例(44)的本意是“这项工程的复杂程度”为主语，“是历史上没有过的”为谓语，a句给主语加上“在……上”的格式，造成了主语的缺失。例(45)的本意是“今年秋季运动会”为主语，“共有1 000多名运动员参加”为谓语。a句滥用“在……中”，使句子没有了主语，造成了病句。滥用“在……上”“在……中”“在……下”而造成句子主语缺失是留学生常出现的语法错误。

实际上，“在……上”“在……中”“在……下”这三个格式，经过上千年的发展，已经成为一种约定俗成，不能随便改换。我们在具体教学时一定要注意这三个格式的结构特点和使用条件，让留学生正确使用。

四、表时间范畴的“在”字句[①]

时间对人类来说非常重要，任何事情都是在一定时间内发生的。人们主要靠一些词语来表达时间，介词“在”就常常介引时间。表时间范畴的“在”字结构可以位于句首，也可以位于句中(主语后、动词前)，在句子中主要作状语。这些“在”字结构在表达时间时，有的表时段，有的表时点；有的表具体时间，有的表模糊时间。可以说，“在”字结构在时间表达上是不同的，说话者往往根据需要选择合适的“在”字结构。

(一)在……之前/以前/前

“在……之前/以前/前”表示在某一件事、某一节日、某一时间前，在句子中作状语。

1.“在+时间/节日/事件+之前/以前/前(+NP)+VP”结构。例如：

(46)在春节前，每家每户都要准备过年的食品。

(47)在7月15日之前，请大家把实习报告交到办公室。

(48)早在三年以前，我曾经跟你们说过这件事。

---

① 张斯，2014.表时间范畴的“在”字结构分析[J].渤海大学学报(哲学社会科学版)(2)：87-90.

例(46)的"在春节前"是一个比较模糊的时间段,是以大年初一为界限,之前的为春节前,之后的为春节后。例(47)中,"在7月15日之前"的"在"介引具体的日期,"在"字结构表示7月15日这一天以前的时间,是个时点。例(48)的"三年"是时段,"在三年以前"是时点。"在"引出时间,既可以引出"时点",也可以引出"时段"。

2."NP+在+时间/节日/事件+之前/以前/前+VP"结构。例如:

(49)留学生在开学前要办好自己的居留证。

(50)演员们在大年三十之前至少还要彩排两次。

(51)志愿者在出国之前要好好了解所去国家的风俗,力争做到入乡随俗。

例(49)的介词标记"在"介引时间"开学",表示"留学生办居留证的最后期限"。例(50)的"大年三十"是时点,表示演员们在此时间之前至少还要彩排两次。例(51)的"出国"是动词,没有时间义,而"在出国之前"则表时间,指出国前的一段时间,是时段,且不确指。再如:

(52)医疗队在去非洲之前进行了多次培训。

(53)在100年以前,大连还是个小渔村。

例(52)的"在……之前"介引动词性短语"去非洲",表示时段。例(53)的"在……以前"介引数量短语,表示时间概数。

"在……之前/以前/前"结构表示的时间之后有限定,而之前没有限定范围。

(54)*a.在任何时间之前,我去北京都行。

(55)*b.在什么时间之前,我们都可以去。

这两个句子是病句,主要原因在于"在……之前"不能介引像"任何时间、什么时间"这样没有限定的词。

(56)在发表文章之前,你要认真修改,好文章是改出来的。

(57)在采访前的半小时,小尼梳理了一下采访提纲。

(58)玛丽在来中国前就学会了唱中国歌。

例(56)表示时间的"在发表文章之前"是一个概数,不知多长时间,以小句形式出现在句首,作句子的状语。例(57)的时间表达"在采访前的半小时"很明确,而且指时间不多了,在句子中也作状语。例(58)的"在来中国前"用在主语后、谓语动词前,在句子中也作状语。

(二)在……之后/以后/后

1."在+时间/节日/事件+之后/以后/后(+NP)+VP"结构。例如:

(59)在1947年以后,这本书没有再重印。

(60)在来到美国以后,他们俩各奔东西,从此再也没有见过面。

(61)在天安门站下车以后,我们直接去了故宫。

例(59)中,“在 1947 年出版以后”的“在……以后”结构介引时间词“1947 年”是一个明确的时间点,指 1947 年以后这本书没有再重印。例(60)的“来到美国”指来美国这件事,用“在来到美国以后”表示时间,而且是比较模糊的时间段。例(61)的“天安门站下车”是个典型句式,与时间似乎没有什么关系,但加上“在……以后”就可以表示时间了,介词结构介引小句,表示在天安门站下车后的时间。

2.“NP+在+时间/节日/事件+之后/以后/后+VP”结构。例如:

(62)我们在吃饭之后都要集中学习一段歌词。

(63)学生们在理论学习之后还要讨论半个小时天下大事。

(64)房价在国家出台政策一段时间后开始出现下降趋势。

例(62)的“吃饭”是每天要做的事,而使用介词结构“在……之后”就表示相对具体的时间,而不是“吃饭”这件事。例(63)的“理论学习”表示一件具体的事,而用介词框架“在……之后”就表示时间了,意思是在理论学习以后的半小时要讨论天下大事。例(64)的“在国家出台政策一段时间后”告诉我们房价开始下降的具体时间,“在……后”中间是个小句,表示该时间段以后的时间。由此可知“在……之后/以后/后”中间可加入词、短语,也可加入小句,都表示时间,或表示时段,或表示时点。

“在……之后/以后/后”与“在……之前/以前/前”表示的时间不同,“在……之后/以后/后”是前有限定,后没有限定,指向后持续的一段时间,这个结构中可以使用名词或名词性短语、动词或动词性短语、代词和小句等。又如:

(65)电脑无法识别在 2000 年以前的软件,请用最近生产的新软件。

(66)在 2008 年奥运会以后,这些体育场馆一直向民间开放。

(67)在大学毕业以后,大家忙于自己的事业,我们再也没联系过。

例(65)是介词“在”介引时间词语,2000 年指时点,而“在 2000 年以前”是时段。例(66)是介词“在”介引偏正短语,表示具体的时间段。例(67)的“大学毕业”是主谓短语,是人生一件重要的事,而用于“在……以后”结构中就表示时间,而不表示事件了。

(68)在尼克松访华之后,中美关系得到了很大改善。

(69)福建在台风后采取了一系列自救措施,使损失降到了最低。

(70)他们在离婚后的日子里还互相鼓励,互相帮助。

例(68)的“尼克松访华”是中美关系史上的大事,而用于“在……之后”中是指时间,而不指事件。“在尼克松访华之后”是介词短语,位于句首,作状语。例(69)的“台风”是名词,“在台风后”表达时间,作时间状语。例(70)的“在离婚后的日子里”指时间,而不指离婚这件事。

(三)时段表示

汉语表达时段除了用具体的时间词语之外,还可以用介词标记“在”与一些时间名词(如“时候、同时、时、之际”)搭配。这个时间段可以是过去的,也可以是现在的,还可以是将来的。

1.“在+时间/节日/事件+时/的时候(+NP)+VP”结构。例如:

(71)在等公交车时,他不停地看手表,非常担心赶不上飞机。

(72)在父亲小的时候,家里穷,没有钱上学。

(73)在饭店吃饭时,我们遇到高中同学,特别高兴,互相敬酒是免不了的。

例(71)的“在等公交车时”指等车的时段,在句首作状语。例(72)的“在父亲小的时候”和例(73)的“在饭店吃饭时”也表示时段,在句首作状语。

2.“NP+在+时间/节日/事件+时/的时候+VP”结构。例如:

(74)我们要在外宾到来时把一切都准备好。

(75)大家在观看足球比赛时一定要注意文明礼貌。

(76)他在接受采访时也不忘秀一下幽默。

例(74)的“在外宾到来时”指具体的时段,介词短语在谓语前作状语。例(75)的“在观看足球比赛时”也表示时段,介词“在”介引小句,在句中作状语。例(76)的“在接受采访时”表示时段,指具体采访的时间。

“在……的时候/时节/时/之际/同时”结构往往表示一个具体的时段。例如:

(77)在隆冬时节,她还穿这么薄的裙子,真是“美丽冻人”。

(78)今年大连在建地铁的同时,也在建跨海大桥。

(79)在弥留之际,老人也不忘告诫家人后事从简。

(80)在向领导汇报具体事件的时候,也要提出一些自己的看法。

例(77)的“在隆冬时节”指一年中最冷的时候,是应该多穿衣服的时段。例(78)的“在……同时,也……”是一种句式,表示在同一时间做两件事。例(79)的“弥留”指病危将死,框架结构介引动词,表示“老人的生命即将结束的时候”。例(80)的“在……的时候”介引小句“向领导汇报具体事件”,表示发生的时段。运用这种结构表示时段的句子在口语中比较多。例如:

(81)在恋人见面时,男士要主动一点儿,花钱要大方一点儿,说话要温柔一点儿。

(82)在我学习的时候,妈妈一会儿给我扇扇风,一会儿给我倒杯水。

(83)在新春佳节到来之际,我代表工会来看望大家,祝你们新春快乐!

(84)在暮春时节,天气还很冷,大家要多穿点儿衣服。

“在……的时候/时节/时/之际/同时”结构往往指一段具体的时间,在句子中可以充当句首状语和句中状语。又如：

(85)在爬泰山时，他照了很多照片。

(86)这是他在加拿大讲学时买的礼物。

(四)在……里/内/期间/中

“在……里/内/期间/中”结构表示的是限定的时段，即不能超出这个限定范围。“在……里/内/期间/中”构成的介词结构可以出现在句首，也可以在句中作状语。

1.“在＋时间/节日/事件＋里/内/期间/中(＋NP)＋VP”结构。例如：

(87)在我读研究生的三年里，妻子给予了我很多帮助。

(88)在三年内一定要完成国家社会科学基金项目。

(89)在我出国工作期间，我们单位发生了很多事情。

(90)在过去的10年中，轿车快速走进中国家庭，给我们的生活带来了极大的便利。

例(87)的“在我读研究生的三年里”指出了具体的时段，在句首作状语。例(88)是“在……内”介引时间名词“三年”，也表示时段。例(89)用“在我出国工作期间”指“我在国外”这段时间，也表示时段，在句子中作状语。例(90)的“在过去的10年中”也指时段，框架结构介引时间词“10年”。

2.“NP＋在＋时间/节日/事件＋里/内/期间/中＋VP”结构。例如：

(91)你们在两年内把专业课修完，利用余下时间多做实验，提高自己的动手能力。

(92)中国在未来10年内还会有大发展，我们要抓住这个千载难逢的机遇。

(93)日本在二战期间从中国掠夺了大量物资。

(94)手机在考试期间一律要关机。

例(91)的“在两年内”是时段，在句子中作状语。例(92)的“在未来10年内”表示将来的时间段，在句子中也作状语。例(93)的“在二战期间”是一个相对模糊的时间段。例(94)的“在考试期间”指在考试的时间段，在句子中也作状语。

“在……里/内/期间/中”主要表示一个时段。又如：

(95)在上大学期间，我们结下了深厚的友谊，一直保持到现在。

(96)在第一次革命中，很多战士为革命献出了生命。

(97)在任期内要完成很多基建任务，他觉得压力很大。

“在……里/内/期间/中”表示的时段具有限定性，不能超出这个时间范围。例如：

(98)在两个月里，他只回家两次，每天都在抗洪第一线。

(99)祝你们在新的一年里取得更大的进步，工作顺利，家庭幸福。

(五)在……前后/左右

“在……前后/左右”表示一个大概的、不确定的时间范围，一般表示模糊的时段，可以向两个方向延伸。

1."在+时间/节日/事件+前后/左右(+NP)+VP"结构。例如:

(100)在端午节前后,我们举办了一系列活动,让留学生了解中国的传统文化。

(101)他将在晚上8点左右到达首都机场,你们一定要做好接机准备。

例(100)的"在端午节前后"指不是很确定的时间段,"在"与"前后"搭配构成表时间的结构,作状语。例(101)的"在晚上8点左右"也是不确定的时间。

2."NP+在+时间/节日/事件+前后/左右+VP"结构。例如:

(102)我校在国庆节前后举办运动会。

(103)学校在假期前后都要召开全校大会,安排一些具体工作。

(104)在端午节前后,很多地区举办划龙舟比赛,以纪念屈原。

(105)我在9点左右去爬大黑山。

例(102)~例(104)的"在……前后"中加入了与节假日相关的名词,表示时间,如"在国庆节前后""在端午节前后"等,这种时间表示法可以出现在句首,也可以出现在句中,作状语。例(105)的"在……左右"中加入了具体时间,但介词框架结构表示不确定的时间,这种时间表示法也是可以出现在句首或句中,作状语。

(六)在+时间

1."在+时间(+NP)+VP"结构。例如:

(106)在上周五,我们学院举办了留学生中文歌曲演唱会。

(107)在2008年,北京召开了举世瞩目的奥运会,受到世界各国人民的一致称赞。

例(106)和例(107)都是介词"在"引出时间名词,介词短语在句子中作状语。

(108)在前天晚上9点,这儿发生了一场车祸。

(109)在十月一日,中国要举行盛大的阅兵仪式。

例(108)的"在前天晚上9点",介词"在"引出时间名词。例(109)的"在十月一日"是句首状语。

2."NP+在+时间+VP"结构。例如:

(110)我在凌晨2点才回家,现在经常加班加点,身体真有点受不了。

(111)第五届语义功能语法学术研讨会在2015年7月20日召开。

例(110)的"在凌晨2点才回家"中,"在"字短语位于动词"回"前。例(111)的"在2015年7月20日召开"中,"在"字短语位于动词"召开"前。

(112)妈妈在早上5点就起床了,为家人做早饭。

(113)我们在2017年完成了所有的工作任务,明年我们继续努力,再上一个台阶。

例(112)中"在早上5点"的"在"引出偏正短语,表示时间早。例(113)的"在2017

年”是在句中作状语。

(七)关于“在……”的特殊用法

表示出现、消失的动词(如“生、死、发生、出现”等)可以作句子的述语,“在……”结构在述语后作补语。例如:

(114)李莉生在1991年1月5日。

(115)张老师死在23日下午6时28分。

例(114)的介词“在”用于动词“生”之后,作句子的补语。有时句子用“是……的”结构,如“李莉是生在1991年1月5日的”,表示完成时态。例(115)的介词“在”用于动词“死”后,引出时间,也作补语。

介词标记“在”引出具体时间,位于动词后作补语,是一种特殊用法。

五、表空间范畴的“在”字句

人们生活在一定的空间里,发生事情不仅与时间有关,而且与处所有关。汉语不仅可以用“在”引出时间,也可以用“在”引出空间处所,即介词“在”的作用除了用于介引时间之外,还可以介引空间处所。

(一)介词“在”介引空间处所的位置

“在”引进空间处所主要有三个位置。

1. 位于主语后、谓语动词前。空间有大有小,无论大空间还是小空间都可以用“在”介引。通常“在”介引处所位于动词前,在句子中作状语。例如:

(116)我在大连商场买过年的食品,因为这儿的东西让人放心。

(117)姑妈每天晚上在中山广场跳舞,现在身体非常健康。

例(116)的介词“在”介引处所“大连商场”,位于主语后、动词前,作状语。例(117)的介词“在”介引处所“中山广场”,也位于主语后、动词前,作状语。

2. 位于动词后作补语。“在”可用于动词前,作状语;也可用于动词后,作补语。例如:

(118)徐小姐把跑车停在商场旁边,迈着模特步进了商场。

(119)她们站在孔子像前,一个个向孔子像行礼。

例(118)的“在商场旁边”位于动词“停”后,作补语,说明“车”停的地点。例(119)的“在孔子像前”位于动词“站”后,也作补语,说明主语“她们”站的位置。

3. 介词“在”与否定副词的位置。“在”介引处所,否定副词可以在前面出现,也可以在后面出现。否定副词出现的位置不同,否定的对象就不同。否定副词在介词“在”前出现时，往往否定的是处所；而在谓语动词前出现时，否定的是动作行为。例如：

(120)玛丽不在食堂吃饭，每天回家自己做饭吃。

(121)玛丽在家不做饭，每天都去食堂吃。

例(120)的否定副词“不”位于介词结构“在食堂”前，否定处所，指“不在食堂”。例(121)的否定副词“不”位于动词短语“做饭”前，否定动作行为，指“不做饭”。

4.并列对举的句子。有时前后两个句子的开头都用“在”介引处所，形成对举格式。例如：

(122)在家里我是好父亲，在公司里我是好员工。

(123)在学校我是老师，在商店我是顾客。

例(122)的“在家里”与“在公司里”形成并列对举，例(123)的“在学校”与“在商店”形成并列对举。这种结构强调的是事件发生的处所，说话者在不同的处所有着不同的身份，通过并列对举的方式使表达简洁清晰，富有对比性。

(二)空间的限定

汉语表达空间有时很明确，有时很模糊。我们把“在”引导的空间分为具体空间、模糊空间和抽象空间。

1.“在”引导具体空间，格式为“在＋具体处所”。我们的生活、工作、学习都处于具体空间中，我们可以用介词标记“在”引出具体处所，用“在”与处所词直接搭配使用。例如：

(124)小张在办公室打了一天字，回到家就想睡觉。

(125)我在超市买水果呢，你在哪儿呢？

(126)玛丽今天在宿舍写作业，没去图书馆。

例(124)的介词“在”引出具体处所“办公室”，介词短语作状语。例(125)的介词“在”引出具体处所“超市”，介词短语也作状语。例(126)的“宿舍”为具体处所，由介词“在”介引。

2.“在”引导模糊空间，格式为“在＋处所＋方位词”。我们在生活中有时不便说出具体场所，或对某场所只有大致了解，这时常用模糊场所形式表达。在表达模糊空间时，介词“在”常与方位词搭配。例如：

(127)在学校左边有一家银行，右边有一家宾馆。

(128)在大连西边有一座水库，风景非常美丽。

(129)在大山前住着很多牧民。

例(127)的“在学校左边”是相对空间，比较模糊，但方向明确。例(128)的“在大连西边”也是方向明确的相对空间。例(129)的“在大山前”是较模糊的一个区域。

汉语“在……里”表达空间时有一定的限制条件，可以介引小的空间，而不能介引专有处所。例如：

(130)我们在教室里学习汉语。

(131)我们在宿舍里谈论寒假所见所闻。

(132)＊我们在沈阳里旅行。

例(130)的“在教室里”和例(131)的“在宿舍里”都成立；但例(132)的“在沈阳里”不成立，因为“沈阳”是专有处所，不能用“在……里”介引，正确表达是“我们在沈阳旅行”。

3.“在”引导抽象空间。有的空间是看不到、摸不着的，是抽象空间。例如：

(133)在心里有很多话，可一时说不出来。

(134)在思想领域有很多问题要解决。

例(133)的“心里”是抽象空间，可以由介词“在”介引。例(134)中介词“在”引出的“思想领域”也是抽象空间。

(三)“在＋名词＋上/中/下”引出的空间具有立体感。汉语表达空间场所时常用“在……上/中/下”框架形式。例如：

(135)在火车上我们谈天说地，交流着天南海北的见闻。

(136)在空中往下看，一望无际的大草原尽收眼底。

(137)在床下放着一双多年未穿的皮鞋。

例(135)的“在……上”介引名词“火车”，表达的是处所。例(136)的“在……中”介引名词“(天)空”，表达的也是处所。例(137)的“在……下”介引名词“床”，表达的也是处所。

汉语“在”非常复杂，具有多种功能。介词“在”主要标记时间和处所，是现代汉语使用频率非常高的介词。“在”标记时间和处所时既可以标示具体的时间和处所，也可以标示模糊的时间和处所。“在”可以与其他词语构成框架格式，比如“在……上/中/下”“在……前后/左右”等，这些框架格式形式多样，表意丰富。本节对“在”的构句机制和情景语义进行了探讨，但有些内容还需要进一步的研究。我们在进行对外汉语教学时需要把一些现象解释清楚，同时要注意留学生在学习汉语介词“在”时出现的一些偏误，这些都会为我们提供新的研究课题。

第五章

汉语介词标记同现现象研究

第一节 汉语介词标记的同现现象①

一、介词标记同现现象及其类型

(一)介词标记的同现

在现代汉语中,介词标记既可以单用,也可以与其他介词标记在一个句子中共现。我们把两个或两个以上介词标记共现在一个句子的现象称为介词标记同现。汉语中以两个介词标记同现的句式居多,超过三个介词标记同现的句式较少。介词标记同现句不论含有几个介词标记,都以其中一个介词标记构成的句式为主。从结构布局来看,典型介词标记常常成为句式的主要标记,句式也常常以这个标记命名,如"把"字句、"被"字句、"连"字句、"比"字句等。例如:

(1)连他的牙齿都被食物染红了。(《顽主》)

(2)拖车把被奔驰撞坏的比亚迪拉走了。

例(1)中介词标记"连"和"被"同现,句子以"被"字句为主。例(2)中介词标记"把"和"被"同现,句子以"把"字句为主。

可见,由两个介词标记构成的句式,构句成分之间不仅互相联系,而且互相制约,形成一个有机整体。不同的介词标记形成的同现句在结构、语义、表达上有不同的特点。在同现句中,每个介词标记都各司其职,形成了独特的汉语句式格局。据统计,留学生习得介词标记同现句的偏误率较高。这些偏误是由多方面原因造成的,但最主要的原因是他们不了解介词标记同现的构句规则,对介词标记同现句的语义表达不理解。目前介词标记同现现象的研究成果还很少,有些问题有待进一步探讨。

(二)介词标记同现的类型

从汉语句子成分的排列情况来看,两个介词标记同现主要有两种类型:一种是连续连用同现,另一种是间隔连用同现。连续连用同现是指两个介词挨在一起,中间无

---

① 本文为"一带一路"战略与语言生活、语言规划、语言创新学术研讨会(2015 大连)报告,得到了与会专家的指点,在此表示感谢。

其他成分;间隔连用同现是指两个介词不挨在一起,中间有其他成分。例如:

(3)他连被人家骗了都不知道,还以为对方是好人。

(4)警察把被骗子骗走的10万元钱交还给李莉,李莉对警察万分感谢。

(5)我在今年五月把购房的钱全部还清了,现在无债一身轻。

(6)张秘书把在桌子上的报告递给市长。

例(3)中介词"连"和"被"连续连用同现,句式为"连"字句。例(4)中介词"把"和"被"连续连用同现,句式为"把"字句。例(5)中介词"在"和"把"间隔连用同现,句式为"把"字句。例(6)中介词"把"和"在"连续连用同现,句式为"把"字句。

我们对北京大学语料库进行了初步统计,结果发现介词标记同现句式的数量较多。从使用频率来看,介词标记间隔连用句比介词标记连续连用句的数量多。两个介词标记虽然同现在一个句子中,但因为引出的对象不同,所起的作用也是不同的。两个介词标记虽然连在一起使用,但彼此并没有直接的联系,而是与各自引出的对象或与谓语动词有关。一般来说,句式常常以对其结构影响大的介词命名,表达此介词构句的语法意义。介词标记同现句式都是语法形式与语法意义统一和谐的句式。没有语法意义,句式形式就失去存在的意义;没有句式形式,语法意义也无所依存。介词标记同现句式具有很强的理据性,在对外汉语教学中教师可以根据介词标记在构句中的作用来分析其成句规则,让外国学习者更容易习得此句式。

二、介词标记同现的结构特征

(一)介词连续连用同现结构的特征

从组合结构来看,两个介词结构在连续连用同现的句式中不是在同一个层面上的,而是大的介词结构套着小的介词结构的关系,每一层里有一个介词结构。张谊生(2000)认为"如果发现有两个连续使用的介词,它们一定不在同一层面上"①。例如:

(7)他连被人耍了都不知道,还把对方看作好朋友。

(8)小赵连在车上的孩子都忘了,自己下车就走了。

例(7)的"被人耍了"是第一层介词结构,介词"被"引出施事;"连被人耍了都不知道"是第二层结构,"连……都"格式起强调作用,强调"被人耍了"这件事,整个句子是"连"字句。例(8)的"在车上的孩子"是第一层结构,介词"在"引出处所;"连在车上的孩子都忘了"是第二层结构,"连……都"格式起强调作用,强调"忘了孩子"这件事,整个句子是"连"字句。可见,介词连续同现不是在一个层面上,两个介词结构不是直接

① 张谊生,2000.现代汉语虚词[M].上海:华东师范大学出版社:87.

组合关系，而是包含关系，大的介词结构包含小的介词结构。

（二）介词间隔连用同现结构的特征

介词间隔连用同现是指两个介词标记引出的对象不同，形成各自的介词结构，中间被其他成分隔开，两个介词结构相对独立地共现在一个句子中，没有形成包含关系，而是形成并列关系。例如：

(9)在老师的帮助下我把所有练习题都做完了。

(10)由王教授负责的课题被专家组选为优秀项目。

例(9)的“在……下”结构表示条件，“把”引出受事，两个介词结构在句子中的作用不同，一个表示条件，另一个表示在这种条件下的结果。例(10)的“由”引出受事，“被”引出施事，两个介词结构的作用不同，在表达上使整个句子浑然一体。

我们考察了介词标记同现的两种形式，了解到介词标记出现的位置不是随意的，而是根据构句的需要有序地确定位置，说明介词标记的构句具有有序性。邵敬敏(2001)认为“形式往往带有一定的外部标志，比较容易发现”①。在汉语中，介词标记就是句式的明显标志，人们可以通过介词标记来了解句子的语法意义。不同的介词标记同现所表达的语法意义是不同的。一般来说，采取哪种形式同现是由表达需要决定的。比如针对“昨天在星海饭店发生了一起经理打伤顾客头的事件”，由于人们看事情的角度不同，所持态度不同，会选择不同介词标记同现的句式来转述：

(11)a. 昨天在星海饭店顾客被经理把头打伤了。

b. 昨天在星海饭店经理把顾客的头打伤了。

c. 昨天在星海饭店顾客的头被经理打伤了。

这三个句子都是介词标记间隔连用同现句。a句使用了三个介词标记，“在”引出事件发生的处所，“被”引出施事，“把”引出处置对象“头”，整个句子为“被”字句。句中三个介词标记在排列时并不是杂乱无章的，而是各司其职，引出不同的对象，使整个句子表达的意思非常清晰。b句使用了两个介词标记，“在”和“把”分别引出处所和受事。c句也使用了两个介词标记，“在”和“被”分别引出处所和施事。介词标记的存在使句子的各个部分有机地组合在一起，表达出一个完整的意思。

三、介词标记同现的限制条件

（一）介词标记同现对谓语动词的限制

汉语中动词的类型较多，如表示动作行为、心理活动、判断、存在或消失、能愿、趋向

① 邵敬敏，2001. 汉语语法的立体研究[M]. 北京：商务印书馆：1.

等，这些动词并非都能进入介词标记同现句充当谓语。介词标记同现句一般要求动词是动作行为强的自主动词，即后面能带宾语、补语或“了、着、过”等的动词。例如：

(12)她站起身要走，却被王喜把手腕攥住了。(《皇城根》)

(13)丁小鲁把被剥好的菜放进盛肉馅的盆，用力地搅拌起来。(《顽主》)

(14)中国人民把被日本占领的东北地区夺了回来。(抗日战争胜利70周年资料)

例(12)的“攥”、例(13)的“放进”、例(14)的“夺”都是动作行为较强的自主动词，可以进入“被”“把”同现句。

汉语中表示判断、存在或消失、能愿、趋向的动词一般不能进入介词同现句作谓语动词。例如：

(15)*a.被他把手机有了。

b.被他把手机弄丢了。

(16)*a.李四在舞台上把歌下去。

b.李四在舞台上把歌唱下去。

例(15)a句的动词为“有”，为非自主动词，不能进入“被”“把”同现句，因此该句是病句；而b句的动词“弄丢”是自主动词，可以进入介词同现句，因此该句成立。例(16)a句的“下去”为趋向动词，不能作谓语动词，因此该句为病句；而b句的动词“唱”为自主动词，“下去”为动词“唱”的补语，因此该句成立。

(二)介词同现句的主语对施事和受事的限定

1.主语与受事是所属关系。例如：

(17)他连把自己的电脑忘在飞机上都想不起来了。

(18)自行车被孩子把车闸弄坏了。

例(17)的受事“电脑”与主语“他”是所属关系。例(18)的受事“车闸”是主语“自行车”的一部分，二者也是所属关系。

2.主语与受事是处置关系。例如：

(19)他们把被剥光毛的老山羊给炖了。

(20)这群孩子把剪了翅膀的鸽子给摔死了。

例(19)的主语“他们”与受事“老山羊”是一种处置与被处置的关系，例(20)的主语“孩子”与受事“鸽子”之间也是一种处置关系。

3.主语与受事是同指关系。例如：

(21)我懂什么电影理论？还不叫学生把我从讲台上轰下来？(《京华闻见录》)

(22)北京被命名为首都从元代就开始了。

例(21)的主语是“我”，“学生”是施事，受事也是“我”，主语和受事都是“我”，属于同指关系。例(22)的“北京”和“首都”也是同指关系。

(三)介词同现句的语序原则

不同类型的介词同现,在句子中的作用是不同的。哪类介词在前、哪类介词在后要根据表达的需要而定。介词标记不同,句子的语序就不同。能同现的介词标记所形成的句式有自己独特的构建原则。

1.“被”和“把”同现的语序。“被”和“把”同现有两种情况:一种是“被”在前、“把”在后,另一种是“把”在前、“被”在后。例如:

(23)我躲闪着,到底还是被吴胖子把打火机抢走了。

(24)周成骂道:“你这该死的狗头!……把粮草被人劫去?”《反唐演义传》

例(23)是“被”在前、“把”在后,句子以“被”字句为主。例(24)是“把”在前、“被”在后,句子以“把”字句为主。

2.“连”和“被”同现的语序。“连”和“被”同现有两种情况:一种是“连”“被”连续连用同现,另一种是“连”“被”间隔连用同现。例如:

(25)连人带货全被拉走了。

(26)他连衣服都被小偷偷走了,现在是一无所有。

(27)连被偷走的钱都要回来了,衣服还成问题吗?

(28)“我已经在为他着手进行了!连姐姐都被我调动起来了。”(《京华闻见录》)

例(25)和例(26)都是“连”“被”间隔连用同现,“连”在前、“被”在后,整个句子为“被”字句。例(27)是“连”“被”连续连用同现,“连”在前、“被”在后,整个句子为“连”字句。例(28)是“连”“被”间隔连用同现,“连……都”强调受事“姐姐”,“被”引出施事“我”,整个句子为“被”字句。

3.“连”和“把”同现的语序。“连”和“把”同现的句子一般“连”在前、“把”在后,所形成的句式以“连”字句居多。例如:

(29)连把登记这样的大事都忘了,你在忙什么呀?

(30)连把孩子过生日的权利都给剥夺了,你这个父亲是怎么当的?

(31)连做梦都想把你娶进门。

(32)连把买雪糕的钱都捐了,孩子的这种善举值得肯定。

例(29)、例(30)和例(32)都是“连”在前、“把”在后,句子为“连”字句。例(31)是“连”和“把”间隔连用同现句式,句子为“把”字句。

4.“把”与“比”同现的语序。在我们搜索到的语料中,有“把”“比”同现的句子,但没有“被”“比”同现的句子。例如:

(33)把扇比他更小的流氓耳光当作最大的乐趣。(《班主任》)

(34)把房间改成比他们小一半,我不能搞特权。(《班主任》)

例(33)和例(34)都是"把"在前、"比"在后,句子为"把"字句。

5."在"与"把、被、连、比"同现的语序。介词标记"在"能与很多介词标记同现于一个句子中。例如:

(35)小李在家里就把研究报告写完了,明天一上班就可以交了。

(36)她在拐弯时被后面的汽车撞倒了。

(37)在工作时连一点合作精神都没有,怎么把工作做好?

(38)在论文写作上我比你强,在讲课上你比我强。

通过分析例(35)～例(38)可知,介词标记"在"和"把、被、连、比"同现构句时,"在"只起到引出时间、处所、过程等的作用,对整个句式格局没有太大影响。

可见,介词标记的同现在构句组合时呈现有序性,介词标记连用的出现是受一定条件限制的。

四、介词标记同现句式的表达作用

(一)增加句子的内涵

介词标记同现句式能增加句子的内涵,使句子的内容更加丰富。例如:

(39)a. 斗牛者被公牛把腰给撞伤了。

b. 斗牛者被公牛撞伤了腰。

例(39)a句的"被"引出施事"公牛","把"引出受事"腰",句子为被动句。b句也是被动句,但从表达上看还是与a句不同。a句描述得更细致,不仅表达出结果是"伤了",还特别强调受事"腰";而b句只说明"撞伤了腰",没有强调受事"腰"。从句子包括的内容来看,"被""把"同现的句子表意更丰富。

(40)a. 连老股民都被套住了,何况我这个新股民了。

b. 老股民被套住了。

例(40)a句的"连……都"强调"老股民",同时引出"新股民",暗含"新股民"情况也如此之义。b句描述老股民被套住的事实,没有引出其他内容,也没有强调之义。可见,介词标记"连""被"同现句的语义内涵更丰富。

(二)使句式结构的理据性增强

介词标记同现句式看起来结构复杂,实际上每个介词引出的语义成分各负其责,所形成的句子有很强的理据性。例如:

(41)连一把手都被他晾在一边了,更不用说别人了。

(42)办公室的电脑被小偷把显示器偷走了。

例(41)中"连……都"引出受事"一把手",起强调作用;"被"引出施事,形成的句式结构是"连＋受事＋都＋被＋施事＋V",整个句子为"被"字句,表达不如意、不满的语气。例(42)中"被"引出施事"小偷","把"引出受事"显示器",形成"被"在前、"把"在后的句式格局,整个句子也为"被"字句,表达"受损义"。

同现的介词标记各有自己的职责,在构句时处于什么位置很明确,使整个句子结构紧凑、严密,体现了较强的规律性。在汉语学习中,外国学习者只要抓住介词标记构句的规律,学习起来就不难了。

(三)使句式的语义成分和结构层次清晰明了

1.介词标记同现并没有使句子混乱,而是使各语义成分非常清晰。例如:

(43)把玩够的狗像被人抛弃了一样,这就是我那时的感受。

(44)知了被孩子把翅膀剪掉了,它再也不能飞了。

例(43)中"把"引出受事"狗","被"引出施事"人",整个句子为被动句,句子的语义成分非常清晰。例(44)中"知了"为主语,"被"引出施事"孩子","把"介引受事"翅膀",整个句子也为被动句,其中受事"翅膀"为主语"知了"的一部分。如果这个句子不用介词"把",就变成"知了被孩子剪掉了翅膀",句子强调的是"翅膀"。比较起来,用了介词"把"将宾语"翅膀"移到动词前,更能凸显动作的结果"剪掉了"。

2.介词标记同现句式不仅语义成分清晰,而且构句有层次性。例如:

(45)把被打伤的人送医院,先治伤,其他事情再说。

(46)连被污染的蔬菜都吃,能不得病吗?

例(45)中"被打伤"构成的是小的介词结构,"把"引出的是大的介词结构,大结构包含小结构,使句子具有层次性。例(46)中介词"连"构成的结构包含介词"被"构成的结构,句式也具有层次性。

汉语介词标记同现的作用不只有我们分析的这三种,还有其他作用,比如使句式更有韵律、语言更简洁等。今后我们不仅要进一步研究介词标记同现构句的规律,还要进一步研究这种构句规律的作用,从认知的角度加以解释。对介词标记同现句进行多角度研究,有利于加深人们对这种句式的认识,也有利于汉语对外教学。

第二节 标记视角下的“被”“把”同现句式

从上一节的研究我们知道现代汉语存在一种“被”“把”同现在一个句子中的表达方式，这两个介词标记的位置不是固定的，有时“被”在前、“把”在后，有时“把”在前、“被”在后。据我们考证，“被”“把”同现在一个句子中的句式数量还是不少的，但与“被”“把”单用相比，“被”“把”同现句的使用数量和使用频率相对较低。虽然“被”“把”同现句的数量不多，但汉语中确实存在“被”和“把”同现在一个句子中的现象。例如：

(1)你把被人打的情况写出来。

(2)她家的房子被洪水把山墙冲倒了，她家人现在无处居住。

例(1)中介词标记“把”和“被”连续连用同现于一个句子中，句式结构为“把”在前、“被”在后，二者虽然连用，但没有直接关系，不在同一个层面上，具有层次性。“被人打的情况”是个小结构，介词“把”引出的是大的结构，大结构包含小结构，整个句子以“把”字句为主。例(2)是介词标记“被”和“把”间隔连用同现的句子，“被”引出施事，“把”引出受事，句式结构为“被”在前、“把”在后，整个句子以“被”字句为主。

从上面两个例句我们了解到介词标记“被”和“把”同时出现在一个句式中，形成了一种特殊的句式结构，两个标记所介引的成分都在谓语动词之前作状语，但二者所起的作用是不同的，在构句时也不在同一个层面上。这种同现现象是“把”和“被”由动词虚化为介词后，经过不断融合而产生的。换句话说，在“被”字句和“把”字句都成熟之后，人们把两种句式合用在一起，“被”“把”同现句才慢慢融合而成。

据考察，介词标记“被”和“把”既可以连续连用同现，也可以间隔连用同现。从线性序列上看，介词标记“被”“把”挨在一起形成的复杂结构称为连续连用同现；介词标记“被”“把”被其他成分隔开而形成的结构称为间隔连用同现。介词标记同现的方式不同，表达的语义内涵就不同。在汉语发展的历史上为什么会出现这种现象呢？这是一个值得研究的课题。

一、介词标记“被”“把”同现句式研究综述

前辈学者对汉语“被”“把”同现句式进行了多角度研究，参照前人的研究成果，我们把“被”“把”同现句的研究大致归纳为三个阶段。

(一)20世纪90年代之前的研究

考察汉语语法研究史，我们发现著名语言学家王力先生是较早研究介词标记

"被""把"同现句式的学者之一，他把这种句式叫"被动式"和"处置式"[①]。吕景先(1980)研究了"被""把"同现产生的年代。邵敬敏先生(1983)在《"把"字句与"被"字句合用小议》中对"把"字句和"被"字句合用句式进行了简要的分析，将"被""把"同现句式分为三种基本类型。

一个句式中既有"被"字句，又有"把"字句，这种介词标记同现现象引起了学者们的极大兴趣。从20世纪中叶开始，一些前辈学者对这种句式进行了描述和解释，为以后的研究打下了基础。

(二)20世纪90年代之后的研究

从20世纪80年代开始，研究"被""把"同现句式的人逐渐多了起来，研究成果不断出现，人们已经认识到这是一个值得深入研究的课题。到了20世纪90年代，不少学者继续探讨这个问题，研究了"被""把"合在一起的句式特点。刘继超(1997)根据生命度语义特征对同现句的句式类型进行了细致分类，将同现句式分为四种类型，同时还对句式类型之间的转换进行了探讨，将介词同现句式与"被"字句进行比较，分析了介词标记同现和单现的差别，讨论了介词标记同现可以转换成单现的条件。

这一时期还有一些语法专著也对"被""把"同现现象进行了探讨，如宋玉柱的《现代汉语特殊句式》(1991)、李珊的《现代汉语被字句研究》(1994)、俞光中和植田均的《近代汉语语法研究》(1999)等。

(三)21世纪初的研究

20世纪中后期的"被""把"同现句研究为21世纪的深入研究打下了坚实基础。21世纪初的十几年，介词标记"被""把"同现研究有了可喜的进步，由过去简单分析句式结构向句式义和表达功能的研究转变。如曾常红的《现代汉语中"被"字与"把"字套用的句式》(2004)和《"被字构件"与"把字构件"套用分析》(2006)这两篇文章在句式研究的基础上对"被""把"同现句的语义进行了分析，提出了当"被"字句在前时表示"遭受义"和"处置义"，当"把"字句在前时表示"致使义"和"遭受义"；又对"被""把"同现句进行了分类，分析了介词同现句与"把"字句的关系，并对两种句式进行了比较。闫娇莲(2008)在前人研究的基础上，对"被""把"套用句式的语义进行了较深入的研究。

颜力涛，柳英绿，玄玥(2011)在《"被""把"连用格式研究》中，对介词"被""把"连用格式进行了探讨，根据连用句式的主语与"把"字句和"被"字句的主语的关系，将介词"被""把"连用分为四种格式，这是目前比较新的研究成果。

---

① 王力，2003. 汉语语法史[M]. 3版. 北京：商务印书馆：287-288.

21世纪以来的研究在前人研究的基础上有了很大的进步，开始多角度、多方面研究介词标记“被”“把”同现句式，但还有一部分内容需要我们进一步挖掘，有些研究也有待进一步完善。“被”“把”同现句式的构句机制、同现句出现的语言环境要求以及表达的情景语义等诸多内容都需要我们去分析和探讨。

二、介词标记“被”“把”同现句式的历时演变

语言随着社会的发展而发展，“被”“把”同现句式也有一个发展演变的过程。我们要全面了解“被”“把”同现句式，不能不了解它的发展演变历程。我们研究介词标记“被”“把”同现句式发展演变的语料主要来源于北京大学语料库，受语料选择范围的限制，研究中使用的例句可能与其他研究者所选例句有重复现象，敬请谅解。

（一）宋元时期的“被”“把”同现句

“被”作为介词标记在战国时期就开始萌芽了，后来成为典型被动标记。“把”作为介词标记产生得较晚，在唐朝时期才出现。唐代处置式标记“将”的使用频率高于“把”，那时“把”还没有成为典型介词标记。到了宋代，“把”逐渐取代“将”成为主要介词标记。故此，“被”“把”同现在一个句子中自然晚一些。介词标记“被”“把”同现句式大约形成于宋元时期，这种句式与其他句式明显不同，形成了独特的句式结构。

1. 主要以被动句形式体现。汉语“被”“把”同现句式最初往往以被动句形式体现，介词“被”一般位于介词“把”之前，主要表达“不如意义”或“遭受义”。这种句式形式的出现可能有两方面原因：一是“被”字句早于“把”字句产生，此时“被”字句比“把”字句成熟；二是与语义表达有关，人们表达“遭受义”时，需要引出处置对象（受事），用介词“把”介引。“被”“把”同现形成的句式格式是“S＋被＋NP_1＋把＋NP_2＋VP”，S可以在前句中出现。例如：

（3）（卜大郎）被官军把同伙冲散了，今日独自而行。（《醒世恒言》）

（4）被这厮们把他烧死了。（《水浒传》）

例（3）的“被官军把同伙冲散了”主要表达“遭受义”的语义内涵，以被动句为主。主语是“卜大郎”，在“被”“把”同现句中承前省略了；“官军”是施事，由“被”来介引；“同伙”是受事，由“把”来介引。例（4）也主要表达“遭受义”，以被动句为主，句式格式为“被＋NP_1＋把＋NP_2＋VP”。

2. VP多是单音节动词。我们在北京大学语料库中考察“被”“把”同现的句子，发现元代要比宋代多了很多，特别是在戏曲的唱词中使用最多（这可能与戏曲唱词短小精悍的特点有关），而且动词以单音节居多。例如：

（5）绣鞋儿被露水把泥沾，脚心儿管踏破也。（《西厢记》）

(6)自从王秀才去后,一卧不起,但合眼便与王生在一处,则被这相思病把人害也呵!(《倩女离魂》)

例(5)是“被”在前、“把”在后的间隔连用句式,谓语为单音节动词“沾”,整个句子为被动句。例(6)也是“被”在前、“把”在后的间隔连用句式,谓语为单音节动词“害”,整个句子也为被动句。

(二)明清时期的“被”“把”同现句

1.开始出现省略成分。宋元时期形成的介词标记“被”“把”同现句不是静止不变的,而是根据人们表达的需要不断地进行完善的。经过几百年的发展,到了明朝时,“被”“把”同现句式出现了一些新特点。例如:

(7)那妖精被行者一铁棒把银枪打成两截。(《西游记》)

(8)我去岭下取水,被那大虫把我娘拖去吃了。(《水浒全传》)

例(7)的“行者”是施事,由“被”介引;“银枪”是处置对象,由“把”介引,整个句子是被动句。例(8)的“大虫”是施事,用介词“被”介引;“我娘”是受事,由介词“把”介引,整个句子也是被动句。

“被”“把”连用句式的主语往往承前省略,形成的句式结构为“被+NP_1+把+NP_2+VP”。例如:

(9)那人又飞起脚来踢,被李逵直把头按将下去,提起铁锤大小拳头,去那人脊梁上擂鼓也似打。(《水浒传》)

(10)被他们三人把我拉到酒楼。(《儒林外史》)

(11)欲待回身,却被背后赶来的人已把路挡住,火把照耀如同白日。(《水浒传》)

例(9)的“李逵”是施事,由介词“被”介引;“头”是“那人”身体的一部分,属于领属关系,为受事,是处置对象,由“把”介引。例(10)的主语“我”承前省略,介词“被”介引“他们三人”,介词“把”介引“我”,句式为被动句。例(11)的主语承前省略,“被”引出施事“背后赶来的人”,介词“把”引出“路”,整个句子为“把”字句。

2.清代“被”“把”同现句是在元明基础上发展而来的,此时的句式把前代句式的优点继承了下来,已非常接近现代句式。例如:

(12)周进跟到贡院门口,想挨进去看,被看门的大鞭子把他打了出来。(《儒林外史》)

(13)这两天都被我把他赶了出去。(《红楼梦》)

例(12)的S是“周进”,NP_2是“他”,S和NP_2是同一个人。例(13)的S承前省略,NP_2是“他”,推测S应该也是“他”。

另一方面,“把”字短语在前的同现句式出现,格式为“把+NP_1+被+NP_2+VP”。例如:

(14)宝玉道:"把些香韵都被月亮里的虾蟆精吸去了。"(《红楼梦》)

(15)把王小二、黄梦统这两个奴才的腿也被砍折了。(《儒林外史》)

例(14)的"香韵"是受事,由介词"把"介引;"虾蟆精"是施事,由介词标记"被"介引。虽然介词"把"在"被"前出现,但整个句子仍为被动句。例(15)的"腿"是受事,由介词"把"介引,省略了施事,整个句子还是被动句。

(三)近现代的"被""把"同现句

"被""把"同现句式发展到近现代已基本定型,形成了"被"在前、"把"在后和"把"在前、"被"在后的两大基本句式,即"S+被+NP_1+把+NP_2+VP"和"S+把+NP_2+被+NP_1+VP"。例如:

(16)小时候在树下睡觉,被驴把自己啃了一口。(《骆驼祥子》)

(17)他把被雨水淋湿的衣服扔到地板上。

例(16)的"驴"为施事,由"被"介引;"自己"为受事,由"把"介引。整个句子是被动句。例(17)的介词标记"把"在前、"被"在后,形成了直接连用句式,句子为"把"字句。

从汉语发展的历史来看,介词标记"被"和"把"同现在一个句式中应该是从唐代开始的。这主要是因为这两个句式产生的年代不同,"被"字句在战国时期就已经开始萌芽,而"把"字句到唐朝时才真正出现在人们的交际语言之中。两种句式都成熟之后,人们在交际中才能把两个句式融合,这样"被""把"才具备同现的条件。但唐朝时这种"被""把"同现句式并没有被人们普遍使用,主要原因在于表示处置的句式除了"把"字句以外,还有"将"字句,"将"字句的使用频率远远高于"把"字句。到了宋代,"把"字句的使用频率有所增加,"被""把"同现的频率也就高了起来。到了元朝时期,"把"字句的使用频率逐渐增高,"被""把"同现句的数量也开始增多。到了明清时期,"把"字句逐渐取代"将"字句,成为一种成熟的处置句式,"被""把"同现句式也真正成熟起来,成为人们日常交流中的一种常用句式。

句式的使用要与社会交际需要相和谐,"被""把"同现句也有一个从产生到发展、然后成熟的过程。随着人们交际的需要,句式结构也在发生变化,最初多是"被"在前、"把"在后的语序格局,后来出现了"把"在前、"被"在后的句子结构,现在这两种结构形式都在使用。对介词标记"被""把"同现句式的发展脉络进行简单梳理使我们更全面地了解了这种特殊句式,有利于进一步研究"被""把"同现句式。

三、介词标记"被""把"同现的构句机制

(一)介词标记"被""把"同现句的类型

汉语介词标记"被""把"同现句式是汉语独特的句式结构,在其他语言中很难见

到。人们对这种句式的认识不同，分类的角度自然也不同，分出的类别也就不同。关于介词标记“被”“把”同现句类型的研究，学者们有一些涉猎，但大家的研究结论还没有统一，分歧较大。每种分类都有自己的标准，都具有合理性。我们从句式研究和有利于外国学习者掌握的角度出发，按照介词标记的语序格局划分，以介词标记“被”和“把”的前后位置作为第一分类标准，在大的类型之下再划分小类。“被”“把”同现句中“被”在前、“把”在后的句式分为两种类型：①“被”“把”间隔连用同现，句式结构为“$S+$被$+NP_1+$把$+NP_2+VP$”；②“被”“把”连续连用同现，句式结构为“$S+$被$+$把$+NP_2+VP$”。介词标记“把”在前、“被”在后的句式也分为两种类型：①“把”“被”间隔连用同现，句式结构为“$S+$把$+NP_2+$被$+NP_1+VP$”；②“把”“被”连续连用同现，句式结构为“$S+$把$+$被$+NP_1+VP$”。

我们觉得将介词标记“被”“把”同现句式首先分两种大类、这两种类型在一个平面上，在大类基础上再分小类、这四个小类在一个平面上，这样的分类具有层次性，人们容易理解，特别是对于外国学习者来说。每种句式类型都有自己的特点，都需要我们全面描写，详细解释。

（二）介词标记“被”在前、“把”在后的构句机制

介词标记“被”在前、“把”在后同现的典型句式结构是“$S+$被$(+NP_1)+$把$+NP_2+VP$”，它又分为两小类，我们具体分析一下这两小类的构句机制。

1.“$S+$被$+NP_1+$把$+NP_2+VP$”的构句机制。虽然“被”“把”同现于同一个句子中，但也有前后、主次之分。“被”在前、“把”在后形成的间隔同现句主要以被动句为主。例如：

(18)娘子怒火冲天，不顾一切地冲向狗子拼命，却被狗子把她一把抓住。（《茶馆》）

(19)昨天夜里，园子里的花被大雨把花瓣打得零落不堪。（《巴金散文集》）

(20)张三被倒塌的墙把胳膊压断了。

(21)被大风刮下来的树枝把轿车砸坏了。

例(18)的“被狗子把她一把抓住”是介词标记“被”“把”间隔连用同现句，“被”后“狗子”为施事，“把”后受事为“她”，主语承前省略，构成了被动句为主的句式，表达“遭受义”。例(19)中“园子里的花被大雨把花瓣打得零落不堪”的主语为“花”，介词标记“被”“把”间隔连用同现，“被”后“大雨”为施事，“把”后受事为“花瓣”，主语和受事是包含关系，构成了被动句为主的句式，也表达“遭受义”。例(20)也为介词标记“被”“把”间隔同现句，主语为“张三”，介词“被”引出“倒塌的墙”，介词“把”引出受事“胳膊”，受事与主语是所属关系。例(21)也为介词标记“被”“把”间隔同现句，介词标记“被”引出“树枝”，“把”引出“轿车”，句子也为被动句，表达“遭受义”。

2.“S＋被＋把＋NP_2＋VP”的构句机制。“被”在前、“把”在后形成连续连用同现句的结构为“S＋被＋把＋NP_2＋VP”。例如：

(22)这头大象被(盗猎者)把象牙拔掉之后，无法进食，不久就死亡了。

(23)三伏天，宠物狗被(主人)把毛剪个精光，看起来凉快多了。(《动物世界》)

例(22)的“大象被把象牙拔掉之后”是介词标记“被”“把”连续连用同现句，“被”后施事省略了，但人们也知道施事是“盗猎者”。“被”与“把”连续连用，“把”后受事“象牙”是主语“大象”的一部分，整个句子是被动句，表达“遭受义”。例(23)的“宠物狗被把毛剪个精光”，“被”后施事“狗的主人”根据经济的原则省略了。介词标记“被”“把”之间由于施事的省略而直接连在一起使用，“把”后受事“毛”和主语是所属关系，整个句子也为被动句，表达“致使义”。

“被”在前、“把”在后形成连续连用同现句时，“被”和“把”之间隐省的成分是NP_1。又如：

(24)囚犯很快就被把手印印在了死刑判决书上。

(25)我不明白这些人因什么事就被把头割下。

例(24)的“被”后施事即使不出现，依据上下文人们也能猜测出是民国时期的“狱警”。例(25)的“被”后施事不清楚是谁，但可以猜测出来，应该是“衙门捕快”。两句的“被”后施事成分 NP_1 都隐省了，“被”和“把”连续连用同现。

(三)介词标记“把”在前、“被”在后的构句机制

介词标记“把”在前、“被”在后同现的典型句式结构是“S＋把(＋NP_2)＋被＋NP_1＋VP”，它又分为两小类，我们具体分析一下这两小类的构句机制。

1.介词标记“把”在前、“被”在后间隔连用同现句式。例如：

(26)他说完这句话以后，把头转向了几乎被大铁饼坠得昏倒的老曹。(《刘心武选集》)

(27)他把解净被人抢的东西又抢了回来。(《赤橙黄绿青蓝紫》)

例(26)的“把头转向了几乎被大铁饼坠得昏倒的老曹”是介词标记“把”“被”间隔连用同现句，“把”后受事“头”与主语“他”是所属关系，“被”后施事为“大铁饼”，整个句子以“把”字句为主，表达“致使义”。例(27)的主语为施事“他”，“把”介引受事“解净”，“被”介引施事“人”，句子表达“处置义”。

介词标记“把”在前、“被”在后形成的间隔连用同现句以“把”字句为主，表达“处置义”或“致使义”。从结构上看，“被”介引的成分不是句子的主体，动词的语义指向常常是“被”字结构的宾语，如例(27)中动词“转向”的语义指向为“老曹”，例(28)中动词“抢”的语义指向为“东西”。

介词标记“把”位于介词标记“被”前形成的间隔同现句还可以表达“处置遭受义”

或“受损义”。例如：

(28)妈是个本分人，念过书的，讲脸，不愿把自己被人随意使唤。

(29)哥哥把腿被出租车撞成骨折了。

例(28)是介词标记“把”“被”形成的间隔连用同现句，整个句子以“把”字句为主，表达“致使义”。例(29)的“把”引出受事“腿”，“被”引出施事“出租车”[①]，整个句子也以“把”字句为主，表达“受损义”。

介词“把”介引的成分常常是主语的一部分(所属的部分)，为受事，这种类型的“把”位于介词标记“被”前形成的间隔同现句主要表达“遭受义”或“受损义”。

2.介词标记“把”在前、“被”在后的连续连用同现句式。介词标记“把”在前、“被”在后除了形成间隔连用句式以外，还可以形成连续连用同现句。例如：

(30)她把被人丢在地上的烟头又捡了回来。(《赤橙黄绿青蓝紫》)

(31)解放军把被土匪关押的那些贫苦百姓解救出来。

例(30)是介词标记“把”“被”形成的连续连用同现句，“把”后受事省略了，“把”与“被”连续连用，“被”后施事是“人”，整个句子以“把”字句为主，表达“处置义”。例(31)也是介词标记“把”“被”形成的连续连用同现句，“把”后受事也省略了，“把”与“被”连续连用，“被”后介引的对象为“贫苦百姓”，整个句子以“把”字句为主，也表达“处置义”。

NP_2省略了时才会出现“把”在前、“被”在后连续连用同现句，这种句式结构具有层次性。例如：

(32)反动政府终于把被拘的学生全部释放了。

(33)李师傅把被打坏的家具修好了。

(34)他把被孩子弄坏的风筝修好了。

例(32)和例(33)的“把”后NP_2都省略了，但不影响表达，句子的“把”字结构内有“被”字结构，层次很清晰。例(34)的“把”后NP_2也省略了，“被”介引“孩子”，这个句子也是“把”字结构内有“被”字结构，层次很清晰，整个句子为处置式。

从例(26)～例(34)我们可以看出，以介词标记“把”在前、“被”在后形成的连续连用同现句一般以“把”字句为主，表达“处置义”或“致使义”，这种句式很少表达“遭受义”或“不幸义”。

据我们观察，“S＋被(＋NP_1)＋把＋NP_2＋VP”句式结构常表达“不如意义”或“受损

① 本文所涉及的施事是广义施事，包括人、动物、工具、事物等，如本例的“出租车”及“雨水”“大风”等都可以看作施事。

义”，而“S+把（$+NP_2$）+被+NP_1+VP”句式结构可以表达“处置义”或“致使义”，也可以表达“遭受义”。

（四）“被”“把”同现句的标记模式

1. 形式标记模式。英国语言学家 Lyons（1977）对标记现象做了详细分析，他认为分布标记是根据词语分布范围而下的定义；语义标记是根据语义特征上具体性与概括性的对立进行定义的。标记理论可以解释很多语言现象，对汉语介词标记同现现象也有很强的解释力。

从标记类型来说，介词标记“被”“把”应该属于形式标记。例如：

（35）你们二人来到此处，被他用蒙汗药酒把你二人拿住。（《水浒传》）

（36）你把被打伤的手拿出来让他们看看。（《水浒传》）

例（35）是介词标记“被”和“把”形成的间隔连用同现句，“被”介引“他”，标记的是施事，“把”介引“你二人”，标记的是“受事”，整个句子为“被”字句。例（36）是介词标记“把”和“被”形成的连续连用同现句，“把”后受事隐省了，“被”后施事也省略了，整个句子为“把”字句。

“被”“把”出现在两个分句中，且中间有标点符号，这样的句式不能叫同现句。例如：

（37）这座山被挖空成巨大的武器库，把军用物资存进去让人放心。（《空中小姐》）

（38）她用手把胶布撕成一条条，包裹被胶布粘住。（《永失我爱》）

例（37）的前一分句是“被”字句，后一分句是“把”字句，这种用法的句子不是“被”“把”同现句。例（38）的前一分句为“把”字句，后一分句为“被”字句，这是两个独立的句子，也不是“把”“被”同现句。

介词“被”和“把”都是句式的形式标记，人们常称含有“被”的句子为“被”字句、含有“把”的句子为“把”字句，如果两个标记同现在一个句子中，换句话说，一个句子有两个介词标记，形成的句式结构便比较特殊。这种句式虽然有两个标记词，但常常以一个为主，大的结构套小的结构，这与人们的认知、文化、语境有关。一种句式的存在，肯定有其存在的合理性和存在的价值。介词“被”“把”同现成为这种句式的标记形式，进而形成了独特的构句机制。

2. 主语与“把”介引的宾语的语义关系。

[1]领属关系，主语与“把”介引的宾语是领属关系。例如：

（39）蜻蜓被调皮的孩子把翅膀剪短了。

（40）马被套绳把腿绊住了。（《骆驼祥子》）

例（39）的“把”后宾语“翅膀”属于“被”前主语“蜻蜓”的一部分，二者属于领属关系。例（40）的“把”后宾语“腿”属于主语“马”的一部分，语义具有[+牲口]的特征。

[2]复指关系,即“把”后宾语复指“被”前主语,也就是说“把”介引的宾语与主语之间是复指关系(也称等同关系)。例如:

(41)夜深人静,金枝被出租汽车把她送回了仁德胡同。(《皇城根》)

(42)这调皮鬼被我把他赶跑了。(《作家》)

(43)胡统领……被土匪把他宰了。(《作家》)

(44)校长被学生们把他赶出了校门。(《作家》)

例(41)的“把”介引的宾语“她”与主语“金枝”指同一个人,是复指关系。例(42)的“把”介引的宾语“他”与主语“调皮鬼”也指同一个人,也是复指关系。例(43)的“把”后宾语“他”复指“被”前主语“胡统领”。例(44)的“把”后宾语“他”复指“被”前主语“校长”。

四、介词标记“被”“把”同现句式的情景语义

各种语言的句法形式都有其存在的理由。汉语介词标记“被”“把”同现句式的存在也有其存在的道理,一方面句式要具有实用性,另一方面句式要具有表意性。句法形式的选择与语义的配合具有内在规律性,相同的句式形式在不同的语境中表意上也会有差别。“被”“把”同现句在不同的语境中怎么来表达语义呢?一方面要看构句结构,哪个介词标记在构句时居主要地位,这个句式的语义就以这个介词标记构成的句式表达的句式义为主;另一方面要看具体的语境,语境决定句式义的表达,体现说话者的真正意图。

(一)表达“遭受义”或“受损义”

介词标记“被”在前、“把”在后的“被”“把”同现句中,以介词“被”为标记的结构为大结构,以介词“把”为标记的结构为小结构,“被”字结构套“把”字结构,形成了“被”“把”同现句。此种“被”“把”同现句表达的语义是“遭受义”,侧重表达不如意的语义。例如:

(45)结婚不久就被丈夫把家里的财产赌光了,变成了穷光蛋。

(46)老李被人把房子给拆了,还没得到补偿款。

例(45)的“被”引出施事“丈夫”,“把”引出受事“财产”,动作的结果是“光了”,整个句子是介词标记间隔连用同现句,主要表达“受损义”。例(46)的“被”引出施事“人”,“把”引出受事“房子”,动作的结果是“拆了”,整个句子也是介词标记间隔连用同现句,表达“受损义”。

“被”“把”同现句中虽然有“把”字句,但如果“把”字句不在前面,整个句子就以“被”字句为主,所形成的句式主要表达“不如意义”或“受损义”。例如:

(47)被山洪把小学校冲得无影无踪了。(《京华闻见录》)

(48)风筝被孩子把翅膀弄坏了。

例(47)的“被”引出施事“山洪”,“把”引出受事“小学校”,“无影无踪”是动作的结果,这种结果是毫无预知的,整个句子表达“遭受义”。例(48)的“风筝”是主语,“被”介引施事“孩子”,“把”介引受事“翅膀”,“坏了”是动作的结果,整个句子是“被”字句,表达“受损义”。

(二)表达“处置义”

所谓“处置”是指施事对受事采取的一种动作行为,动词后往往有处置的结果。在介词标记“把”在前、“被”在后的“被”“把”同现句中,以介词“把”为标记的结构为大结构,以介词“被”为标记的结构为小结构,“把”字结构套“被”字结构,表达施事对受事的一种处置,而且往往具有处置的结果。例如:

(49)沃克把被碰掉的塑料饰穗全部接过来并安装上去。(《京华闻见录》)

(50)鲁侍萍接过来,把支票被她撕掉了。(《雷雨》)

例(49)的受事是“塑料饰穗”,“被”介引的施事隐省了,句子表达“处置义”。例(50)的“把”引出受事“支票”,“被”引出施事“她”,“掉了”表示处置的结果,句子也表达“处置义”。

(三)表达“致使义”

在介词标记“把”在前、“被”在后的“被”“把”同现句中,“把”字结构套“被”字结构也可表达“致使义”。例如:

(51)老人把下半身被倒塌的房子压住了。

(52)把被李四弄坏的手表修好了。

例(51)的主语是“老人”,“把”引出受事“下半身”,“被”引出施事“倒塌的房子”,句子表达“致使义”。例(52)的介词标记“把”介引的结构处于第一层面,“把”字结构包含“被”字结构,句子表达的动作具有促使某种结果产生的作用,因而具有“致使义”。同现句式表达“致使义”时对事件的谓语动词限制较多。不能产生影响、变化和结果的动词不能进入这种格式。

(四)表达“影响义”

汉语介词标记“被”“把”同现句式除了表达“遭受义、处置义、致使义”之外,还可表达“影响义”。这种句式表达的是 NP_2 对主语 S 的影响,这种影响不同于“遭受义”。例如:

(53)被中午的阳光把皮肤晒黑了。

(54)被这等男女把我们的脸丢尽了。

例(53)主要表达中午的阳光对皮肤的影响,施事是"中午的阳光",受事是"皮肤",影响的结果是"黑了"。例(54)主要表达一些男女(不文明的游客)对中国人形象的影响,施事是"这等男女",受事是"我们的脸",影响的结果是"尽了"。

五、"被""把"同现句与"把"字句、"被"字句对比

介词"被"为被动句标记,形成的句式为"被"字句;介词"把"为主动句标记,形成的句式为"把"字句。这两种句式结构不同,表达的语义内涵不同,却能够同现于一个句式,这是汉语一个非常有意思的语言现象。那么"被""把"同现句与单用的"把"字句和"被"字句有什么相同之处和不同之处呢?汉语为什么会出现这三种不同类型的句式呢?我们只有把三种句式进行对比,才能了解人们选择这样表达的原因。

(一)"被""把"同现句与"被"字句比较

1."被"在前、"把"在后的"被""把"同现句与"被"字句对比。

[1]主语相同。例如:

(55)a.连箱子带匣子,都被人家把它给翻过了。(《茶馆》)

b.连箱子带匣子,都被人家翻过了。

(56)a.我儿子被一个汉子把他一脚踹倒在地。(《京华闻见录》)

b.我儿子被一个汉子一脚踹倒在地。

例(55)a句的受事(主语)为"连箱子带匣子",句子为介词标记"被""把"连用的同现句,表达的语气比b句更强,更能表达出不满意;b句是"被"字句,受事(主语)"连箱子带匣子"是已知的、确定的,可以转换为"被""把"同现句。例(56)a句的受事(主语)是"我儿子";b句的受事主语也是"我儿子",a、b两句主语相同,都表达"遭受义"。

[2]动词要具有一致性

"被"在前、"把"在后的"被""把"同现句与"被"字句的动词一般为自主的及物动词,动词后面常带宾语,也可有补语,或后面要带动态助词"了"或"过",否则句子不成立。例如:

(57)a.小赵被汽车把头碰出了血。

b.小赵被汽车碰破了头。

例(57)a句是"被""把"同现句,虽然有介词标记"把",但整个句子还是被动句;b句是"被"字句,只说明"碰破了头"。

[3]表达相同的语义,即"遭受义"或"受损义"。例如:

(58)这么漂亮的牡丹花竟然被妹妹把它给揪下来了。

(59)阿宝被撞伤了,汽车司机跑了,他只好向路人求救。

(60)被一个女人用伞把他捅死了。(《京华闻见录》)

例(58)是"被""把"同现句,表达"遭受义"。例(59)是"被"字句,也表达"遭受义"。例(60)是"被""把"同现句,表达"不幸义"。

"被"在前、"把"在后的"被""把"同现句与"被"字句有很多相同点,但在表达上有所不同,否则就不会出现"被""把"同现句。如例(57)a 句和 b 句都是被动句,但从表达上看还是不同的,"被""把"连用同现的句子表意更丰富,描述得更清楚、细致,不仅"碰破了头",而且还"出了血";而 b 句相对来说不那么具体,描写性稍差一点儿。

2."把"在前、"被"在后的"被""把"同现句与"被"字句对比。"把"在前、"被"在后的"被""把"同现句既可以表达"处置义"或"致使义",也可以表达"遭受义"或"不幸义";而"被"字句一般表达"遭受义"或"受损义"。例如:

(61)你应该把导师被人打的情况告诉给他的家人。(《作家》)

(62)导师被人打了。

例(61)是"把"在前、"被"在后的"被""把"同现句,主语为施事"你",句子主要表达"处置义",是对"导师"被打情况的处置。例(62)是"被"字句,主语为受事"导师",句子表达"导师"遭受的不幸,具有"不幸义"。

(二)"被""把"同现句与"把"字句比较

1."把"在前、"被"在后的"被""把"同现句与"把"字句对比。"把"字句一般表达"处置义"和"致使义"。介词标记"把"在前、"被"在后形成的间隔连用同现句一般表达"遭受义"或"受损义",与"把"字句的句式义不同;而连续连用同现句常常表达"处置义"和"致使义",与"把"字句的句式义相同,主语一般是施事,动词后要有补语,表示处置或影响的结果。例如:

(63)a.田中把行李被人拿错了。

b.有人把田中的行李拿错了。

(64)a.小李把脚被开水烫伤了。

b.小李把脚烫伤了。

(65)a.把被烫伤的脚上了药。

b.把烫伤的脚上了药。

(66)a.把被冻伤的鸟带回家。

b.把冻伤的鸟带回家。

例(63)a 句中"田中"和"行李"属于领属关系,句式表示"遭受义";b 句为"把"字句,表达"处置义"。例(64)a 句是"被""把"同现句,句式表达"遭受义";b 句是"把"字句,表达"不幸义"。例(65)a 句是"被""把"连续连用同现句,表达"处置义";b 句是

“把”字句，也表达“处置义”。例(66)a句是“被”“把”连续连用同现句，表达“处置义”；b句是“把”字句，也表达“处置义”。

2.“被”在前、“把”在后的“被”“把”同现句与“把”字句对比。“被”在前、“把”在后的“被”“把”同现句主要表达“遭受义”或“不幸义”。而以介词“把”为标记的句式主要表达“致使义”和“处置义”。例如：

(67)a.如今各部门被本科生把岗位都占满了，研究生也难进来了。(《京华闻见录》)

b.如今各部门本科生把岗位都占满了，研究生也难进来了。

(68)a.他把被撞的人放在医院就走了。

b.把他撞的人放在医院就走了。

例(67)a句的“被本科生把岗位都占满了”是“把”“被”间隔连用同现，表达“不满义”，语气更强。b句是“把”字句，与“被”“把”同现句比起来表达效果差一些。例(68)a句的“他”不是肇事者，而是帮助受伤者的热心人，在做好事；而b句意思与a句正好相反，“他”是肇事者，把被撞的人放到医院就逃走了。两句的意思不同，这与句式结构有关，a句是“被”“把”连续连用同现句，有两个标记词，使语义关系非常清晰；b句是“把”字句，语义关系单一。

六、“被”“把”同现句中施事与受事的隐现现象

(一)“被”“把”同现句中施事或受事的隐现现象

介词标记“被”“把”连续连用同现句式的产生是施事或受事隐省的结果，当“被”在前、“把”在后连续连用时，施事可能隐省；当“把”在前、“被”在后连续连用时，受事可能隐省。我们对北京大学语料库进行了检索，在现代文学小说部分检索出“被”“把”间隔连用同现句中施事显现的句子1 286句、“被”“把”连续连用同现句中施事省略的句子725句。

介词标记“被”“把”连用同现句中，有的句子可以把施事或受事隐省，有的句子不可以隐省。例如：

(69)这只猫被(人)把尾巴割去了一截。

(70)被对手把酒杯摔了一地。

(71)把被搞得心烦意乱的心难以平复。(《京华闻见录》)

例(69)的“被”后可以没有施事，因为不知道是谁所做，“被”与介词“把”连续连用。例(70)的“被”引出施事，施事不能省略，“被”与“把”间隔连用。例(71)的介词标记“被”后没有施事，根据上下文可知“施事”承前省略了，“把”与“被”连续连用。

（二）介词标记“被”“把”连续连用同现句中施事或受事省略的原因

1.受语境的影响。介词标记“被”“把”连续连用同现时，不论哪个标记在前都会出现施事或受事省略现象。这种隐现受语境的影响很大，人们可以根据上下文推测出省略部分。例如：

（72）这台旧车被（人）把车胎卸走了，最后只剩个空壳。（《作家》）

（73）张力想出了一个办法，文章被（他）把标题改一下就交了上去。（《作家》）

（74）把被打死的小狗吊在脚手架上剥皮。（《京华闻见录》）

例（72）的“被把车胎卸走了”中有两个标记词，表达“遭受义”，“被”和“把”连续连用同现，“被”后宾语隐省了，根据上下文我们可以推测出“被”后施事为“偷车胎的人”。例（73）的“文章被把标题改一下就交了上去”中“被”和“把”也是连续连用同现，“被”后施事省略了，根据上下文可以推测出“被”后的施事为“张力”。例（74）的“被”后省略了施事，“被”与“把”连续连用，句子也是连续连用同现句。

2.受认知的影响。NP_2什么时候可以出现、什么时候可以隐省，在表达中一方面受语言环境的影响，另一方面与人的认知有关。例如：

（75）祥子一边吃，一边把被兵拉去的事说了一遍。（《骆驼祥子》）

（76）爸爸把被拘留了三天的她保了出来。（《京华闻见录》）

例（75）是“被”“把”连续连用同现句，NP_2隐省，我们可以根据祥子说话的语境推测“把”后的宾语为“自己/他”。例（76）也是“被”“把”连续连用同现句，句中的“她”与句子主语“爸爸”是父女关系，省略的施事是“警察”。

人们在叙述一件事时，由于受认知的影响，对大家习以为常、不用说就知道的NP_2进行隐省，这也体现了语言表达经济的原则。

第六章 汉语介词标记隐现现象研究

第一节 汉语介词标记的隐现现象

一、研究背景

汉语在构句时，受语言环境的影响，有些介词标记在一定条件下可以隐省，如"被、在、连"等；而有的介词标记在任何情况下都不能隐去，一定要出现在句子中，如"把、比、对"等。介词标记隐去是有条件的，一般是在不影响句子意思表达的情况下可以隐省；如果会影响句子意思的表达，这个介词标记绝对不能隐省。即使是能隐去的介词标记也不能任意隐省，而要受语言环境制约。在对外汉语教学中，许多留学生常常被介词标记隐现的问题所困扰，不知道介词标记什么时候必须出现、什么时候可以隐省，因而这个问题值得深入研究。汉语介词标记的隐现是有规律可循的，研究出介词标记的隐现规律，有利于留学生习得汉语介词标记。

二、构句时必现的介词标记

(一)必现的介词标记类型

人们在进行语言交流时，常常使用以介词为标记的句式，这些句式中有些介词标记不能隐省。我们考察了介词标记的类型，发现表示处置、比较、与事的介词标记一般不能隐省。

1. 引出受事的介词标记不能隐省。汉语引出受事的介词标记主要有"把"和"将"，这两个介词标记在任何情况下都不能隐省。如果隐去介词标记"把"，句子就不能成立，或表达的意思就变了。例如：

(1)a. 哪天我非得把你这游戏机砸了。(《无人喝彩》)

*b. 哪天我非得你这游戏机砸了。

(2)a. 宁宁，妈妈真是想你，希望能快点把你接来。(《北京人在纽约》)

*b. 宁宁，妈妈真是想你，希望能快点你接来。

(3)a. 玛丽将书放在了写字台上。

*b. 玛丽书放在了写字台上。

例(1)如果不用介词标记“把”就不成立,例(2)如果隐去介词标记“把”就成了病句,例(3)如果没有介词标记“将”也不成立。

2. 介引比较对象的介词标记不能隐省。汉语中表示比较的介词标记有几个,而在表示差比时主要用介词“比”,在构句时“比”不能隐省。例如:

(4)a. 混得比我们有脸面,做人也就一定比我们强。(《无人喝彩》)

*b. 混得我们有脸面,做人也就一定我们强。

(5)a. 我要花钱买,根本用不着找你,有的是比你年轻漂亮的。(《无人喝彩》)

*b. 我要花钱买,根本用不着找你,有的是你年轻漂亮的。

(6)a. 北方的大米比南方的好吃。(《看上去很美》)

*b. 北方的大米南方的好吃。

例(4)a句用介词标记“比”引出比较的对象,句子结构清晰;b句隐去了介词标记“比”,句子结构非常混乱,句子就不成立。例(5)a句介词标记“比”引出比较对象“你”,句子有比较对象,能表达清楚说话者的意图;b句隐去了介词标记“比”,也就没有了比较对象,变成了病句。例(6)a句介词标记“比”引出比较对象,南、北方大米的比较非常清晰;b句隐去了介词标记“比”,没有了比较,变成了病句。

3. 介引与事的介词标记不能隐省。汉语介词标记中,引进动作行为有关的对象的典型标记有“跟、与、同”等。

(7)a. 我跟朋友约定周末一起爬山。

b. 我朋友约定周末一起爬山。

(8)a. 我同老师一起参观辽沈战役纪念馆。

*b. 我老师一起参观辽沈战役纪念馆。

例(7)a句用了介词“跟”,很清楚地表达出“我和朋友一起爬山”,爬山的人里有“我”;b句没有了“跟”,只剩下“我朋友爬山”,爬山的人里没有“我”,a句和b句表达的意思完全不同。例(8)a句用了介词“同”,清楚地表达“我和老师一起参观”,参观的人里包括“我”;b句不用“同”,句子一方面不顺畅,另一方面意思也发生了变化,变成了“我老师参观”,参观的人里没有“我”。

4. 介引对象的介词标记一般不能隐省。汉语介引对象主要用介词“对”,当介引的对象和主语都是[+人]的语义特征时,“对”是不能隐省的,否则句子的意思就会发生变化。例如:

(9)a. 我对女朋友说:“你要多带点儿衣服,那个地方冷。”

b. 我女朋友说:“你要多带点儿衣服,那个地方冷。”

(10)a. 你对小李有什么看法?

*b. 你小李有什么看法?

例(9)a句用介词标记“对”引出说话的对象“女朋友”,对话的双方非常清晰;b句隐去了介词标记“对”,变成了“我女朋友说”,句子的意思发生了变化,与原句意思完全不同。例(10)a句用介词标记“对”引出对象“小李”,句子的表达很清楚;b句隐去了介词标记“对”,就成了病句。

5. 前面如果有副词或能愿动词,任何介词标记都不能隐省。例如:

(11)a. 可是过了三天,竟然连个具体的答复都得不到!(《京华闻见录》)

*b. 可是过了三天,竟然个具体的答复都得不到!

(12)a. 带到门外去就会被人笑话的,对吗?(《北京人在纽约》)

*b. 带到门外去就会人笑话的,对吗?

例(11)的介词标记“连”之前有副词“竟然”,句子不能隐去“连”;如果隐去“连”,句子就变成了病句。例(12)的介词标记“被”前有能愿动词“会”,句子不能隐去“被”;如果隐去了“被”,句子就成了病句。

(二)介词标记必现的原因

为什么有的汉语介词标记一定要出现呢?据我们考察,原因有三。

1. 介词标记的出现是成句的需要,没有介词标记句子就不成立。例如:

(13)a. 跟你说,姨妈是咱亲人,不能把咱扔这儿不管。(《北京人在纽约》)

*b. 跟你说,姨妈是咱亲人,不能咱扔这儿不管。

(14)a. 说话声音小得像蚊子。吃饭比谁都慢,还爱掉饭粒。(《看上去很美》)

*b. 说话声音小得像蚊子。吃饭谁都慢,还爱掉饭粒。

例(13)b句没有介词标记“把”,句子不但不是“把”字句,而且不成立。例(14)b句没有介词标记“比”,说不清楚谁吃饭慢,句子的表达出现了问题。

2. 不用介词标记时,有的句子意思会发生变化。例如:

(15)a. 李缅宁把肖科平堵在门外,从门缝接过苹果刀。(《无人喝彩》)

*b. 李缅宁肖科平堵在门外,从门缝接过苹果刀。

(16)a. 王鹏对妻子大喊:“你看好孩子,等我回来!”

b. 王鹏妻子大喊:“你看好孩子,等我回来!”

例(15)不用介词标记时句子的意思发生了变化:a句是“肖科平”被堵在门外,动作行为的发出者是“李缅宁”;b句是二人都堵在门外,不但句意变了,还是病句。例(16)a句和b句意思不一样,a句介词标记“对”引出“王鹏”喊的对象“妻子”;b句是“王鹏妻子”喊,而不是“王鹏”喊。

3.介词标记使句子成分之间的语义关系非常明晰。例如：

(17)a.有了准迁证，咱们就去把娃接来。(《邢老汉和狗的故事》)

*b.有了准迁证，咱们就去娃接来。

(18)a.保育院的女孩子普遍比男孩子发育早。(《看上去很美》)

*b.保育院的女孩子普遍男孩子发育早。

例(17)a句有介词标记“把”，处置对象“娃”非常清晰。例(18)a句的介词标记“比”引出比较对象，即“女孩子”和“男孩子”比，句子成分之间的关系很清晰。

三、构句时可隐的介词标记

现代汉语有的介词标记在一定条件下常常不出现，我们称其为隐省。句子隐去介词标记是有一定条件的，最基本的条件是不影响句子意思的表达，如果影响句子意思的表达就不能隐省。一般来说，隐去的介词标记还可以补出来。现代汉语中介引时间、处所、关涉、施事的介词常常隐省。

(一)可隐的介词标记类型

1.介引时间的介词。汉语介引时间的介词有“在、从、当、由、打”等，这些介词常常可以隐省。例如：

(19)a.暴风雨来临的时候，船要及时回港躲避。

b.当暴风雨来临的时候，船要及时回港躲避。

(20)a.下周起，你把这项工作交给小李，你有更重要的工作。

b.从下周起，你把这项工作交给小李，你有更重要的工作。

(21)a.周六的晚上，我们几个朋友一起去歌厅唱歌，玩得非常高兴。

b.在周六的晚上，我们几个朋友一起去歌厅唱歌，玩得非常高兴。

例(19)用不用介词“当”，a句和b句意思没有区别，所以介词“当”可以隐省。例(20)的介词框架“从……起”表示时间的起点，不用介词“从”，a句与b句意思也没有什么区别，介词“从”可以隐省，但“起”不能省略。例(21)的介词“在”接时间时，有没有“在”不影响句子的意思，a句和b句意思一样，所以介词“在”可以隐省。

2.介引处所的介词。汉语介引处所的介词有“在、从、由”等，这些介词可以隐省。例如：

(22)a.北京到大连，乘飞机需要一个小时。

b.从北京到大连，乘飞机需要一个小时。

(23)a.教室里学习效果好，你每天还是去教室吧。

b.在教室里学习效果好，你每天还是去教室吧。

例(22)的介词框架“从……到”中，介词“从”可以隐省，句子意思不会发生变化，a句和b句意思一样；但介词框架中的“到”不能省略，如果省略了句子就不成立了。例(23)的介词框架“在……里”中，介词“在”可以省略，句子意思不会变化，a句和b句意思一样；如果用于对照的表达形式，介词框架中的方位词“里”也可以隐省，比如“教室学习效果好，宿舍学习效果不好”。

3. 介引关涉对象的介词。汉语介引关涉对象的介词“关于”在交际中根据语境可以隐省。例如：

(24)a. 环境保护问题，我们一定要下大力解决。

b. 关于环境保护问题，我们一定要下大力解决。

(25)a. 贵方的合理要求，我们一定给你们一个满意的答复。

b. 关于贵方的合理要求，我们一定给你们一个满意的答复。

例(24)和例(25)的介词“关于”隐省时，b句和a句的意思都一样。

4. 引出施事成分的介词。汉语引出施事成分的介词有“被、叫、让、给”等，这几个标记中“被”常常隐省，但“被”隐去的时候句子结构会发生变化。例如：

(26)a. 茶碗孩子打碎了。

b. 茶碗被孩子打碎了。

(27)a. 旧书妈妈卖了。

b. 旧书被妈妈卖了。

例(26)和例(27)b句都用了介词“被”，而a句都没有用介词标记。虽然两个例句的a、b句意思相同，但句子结构不同，b句都是“被”字句，a句都是受事主语句。从语气表达来看，b句略有不满之意；a句是客观描述，没有不满之意。

5. 表示强调的介词。汉语中表示强调的介词标记只有“连”，在“连……都/也”框架中，“连”在表达中可以隐省，句子意思不会变化。例如：

(28)a. 可小时候，我做梦都不曾想到过，二十八岁后我会成为一个北京人。

b. 可小时候，我连做梦都不曾想到过，二十八岁后我会成为一个北京人。(《京华闻见录》)

(29)a. 这件事《参考消息》都登了，总不至于是无中生有吧。

b. 这件事连《参考消息》都登了，总不至于是无中生有吧。(《京华闻见录》)

例(28)和例(29)中，介词框架“连……都”主要起强调作用。a句没用介词标记“连”，所表达的内容与b句一样，所以介词“连”可以隐省，但副词“都”不能省略。

6. 依据类介词。汉语依据类介词有“按照、依照、根据、随着”等，这些介词根据表达的需要可以隐省。例如：

(30)a. 我看来，这件事不是那么简单。

b. 据我看来，这件事不是那么简单。

(31)a. 工农业生产的大发展，必将带来教育事业的大发展。

b. 随着工农业生产的大发展，(其)必将带来教育事业的大发展。

例(30)a 句隐去介词“据”，句意与 b 句相同。例(31)a 句隐去介词“随着”，句意也与 b 句相同。

(二)介词标记可隐的条件

汉语介词标记并不是任何时候都必须出现在句子中，有时根据表达的需要一部分介词标记可以隐省。这部分介词标记为什么可以隐去呢？原因有三。

1. 不影响句子意思的表达。介词标记只有语法意义，词汇意义较虚，隐去介词标记不影响句子意思的表达。例如：

(32)a. 他作业都不写，真不是好学生。

b. 他连作业都不写，真不是好学生。

(33)a. 2014 年夏天的一个夜晚，我们一起去海边游泳，我至今没忘。

b. 在 2014 年夏天的一个夜晚，我们一起去海边游泳，我至今没忘。

例(32)a 句隐去了介词“连”，与 b 句的意思一样，a、b 两句结构上略有变化。例(33)a 句隐去了介词“在”，与 b 句意思一样，结构上也没有变化。

2. 语言表达简洁的需要。在一定语境下介词标记可以隐去，主要是遵循经济的原则。汉语是无形态变化的语言，靠语义、逻辑等表现即可，隐去介词标记使表达更省力、更方便。例如：

(34)a. 越说越像真的，我都快相信了。(《编辑部的故事》)

b. 越说越像真的，连我都快相信了。

(35)a. 这儿我们大伙儿管，回家就全凭你自觉了。(《编辑部的故事》)

b. 在这儿我们大伙儿管，回家就全凭你自觉了。

例(34)a 句不用“连”主要为了省力，例(35)a 句不用“在”也基于省力的目的。

3. 韵律的需要。例如：

(36)a. 国内我们是学生，国外我们是老师。

b. 在国内我们是学生，在国外我们是老师。

(37)a. 孩子都懂这个道理，大人难道不知道吗？

b. 连孩子都懂这个道理，大人难道不知道吗？

例(36)的“国内”和“国外”是从韵律对仗角度来说的，可以隐去介词标记“在”。例(37)的“孩子”和“大人”也是从韵律对仗角度说的，也可以隐去介词标记“连”。

(三)介词标记隐现对句子的影响

介词标记的隐现和句子的结构、语义、表达都有密切的关系,在具体的交际中,人们往往根据语境的需要而进行适当选择。由于介词介引的对象不同,能否隐现要根据实际情况而定。同一个介词有时可以隐省,有时必须出现。例如:

(38)a.距上级组织的要求,我们还相差很远。(不能隐)

*b.上级组织的要求,我们还相差很远。

(39)a.距2022年北京—张家口冬季奥运会还有4年。(可以隐)

b.2022年北京—张家口冬季奥运会还有4年。

例(38)的介词"距"不能隐去,如果隐去了句子意思就不一样了,而且不能成句。例(39)的介词"距"可以隐省,隐去介词"距"句子的意思没有发生变化。

从表意来说,有的介词标记可以省略;但从表达角度看,介词标记隐现与否,还是略有不同的。例如:

(40)a.吃饭钱都不够了,还买什么衣服?

b.连吃饭钱都不够了,还买什么衣服?

(41)a.苹果手机弄丢了。

b.苹果手机被弄丢了。

例(40)不用介词标记"连",a句与b句意思一样;但从语用角度来看,用介词"连"的句子语气更强。例(41)不用介词标记"被",a句与b句意思一样;但从语用角度来看,两个句子还是略有差别的,b句更能表达说话者不满意之意。

第二节　介词标记“被”的隐现现象

现代汉语被动标记有“被、叫、让、给”，本节只研究被动标记“被”，别的被动标记暂不研究。探寻介词标记“被”的隐现规律，分析介词标记“被”在构句中所起的作用，有利于深入了解汉语“被”字句。被动标记“被”的隐现是有条件的，我们分别进行研究，把介词标记“被”的隐现规律找出来，也有利于留学生学好汉语被动句。

一、介词标记“被”必现的条件

我们从句式的结构、语义、表达三方面分析介词标记“被”的使用条件，探讨什么语境下介词标记“被”必须出现、什么语境下“被”可以隐省、什么语境下根本不用被动标记“被”。

(一)从结构角度分析介词标记“被”必现的条件

1.在现代汉语中，有些框架结构由介词标记“被”构成，比如“被……把”“被……给”“被……所”等；还有介词标记同现的句式，如“被……将”和“连……被”等。在这些框架结构中，介词标记“被”是不能缺的，一定要出现。例如：

(1)我再告诉你，这表是假的，一文不值，你被那个老色鬼港客给骗了。(《橡皮人》)

(2)目前我军应避免被敌各个所击破，应避免仓促应战。(《雪白雪红》)

(3)阅览室的一些杂志被人把插图撕掉了。

例(1)中“被……给”为框架结构，“被”不可隐省。例(2)中“被……所”为框架结构，“被”不可隐省。例(3)中“被……把”为介词标记同现的框架结构，“被”不可隐省。可见，由介词标记“被”形成的框架结构，“被”是绝对不可隐省的；如果缺少了介词标记“被”，框架结构没有了，句子也就不能成立了。

2.现代汉语中有一些单音节动词与“被”搭配，表达“不如意义、受损义”的语义，这时的“被”不能隐省。例如：

(4)这家商店昨晚被砸了，破坏分子至今没有抓住。(《半岛晨报》，2013-06-18)

(5)如果她赢了，思佳就钻桌子被罚。(《赤橙黄绿青蓝紫》)

(6)半个小时前，厂里的粮店被盗了。(《钳工王》)

(7)巡夜警卫以为被盗了，其实什么也没丢。(《钳工王》)

例(4)的谓语“砸”是单音节动词，与“被”构成“被砸”，“被”不能隐省。例(5)的谓语“罚”是单音节动词，与“被”构成“被罚”，“被”也不能隐省。例(6)和例(7)的谓语动词都是“盗”，如果不用被动标记“被”，两个句子都不成立。类似的动词还有“砍、杀、抓、炸、打、骗、偷、扔、拆、整、劫、擒、烧、围、歼”等，这些单音节动词一般表“不如意义、受损义”。

3. 在谓语动词前有施事和受事出现，而且施事和受事具有[＋人]的语义特征，如果是被动句，介词标记“被”必现。例如：

(8)肇事司机被交通警察扣住了驾照。(《无人喝彩》)

(9)郝思佳理所当然地被大家推选当了头头。(《赤橙黄绿青蓝紫》)

(10)韩丽婷被他遮住了脸，只露出一把乌黑散乱的长发。(《无人喝彩》)

例(8)的受事为“肇事司机”，施事为“交通警察”，介词标记“被”介引施事，“扣住”为谓语动词，宾语“驾照”从属于受事主语“肇事司机”。例(9)的受事为“郝思佳”，施事为“大家”，“被”介引施事，“推选”为谓语动词，宾语“头头”与受事主语同指。例(10)的受事为“韩丽婷”，施事为“他”，“被”介引施事，“遮住”为谓语动词，宾语“脸”是受事主语“韩丽婷”的一部分。三个例句的施事和受事都具有[＋人]的语义特征，要求介词标记“被”必须出现，否则就不清楚二者的语义关系，句子就不能成立。

4. 在被动句中有否定词、能愿动词出现时，介词标记“被”必现。例如：

(11)女学生并未被训导长的追问吓住，声调清楚地回答。(《红岩》)

(12)她应该被股市套住了，里面至少有50万。

例(11)的否定词“未”在被动句中出现，位于介词标记“被”前，“被”必现。例(12)是能愿动词“应该”在被动句中出现，位于介词标记“被”前，“被”必现。

(二)从语义角度分析介词标记“被”必现的条件

1. 如果句式主要表达“遭受义”或“受损义”，受事在主语位置，位于动词之前的施事具有[＋人]的语义特征，介词标记“被”必现。汉语以介词“被”为标记构成的典型句式结构为“NP_2＋被＋NP_1＋VP”，动词的两个参与项(受事、施事)都存在，因为施事的动作行为而对受事产生了影响。例如：

(13)我像头顶被人砸了一石头，两腿软了下来。(《在悬崖上》)

(14)要是我被人家当成垃圾扔进垃圾箱，还能顾他吗？(《在悬崖上》)

(15)没有民主，到了嘴边的羊腿也会被人夺走。(《夜的眼》)

例(13)的受事是“我”，施事是“人”，动词是“砸”，表达“遭受义”，介词标记“被”必现。例(14)的受事是“我”，施事是“人家”，动词是“扔”，也表达“遭受义”，介词标记“被”必现。例(15)的受事是“羊腿”，施事是“人”，动词是“夺”，表达“受损义”，介词标记“被”必现。这三个句子都具备典型“被”字句的条件，由于表意的需要而要求标记词“被”必现。

为了明晰句子成分的语义关系，介词标记“被”不可缺失。如果缺失介词标记

“被”，就会出现所指对象不明的情况。例如：

(16)a. 李明被老板炒鱿鱼了。

b. 李明老板炒鱿鱼了。

c. 李明炒鱿鱼了。

(17)a. 大家被哭得懵里懵懂。(《钳工王》)

b. 大家哭得懵里懵懂。

(18)a. 章华勋被叫得肝肠寸断，心如刀绞。(《钳工王》)

b. 章华勋叫得肝肠寸断，心如刀绞。

例(16)有三种情况，a 句是典型被动句，“李明”是受事，“老板”是施事，二者的关系通过被动标记“被”而分清，说明谁被谁炒鱿鱼了。b 句没有介词标记“被”，主语可以是“李明老板”，不是“李明”，被炒鱿鱼的对象是“老板”，而不是“李明”。c 句可以理解为“李明自己炒老板的鱿鱼”，也可以理解为“李明被老板炒鱿鱼了”。例(17)a 句中“大家”为受事，b 句“大家”是施事，这两个句子是不同的句子格式，表达的意思也完全不同。例(18)a 句“章华勋”为受事，句子为被动句；b 句“章华勋”为施事，句子为主动句，两个句子意思不同。

当施事为[＋人][＋生命]时，句子为了表意清晰，要用介词标记“被”。例如：

(19)世贸大厦被恐怖分子炸毁了。

(20)敌人的坦克被解放军战士摧毁了。

当施事为[－人]，但对受事产生了一定影响，也要用“被”。例如：

(21)老人被石头绊倒了，摔坏了大腿。

(22)校长被一阵雷声惊醒，他看到外面电闪雷鸣，大雨如注，非常担心学生。

(23)章华勋在梦中被电话惊醒——“厂长，下雪了！”(《钳工王》)

例(21)的“老人”是受事，“石头”是施事，句子表达“遭受义”，必须有被动标记“被”，语义关系才能清晰。例(22)的“校长”是受事，将“校长”惊醒的是“雷声”，句子也表达“遭受义”，需要被动标记“被”介引施事，这样句式结构关系才明晰。例(23)中对受事“章华勋”产生影响的是“电话”，句子也必须用被动标记“被”才能成立。

2. 使用标记词“被”，句子成分的语义关系才能清晰；如果不用标记词“被”，句子就容易产生歧义。例如：

(24)a. 张女士被相中了。

b. 张女士相中了。

(25)a. 大力一进酒吧就被打了一拳。

b. 大力一进酒吧就打了一拳。

(26)a. 可是王大爷被你这脾气可气跑了。(《编辑部的故事》)

*b. 可是王大爷你这脾气可气跑了。

(27)a. 你丈夫纵有千条不足,他也是个作家……瞧瞧,被你逼成什么样儿了?(《编辑部的故事》)

*b. 你丈夫纵有千条不足,他也是个作家……瞧瞧,你逼成什么样儿了?

例(24)a句中的“张女士”是受事,是被相中的对象;而b句中的“张女士”则成了施事,是相中别人或物品的主动者。例(25)a句中的“大力”是受事,是被打的对象,句子为被动句;而b句中的“大力”则变成了施事,句子为主动句。例(26)和例(27)a句都有介词标记“被”,句子可以成立;b句没有介词标记“被”,句子不成立。

3. “被”的使用一定要和句式的动词语义相吻合,否则就不能用被动标记“被”。例如:

(28)她不出三天就得被人拐了卖了。(《编辑部的故事》)

(29)我哪怕是被误解了,也得做那个精神文明的典范。(《编辑部的故事》)

例(28)中动词“拐”和“卖”体现的是“遭受义”,与“被”为标记的句式义一致。例(29)中动词“误解”也体现了“遭受义”,与“被”为标记的句式义一致。两句中的“被”都不能缺省。

(三)从表达角度分析介词标记“被”必现的条件

1. 要突出动作的结果或影响,就必须使用介词标记“被”。例如:

(30)不瞒你说,这位被纯粹的日本货坑坏了。(《编辑部的故事》)

(31)一喝酒,这件事竟被他忘个一干二净。(《皇城根》)

(32)甲队球员被黄牌警告两次,乙队球员被黄牌警告三次。

例(30)使用介词标记“被”把受事“这位”移到动词前,为了凸现动作的结果“坑坏了”。例(31)使用介词标记“被”把受事“这件事”前移,目的是凸显动作的结果“忘个一干二净”。例(32)使用被动标记“被”,让受事“球员”前移,凸显动作的结果“警告”。很显然,在上面三个例句中,如果不用以介词“被”为标记的句式,而改用以介词“把”为标记的句式,效果是不同的。

2. 衔接的需要。汉语虚词不仅起语法手段的作用,而且起连接上下文的作用。介词标记“被”则起到连接前后句的作用。例如:

(33)金枝手里的酒瓶,陈建功、赵大年被大立夺了下来。(《皇城根》)

(34)又何必让全家跟着我,被人指指点点呢,你……走吧。(《皇城根》)

例(33)的受事主语为“酒瓶”,实际上“金枝手里的酒瓶”也可以是话题,“被”介引施事“大立”,同时起到连接后句的作用。例(34)的话题是“又何必让全家跟着我”,“被”介引施事“人”,同时起到连接后句的作用。

3.主动与被动对照。汉语表达观点时常常可以使用正反对比的形式，主动和被动的对照有利于说话者达到说话的目的，这时被动标记“被”必现。例如：

(35)自己终于留在台上了，而没被撵下台。(《钳工王》)

(36)当众唱歌时，不但无人喝彩，反倒被人耻笑。(《钳工王》)

例(35)用主动和被动对照，形成鲜明对比，表达说话者的心情。例(36)的“不但无人喝彩，反倒被人耻笑”也是主动与被动对照，突出后者。

主动与被动对照常常表达不如意等情景语义。以介词“被”为标记的句式实际表达的是一种受到的意外的影响，而且整个意外的结果常常是受损的、不如意的。随着语言的发展，现在表示如意的越来越多。例如：

(37)这次大赛他不但没被淘汰，反而被评为一等奖。

例(37)的“被淘汰”表达不如意，“被评为一等奖”表达如意，通过对比更能突出“赞美义”。

4.体现对受事的评价。使用有标记被动句也能体现说话人的态度，即对受事的评价。例如：

(38)张斯斯被评为劳动模范。

(39)正在开会的某领导被双规了。

例(38)的“被评为劳动模范”是对工作优秀者的表彰，体现了说话者对受事“张斯斯”的评价。例(39)的“被双规”指国家领导干部违犯了党纪国法而受到的惩治。

二、介词标记“被”可现可隐的条件

施春宏(2004)认为受事主语句与“被”字句有紧密的联系，很多“被”字句的“被+NP”没有出现，但很多受事主语句都可以添上“被+NP”。[①] 从标记角度我们把汉语被动表述分为三种类型：①被动标记必现；②被动标记可现可隐；③被动标记不必现。实际上施先生说的是第二种情况，就是我们要讨论的被动句标记的“可标、可不标”的问题。

(一)在汉语以介词“被”为标记的句式中，“被”字句可变换为无标记的受事主语句，句意不变。例如：

(40)a.鱼缸小儿子打了一个窟窿。

b.鱼缸被打了一个窟窿。

c.鱼缸打了一个窟窿。

---

① 施春宏，2004.汉语句式的标记度及基本语序问题[J].汉语学习(2)：15.

(41)a. 照相机被李刚弄坏了。

b. 照相机被弄坏了。

c. 照相机弄坏了。

例(40)的三个句子意思差不多,a 句的介词标记“被”介引施事“小儿子”,“鱼缸”是受事,动作的结果是“打了一个窟窿”;b 句由语境已知施事是谁(或不知道施事是谁),这个施事可以不说出来,介词标记“被”可隐可现;c 句的受事“鱼缸”为主语,介词标记“被”隐省,形成受事主语句。例(41)a 句的受事为“照相机”,施事为“李刚”,施事出现须用介词“被”介引;b 句的施事隐省,被动标记“被”可出现、也可隐省;c 句的介词标记“被”隐省。这三个句子虽是三种句式形式,但主要意思一致,有无介词标记“被”可以根据语境和表达的需要而互相转换。

(二)句子具有“减损义”时,被动标记“被”可现、可不现。例如:

(42)a. 汽车跑坏了 10 辆。

b. 汽车被跑坏了 10 辆。

(43)a. 黄河炸开了。

b. 黄河被炸开了。

(44)a. 手机弄丢了。

b. 手机被弄丢了。

例(42)有“减损义”,例(43)有“破坏义”,例(44)有“减损义(丢失义)”,三个句子中的 NP_2 都是[一生命]。三个例句中的 a 句均和 b 句意思相同,但说话人的口气不同,有被动标记“被”的句子明显带有不满意之义。

减损义动词充当谓语时,被动标记“被”可现、可不现。例如:

(45)a. 路上他看见大标语牌被刮坏了。(《钳工王》)

b. 路上他看见大标语牌刮坏了。

(46)a. 将被解雇的工人,由港商给予补贴。(《钳工王》)

b. 将解雇的工人,由港商给予补贴。

例(45)的受事为“大标语牌”,谓语为减损义动词“刮坏”,被动标记“被”可用也可不用。例(46)的“解雇”为减损义动词,被动标记“被”可用也可不用。

(三)被动标记现与不现,不影响句子的语义关系。例如:

(47)a. 20 个犯罪分子抓住了。

b. 20 个犯罪分子被抓住了。

(48)a. 大公鸡杀了。

b. 大公鸡被杀了。

(49)a. 与男朋友吵架,刘佳气哭了。

b. 与男朋友吵架,刘佳被气哭了。

例(47)的“犯罪分子”是被抓的对象,不用介词标记“被”,句子的表达也非常清晰。例(48)的“公鸡”往往是用来吃肉的,用不用介词标记“被”,a句和b句的意思是一样的。例(49)的刘佳作为女性,为弱势群体,容易受欺负和被气哭,a句和b句的意思基本是一样的,但从语气上看b句表达受到的伤害更大些。可见,当不影响句子意思的表达时,人们根据需要而决定用不用介词标记“被”。如果不用介词标记会影响句子意思的表达(或使句子产生歧义),则一定要加上介词标记“被”。

上面这些句子的主语都有[+生命]的特征,根据经济的原则,一般不影响交际的成分能省则省,所以对于介词标记可加可不加的句子,人们往往不加介词标记。

还有一些以介词“被”为标记句式的施事 NP_1 具有[+生命][+人]的语义特征,受事 NP_2 具有[-生命]的语义特征,这样的句子可用被动标记,也可不用被动标记。例如:

(50)a. 沟帮子熏鸡儿子吃了。

b. 沟帮子熏鸡被儿子吃了。

(51)a. 报纸孩子撕碎了。

b. 报纸被孩子撕碎了。

例(50)的受事“沟帮子熏鸡”具有[-生命]的语义特征,施事“儿子”具有[+生命][+人]的语义特征,用不用介词标记“被”,句子的意思差别不大,所以“被”可用、可不用。例(51)的受事“报纸”也具有[-生命]的语义特征,施事“孩子”具有[+生命][+人]的语义特征,a句和b句意思一样,因此“被”也是可用、可不用。

(四)有些动词经常用来表达被动,自然而然有了被动的用法。如:

(52)a. 地铁一号线和二号线列为大连市的重点工程。

b. 地铁一号线和二号线被列为大连市的重点工程。

(53)a. 他就是那时一举夺魁,誉为全国的钳工状元的。(《钳工王》)

b. 他就是那时一举夺魁,被誉为全国的钳工状元的。

例(52)和例(53)中的a句,动词分别为“列为”和“誉为”,两个句子中没有介词标记“被”,不影响句意的表达。这两个句子补上介词标记“被”的b句与a句意思一样。

我们讨论了被动标记可现可隐的问题,觉得有些情况下用被动标记和不用被动标记,句子意思没有差别。不过在有些情况下,用被动标记和不用被动标记在语气表达上还是有区别的。例如:

(54)a. 我们刚才在教室说的话小张听见了。

b. 我们刚才在教室说的话被小张听见了。

(55)a. 当时人们皆因厂终于被“嫁”出去了而高兴。(《钳工王》)

b. 当时人们皆因厂终于“嫁”出去了而高兴。

例(54)a 句是一般陈述句,说话人是在客观叙述;b 句使用介词标记“被”,说话人的语气带有感情色彩,含有不愿被“小张”听见的意思。例(55)a 句有点舍不得的口气,表示有点遗憾;而 b 句则没有遗憾的意味。

三、介词标记“被”不必出现的条件

(一)介词标记“被”不必出现的句子类型

现代汉语里存在大量无被动标记的受事主语句,分为两种情况:一种是不必用被动标记,另一种是不能用被动标记。

1. 不必用被动标记。汉语有些句子不用被动标记而表意已十分清晰,出于经济的考虑人们常常不用“被”。例如:

(56)腿踢伤了,鞋也踢破了。

(57)贩毒头子已经击毙。

(58)犯罪分子已经押到。

(59)酒后开车的司机都该罚。

例(56)没有施事,就不必用被动标记;如果句子中有施事,就必须用介词标记“被”引出施事,如“腿被对方踢伤了,鞋也被对方踢破了”。没有必要引出施事的句子如果用了反而显得累赘。例(57)和例(58)也不必用被动标记,因为句子的语义关系明确,不会产生歧义;如果这两个句子用被动标记,即说成“贩毒头子已经被击毙”和“犯罪分子已经被押到”,就有点画蛇添足了。例(59)的动词“罚”前有能愿动词“该”,句子已经表达被动,一般不用“被”;当然用了也不能算错,如可以说“酒后开车的司机都该被罚”。

2. 不能用被动标记。上面说的是不必用被动标记“被”的例子,下面我们再谈谈不能用被动标记“被”的情况。例如:

(60)*党代会被开得怎么样了?

(61)*新郎的西装被做好了,请试一试。

例(60)的动词“开”后面有助词“得”,已经表达被动的意思,因此不能用“被”。例(61)的动词“做”前不应该出现“被”,因为句子是陈述事实,其中没有感情色彩,用了就错了。

(二)不用介词标记“被”的条件

1. 无被动标记“被”的句子在形式上是“受事主语+谓语动词+补语”。如:

(62)饭店装修完了。

(63)地板擦干净了。

(64)词典借出去了。

例(62)的“饭店”为受事作主语,“装修”为谓语动词,句子不必用介词标记“被”。例(63)的“地板”为受事作主语,“擦”为谓语动词,句子也不必用介词标记“被”。例(64)的“词典”为受事作主语,“借”为谓语动词,句子也不必用介词标记“被”。

2.不用介词标记“被”的句子,其语义表达是自足的。例如:

(65)地瓜烤熟了,你可以吃了。

(66)玉米种完了,他们终于松了一口气。

例(65)的“地瓜烤熟了”有受事主语“地瓜”,有谓语动词“烤”,有动作的结果“熟了”,句子在语义表达上是自足的。例(66)的“玉米种完了”有受事主语“玉米”,有谓语动词“种”,有动作的结果“完了”,句子在语义表达上也是自足的。

3.无标记句式在语用上体现了经济的原则。例如:

(67)a.葡萄卖光了,该回家过中秋节了。

  *b.葡萄被卖光了,该回家过中秋节了。

(68)a.衣服包好了,你可以拿走了。

  *b.衣服被包好了,你可以拿走了。

例(67)a句的“葡萄卖光了”陈述葡萄已卖完的事实,表达很清晰,语义自足;而b句加上被动标记“被”后显得画蛇添足,违背了经济的原则。例(68)a句的“衣服包好了”陈述衣服已包好的事实,表达很清晰,语义自足;而b句加上被动标记“被”后也显得画蛇添足,违背了经济的原则。

受事主语句不用介词标记是因为句式格式符合汉语语法的要求,语义表达清晰明了,符合汉民族的文化和认知。当然,有的受事主语句也可以转换成有介词标记“被”的句式,这与说话者的态度有关,表达不满意的口气时可以用“被”字句,而客观陈述时一般不用“被”字句。总体来说,汉语被动句的发展过程是从无标记句式向有标记句式衍化。

第七章

留学生习得以介词为标记句式的偏误分析及教学对策

随着汉语走向世界，大量留学生来华学习汉语，使汉语国际教育事业蓬勃发展。汉语学习主要包括语音、词汇、语法、文字四要素。语法是组词成句的规则，因而语法学习非常重要。虚词是语法的重要手段之一，以介词为标记的句式体现了汉语句式的特点，而且使用频率较高，是留学生必须学习的内容。目前留学生学习以介词为标记的句式常常出现偏误，或避而不用。这些问题是多方面因素造成的：一方面是学生母语负迁移的影响；另一方面是由于汉语以介词为标记句式的用法复杂；当然也有其他原因，比如教师的讲课方式、教材的设计等。这些因素都会影响留学生学习以介词为标记的句式，导致留学生学起来困难，用起来更困难。

那么，怎么才能让留学生学好以介词为标记的句式呢？这是一个非常值得研究的课题，解决好这个问题有助于外国学习者学习以介词为标记的句式，提高外国学习者的汉语水平。我们的研究要适应汉语国际传播的需要，多角度探讨留学生习得汉语介词标记的问题。①

第一节 无标记句式习得先于有标记句式习得

人们交流思想或看法主要通过句式得以实现，而汉语句式有自己的构句规则。从标记角度看，汉语句式存在有标记句式和无标记句式两种。在汉语中，介词容易成为句式标记。虽然留学生在学习汉语有介词标记句式和无介词标记句式时都常出现一些偏误，但一般来说留学生习得有介词标记句式的偏误比无介词标记句式的多。标记理论能够较好地诠释外国人学习汉语以介词为标记句式的偏误。从目前我们分析的语料来看，留学生习得汉语有介词标记句式的难度要高于无介词标记句式。这就启示我们在对留学生的汉语教学中先教无介词标记句式，然后再教有介词标记句式，这样有利于降低留学生的学习难度。

① 本章研究留学生习得以介词为标记句式的偏误，研究的内容既包括典型介词标记的偏误，也包括非典型介词标记的偏误。不论涉及哪类介词标记，只要留学生在学习汉语过程中出现了偏误，都是我们研究的对象。介词标记“把”在第一节中讨论较多，所以没有单独拿出来研究。

汉语以介词为标记的句式常形成独特的句式结构，如“把”字句、“被”字句、“比”字句、“连”字句等。留学生即使习得了这些句式，也常选用无标记句式来代替。我们以“把”字句为例做了一个小测验，让留学生用学过的句式造句，学生造的句子如下：

(1)a. 我把一盘狗不理包子吃了。

*b. 我一盘狗不理包子吃了。

c. 我吃了一盘狗不理包子。

(2)a. 约翰把自行车弄坏了。

*b. 约翰自行车弄坏了。

c. 约翰弄坏了自行车。

选择例(1)和例(2)a 句的留学生约占 23.6%，选择 b 句的约占 25%，选择 c 句的约占 46.4%，其余 5% 为其他句式(包括病句)。这个测验显示出更多留学生选择无标记句式，说明留学生习得有介词标记句式的难度要大些。

留学生认为学习“把”字句困难，一方面是因为他们的母语中没有这样的句式，另一方面是因为“把”字句的结构复杂、表意丰富。有一些教材把以介词“把”为标记的句式解释为处置式，这个概念太笼统，让外国学习者摸不着头脑，不知道“把”字句的作用到底是什么。这就会影响留学生习得“把”字句，造成其对以介词“把”为标记的句式采取回避的态度，在应该使用以介词“把”为标记的句式时选用其他句式。

即使有的留学生选了以介词“把”为标记的句式，也常常会出现一些偏误。例如：

(3)*今天我把作业写，才能出去玩。

(4)*你把这件事不应该告诉玛丽。

(5)*约翰寄回家把中国特产。

(6)*山本把书在桌子上了。

(7)*我把苹果手机有了。

例(3)的动词“写”常常要求体现一种结果，不能以单音节的光杆形式出现，而要在动词“写”后加上“完”。在汉语中，否定副词和能愿动词一般要位于动词或形容词前，而在例(4)的“把”字句中则要置于介词标记“把”前。例(5)的语序出了问题，“把”及其处置的对象位于句末不符合汉语“把”及字句的构句规则，“把中国特产”应位于动词前，正确的表达是“约翰把中国特产寄回家”。例(6)缺动词，在这个句子中“把”是介词而不是动词，“在”也是介词，句子必现加动词才能成立，正确的表达为“山本把书放在桌子上了”。例(7)有动词，但动词“有”不能进入“把”字句，“把”字句的动词一般要求是动作性强的自主动词，正确的表达是“我把这部苹果手机买了”。

“把”字句属于汉语有标记句式。为了使留学生掌握“把”字句，减少偏误，必须使其全面了解“把”字句。吕文华(1994)认为掌握“把”字句一定要了解“把”字句的语义。我们觉得吕先生的说法很有道理，同时我们认为还要让留学生了解“把”字句使用的语言背景，将语法规则与具体语境相结合，让其知道什么语境下可以使用“把”字句、什么语境下不能使用“把”字句。这样他们就会得体地使用“把”字句。

那么什么时候用“把”字句呢？“把”字句的抽象意义是“处置”。也就是说，当说话者主观上着眼于“把”的宾语所指的事物，叙述通过动作对该事物施加什么影响、使它产生什么变化或出现什么结果时，用“把”字句。如“请小李把工具拿过来”，针对“把”的宾语“工具”，叙述动作发出者“小李”通过“拿”这个动作使“工具”发生位置上的移动。再如“她把教室打扫得干干净净”，叙述“她”把“教室”打扫的情况，打扫的结果是“干净”了。

教师应如何教授“把”字句呢？一方面要从“把”字句的基本结构出发，按照循序渐进的原则分层次进行教学，先教授较为简单的“把＋O＋V＋了”结构(如“把钱换了”“把衣服洗了”等)；再教授日常生活中出现频率较高的“把＋O＋V＋结果补语”结构(如“把书打开”“把字写完”等)。另一方面，在教学中，一定要结合语境，说明“把”字句使用的条件。教师可以利用身边的情景，比如“请把手机放到桌子上”，一边说，一边演示动作，强调“把”后的宾语，提醒留学生“把”处置的对象是“手机”及“手机”移动后的处所变化。最后教师应总结：说话人通过动作使物体或人发生位置上的移动或状态的变化，并出现了一种结果。留学生明白“把”字句使用的意义之后，再通过练习来巩固“把”字句的基本用法，掌握“把”字句并运用“把”字句与中国人交流。

留学生学习汉语以介词为标记的句式时往往受到母语负迁移的影响，很多偏误的例子都是受母语影响产生的。比如母语是英语的留学生受其母语影响，在学习汉语受事主语句(无标记被动句)时常常加上介词标记“被”，出现标记转移现象，从而形成偏误。例如：

(8) * 书被我买了。

(9) * 馒头被我吃了。

(10) * 那瓶水被约翰喝了。

(11) * 豆浆被卖完了。

例(8)～例(11)都应该用受事主语句表达，不应该用被动标记“被”。留学生把这些句子都加上了“被”，就出现了错误。中国人在实际表达类似的句子时通常不用被动标记“被”，而用无被动标记的受事主语句。

有的外国学习者学习有标记被动句时，受母语被动标记位置的影响，常出现语序的错误。例如：

(12)＊茶杯打碎了被我。

(13)＊词典拿错了被玛丽。

例(12)和例(13)中介词标记“被”的位置都错了，这是受英语被动句语序的影响而产生的偏误。

我们对留学生习得有介词标记句式和无介词标记句式的使用情况进行了测验，测验的结果是使用有介词标记句式的数量要少于无介词标记句式，因为多数留学生认为使用无介词标记句式要比习得有介词标记句式容易，故而很多留学生对有介词标记句式避而不用。比如：

(14)“你书给朋友了吗?”“我书给朋友了，您不用担心了。”

例(14)应该使用“把”字句而没用，最佳的说法应该是：“你把书给朋友了吗?”“我把书给朋友了，您不用担心了。”

“把”字句的基本结构是“S＋把＋O＋V＋其他”，这与汉语句式的基本结构“SVO”是不同的，留学生很难理解这种含介词标记的句式。一方面他们的母语中没有与“把”字句对应的结构，另一方面这种句式与汉语基本句式不同。留学生即使学习了“把”字句，一般也不会选用，而常用不带“把”的受事主语句“书给朋友了”。对外国学习者来说，用含有介词标记“把”的句子确实比用相应的受事主语句有难度。从人的认知功能角度来看，无标记句式才是最自然的句式，也是大脑最容易处理的句式。这也体现了无标记句式先于有标记句式的习得规律。从标记理论的视角来研究二语习得，可以开拓新的视野和领域，但有些问题还有待于学者们进一步研究。

基于上面的论述，我们知道有介词标记的句式难于无介词标记的句式，知道了留学生学习汉语的难点，就可以采取办法化解难点。一方面，我们要加强介词标记的本体研究，深入研究介词标记本身的构句规则。仅仅让留学生了解介词标记大的框架结构和规则是不够的，我们对介词标记构句规则的解释要进一步细化，解释清楚每个介词标记构句的条件。另一方面，我们要加强对留学生习得有介词标记句式偏误的研究，通过偏误了解留学生习得有介词标记句式存在的问题，研究偏误的类型及偏误产生的原因，提出具体解决对策。在实际教学中，教师不仅要讲清楚以介词为标记句式的句法结构，还要讲清楚介词标记的语义规则和语用规则，把介词标记的具体用法教给留学生。

总之，在对外汉语教学中我们要采取先易后难、循序渐进的教学原则，从无标记句式开始，过渡到有标记句式，最终让留学生能正确地使用有标记句式和无标记句式，实现与中国人顺畅交流。

第二节 留学生习得汉语被动句的偏误分析及教学对策

一、研究背景

被动表述是世界语言中普遍存在的表述方式，各个国家的语言几乎都有被动句，但是彼此之间又有差异，不同语言中有标记被动句的结构形式是不同的，汉语有标记被动句是以介词“被、叫、让、给”为标记构成的句式。与留学生母语的被动句相比，汉语被动句有很多自己的特点。留学生(以英、日、韩为例)学习汉语有标记被动句时常常去母语里寻找与之对应的句式，因此会受到母语被动句的干扰，在使用汉语有标记被动句时常常出现偏误。例如：

(1)* a. 你说的那些话被他们没听见吧？

b. 你说的那些话没被他们听见吧。

(2)* a. 电脑弄坏了被他。

b. 电脑被他弄坏了。

(3)* a. 听了这个故事，眼睛被激动的泪水模糊了。

b. 听了这个故事，眼睛被激动的泪水弄模糊了。

例(1)a 句是否定副词“没”的使用出现了偏误。汉语的一般用法是否定副词位于动词或形容词前，起否定动作行为或事物性质的作用，世界上其他很多语言也是这样。留学生使用汉语否定词时，受母语或汉语一般用法的影响，把否定词“没”置于动词“听见”前。但以“被”为标记的被动句与汉语一般句式否定词的用法不同，否定副词必须出现在被动标记“被”前，否则句子就是病句。例(2)a 句是典型的受英语影响产生的病句。汉语被动句的结构为“受事＋被＋施事＋VP”，而英语被动句是用 by 介引施事位于句尾的。例(3)a 句缺少谓语动词，“模糊”在这个句子中是形容词，不是动词，不能作汉语有标记被动句的谓语。

世界上各种语言的被动句的构成是不同的，比如英语的被动格式为“be＋V-ed(＋pp)”(by 引出动作的执行者，例如 A book was given to me by him.)。韩语的被动格式主要通过三种手段表示：a. 附加法；b. 词根替换法；c. 分析法。[①] 而汉语被动句主要靠两种手段：一是靠介词标记“被、叫、让、给”构句，形成有标记被动句；二是靠语序，形成无标记被动句(受事主语句)。留学生在学习汉语被动句时，受母语的影响会

① 柳英绿，1999. 朝汉语语法对比[M]. 延吉：延边大学出版社：275-286.

说出不符合汉语被动表述规则的句子。教师应该把结构、语义和表达结合起来解释汉语被动句的构句规律。

二、有标记被动句难于无标记被动句

汉语被动表述存在有标记和无标记两种形式，留学生学习汉语被动表述时经常把无标记句式加上介词标记“被”，这样就产生了偏误。例如：

(4)＊柜子被打好了。

(5)＊烤鸭被吃完了。

(6)＊草坪被修剪好了。

(7)＊西装被干洗了。

(8)＊字画被卖了。

例(4)～例(8)都是不用加介词标记“被”的句子，加了“被”，句子就出现了错误。中国人使用这些句子时一般不会加介词标记“被”，除非特殊情况（比如对对方的做法很不满意）。只陈述客观事实时，中国人一般不会加上介词标记“被”，加“被”反而显得多余。

尽管留学生学习汉语无标记被动句时常因加了介词标记而产生偏误，但与有标记被动句相比，无标记被动句还是相对容易一些，因为它的语序与汉语一般句式的语序一致，都是“主＋谓＋宾”结构。而有标记被动句的语序与汉语一般句式的语序不同，要把宾语移到动词前，把施事移到被动标记“被”后，这样句式结构就复杂了。很多留学生对这样的句子变化不适应，使用时经常产生偏误。例如：

(9)＊a. 一件衣服被他烧了个窟窿，他连道歉的话都没说。

b. 这件衣服被他烧了个窟窿，他连道歉的话都没说。

(10)＊a. 多年失散的弟弟终于找到被爸爸了。

b. 多年失散的弟弟终于被爸爸找到了。

例(9)的受事宾语“衣服”移到了主语的位置，汉语有标记被动表述要求这个主语是有定的，所以用“这件衣服”是正确的。例(10)为有标记被动句，施事（原主语）要移到动词前，而不是动词后；施事“爸爸”由介词标记“被”介引，在句中作状语。

有标记被动表述的标记词除了“被”以外，还有“叫、让、给”，这三个被动标记常用于口语化的被动表述中。例如：

(11)50 棵樱桃树叫仇家给砍了。

(12)几个流氓在闹市行凶时让警察一网打尽。

(13)小张莫名其妙给路人骂了一顿。

在对外汉语教材中，"叫、让、给"出现在教材中的频率较少，留学生所接触的被动标记以"被"居多，有的教材中无论是口语还是书面语都用"被"。即使这样，被动标记数量的增加也给留学生学习汉语被动表述增加了难度。汉语有标记被动句在使用时不仅标记词多，而且表达时夹杂一定感情色彩，相比而言英语被动表述的感情色彩不是很明显。汉语有标记被动句主要用来描述一些不如意或遭受的事情，当然现在也有表达积极义的被动句，但这不是主流。

李大忠(1996)对留学生使用被动句的偏误情况进行了调查，认为有标记被动句的偏误所占的数量最多。[①] 吴门吉，周小兵(2005)指出"在目前对外汉语教学中，通常先教意义被动句，再教'被'字句"[②]。这说明有标记被动句的难度要大于无标记被动句。留学生只能从形式上区别有标记句式和无标记句式，区别的方式就是介词标记"被"的有无。教师需要在教学中将有标记被动表述的使用条件解释清楚。

从结构形式上看，我们把汉语被动表述(有标记被动句以"被"字句为例)分为以下几种类型：

①NP_2＋VP＋C

②NP_2＋被＋NP_1＋VP＋C

③NP_2＋被＋VP＋C

④被……给……

⑤被……所……

⑥被……为……

⑦被……把……

由于汉语被动表述比较复杂，教师教学时应分门别类地进行讲述，这样有利于留学生全面把握和认知被动句。另外，教师一定要根据汉语有标记被动句的特点进行情景教学，让留学生掌握汉语有标记被动句的构句规律和使用规则，这样可以减少他们学习汉语被动句时产生的偏误。每种类型被动句的句式难度有明显差异，教材在编排时应该将难点分开讲解，把无标记被动句排在前、有标记被动句排在后，先易后难，让学生分阶段突破难点，逐渐提高。

三、留学生习得有标记被动句的偏误分析

被动句是留学生学习汉语必须学习的句式。我们以"被"字句为例分析留学生学

---

① 李大忠，1996.外国人学汉语语法偏误分析[M].北京：北京语言文化大学出版社：153-167.

② 吴门吉，周小兵，2005.意义被动句与"被"字句习得难度比较[J].汉语学习(1)：62.

习汉语有标记被动句的偏误，从结构角度把“被”字句分为四部分，分析不同部分的偏误情况；另外还从语用角度增加了两种类型，即共分六种类型来分析：①主语部分的偏误；②状语部分的偏误；③谓语部分的偏误；④补语部分的偏误；⑤语义表达倾向差异引起的偏误；⑥逻辑因素产生的偏误。

（一）主语部分的偏误

在汉语被动句中，主语是受事，是汉语被动句最重要的组成部分，没有了受事也就没有了被动句。受事主语在构句时是有条件限制的，有的留学生不了解受事主语的构句规则，在使用时便会出现偏误。

1. 无定受事作主语的偏误。汉语以“被”为标记的句式要求受事主语是有定的，而有的留学生在造句时没有遵守这一规则，因而产生了偏误。例如：

(14) * 一部手机被骗走了。

(15) * 一个书包被孩子弄丢了。

例(14)的“一部手机”为无定受事，不能作“被”字句的主语；如果改为有定的“这部手机”或所属的“我的手机”，句子就成立了。例(15)的“一个书包”也为无定受事，如果改为有定的“这个书包”或所属的“我的书包”，句子就成立了。

2. 有无被动标记对有生命的受事影响大。如果受事 NP_2 是[＋生命]的，标记词的有无会对句意产生很大的影响。例如：

(16)a. 山本被批评了几句。

b. 山本批评了几句。

(17)a. 他被踢了几脚。

b. 他踢了几脚。

例(16)a 句“山本”为受事主语，b 句“山本”为施事主语，区别两句的关键在于有无“被”。如果留学生不用“被”却想表达被动义，就会说出意思完全不同的句子。例(17)a 句是被动表述，b 句是主动表述。若想用有标记被动句式表达，要加上表示被动的介词标记“被”才不至于产生意思上的误解。

3. 有无被动标记对无生命的受事影响不大。由于有无被动标记对无生命的受事与 V 的语义关系都不会产生很大的影响，所以介词标记“被”可用可不用，有标记句式和无标记句式可以互换。例如：

(18)a. 饭碗被你给砸碎了。

b. 饭碗你给砸碎了。

(19)a. 事情被我弄僵了。

b. 事情我弄僵了。

(20)a.练习本被孩子撕了。

b.练习本孩子撕了。

例(18)～例(20)a、b两个句子意思接近,但a句表达出说话者不满意的语气,b句只是客观陈述。有没有被动标记“被”还是略有差异的,如果说话者有不满意的倾向却还选择b句的表达方式,就会出现偏误。

(二)状语部分的偏误

1.“被＋施事”的语序偏误。介词标记“被”介引施事应位于谓语动词前作状语。以英语为母语的留学生受母语影响常常说出不符合汉语有标记被动表述语序规则的句子。例如:

(21)＊哥哥打了两个耳光被爷爷。

(22)＊田中踢了一脚被流氓。

例(21)中“被”介引施事“爷爷”,介词短语该位于动词前,正确的表达为“哥哥被爷爷打了两个耳光”。例(22)中“被”介引施事“流氓”,介词短语应该位于动词前,正确的表达为“田中被流氓踢了一脚”。

2.能愿动词的语序偏误。在汉语被动句中,能愿动词不能在动词前出现,而必须位于被动标记“被”前,否则就会出现错误。例如:

(23)＊这块月饼被孩子可能吃了,你不用找了。

(24)＊那头牛被洪水应该冲走了。

例(23)的能愿动词“可能”应位于介词标记“被”前,而不能在动词前,正确的表达为“这块月饼可能被孩子吃了,你不用找了”。例(24)的能愿动词“应该”必须位于介词标记“被”前,而不能在动词前,正确的表达为“那头牛应该被洪水冲走了”。

3.否定副词的语序偏误。在汉语被动句中,否定副词也不能在动词前出现,而必须位于介词标记前。例如:

(25)＊最近丽娜被老师没批评。

(26)＊玛丽的钱包被小偷没偷走,她找到了。

例(25)的否定词“没”应位于介词标记“被”前,而不能在动词“批评”前,正确的表达为“最近丽娜没被老师批评”。例(26)的否定词“没”也应位于介词标记“被”前,而不能在动词“偷”前,正确的表达为“玛丽的钱包没被小偷偷走,她找到了”。

(三)谓语部分的偏误

1.使用动词的偏误。

[1]遗漏动词造成偏误

留学生在使用被动句时,常常遗漏动词而造成偏误。例如:

(27)＊钱包被丢了。

(28)＊许多人被伤了。

例(27)遗漏了动词“弄”，正确的表达为“钱包被弄丢了”。例(28)遗漏了动词“打”，正确的表达为“许多人被打伤了”。这两个句子的动词“丢”和“伤”都是非自主动词，在构句时只能作补语，不能作谓语动词。

[2]使用单音节光杆动词出现偏误

汉语能进入有标记被动句的动词是有条件限制的，单音节光杆动词一般不能进入有标记被动句。留学生学习汉语被动句时常忽略这个规则而造成偏误。例如：

(29)＊小李被朋友追。

(30)＊孩子被妈妈打。

例(29)使用了光杆动词“追”，不能体现动作行为的结果，因而句子不成立。例(30)使用了光杆动词“打”，也不能体现动作行为的结果，因而句子不成立。

[3]使用双音节光杆动词出现偏误

有的双音节光杆动词的动作行为不强，且没有结果义，也不能进入被动句。留学生使用了没有结果义的双音节光杆动词就会产生偏误。例如：

(31)＊这个企业被他负责，能不倒闭吗？

(32)＊约翰被公司失业。

例(31)的“负责”为联合型动词，不能体现动作的结果，所以不能进入有标记被动句；要想使这个句子成立，可以把“负责”换为“管理”。例(32)的“失业”为动宾型动词，也体现不了动作的结果，所以也不能进入有标记被动句中；要想使这个句子成立，可以把“失业”换为“辞退”。

有的双音节光杆动词可以进入有标记被动句，这种动词多为动补型的。例如：

(33)这道数学难题已经被老师解开。

(34)约翰考试抄袭，已经被监考老师警告。

例(33)的“解开”为动补型动词，能够体现动作的结果，所以可以进入有标记被动句。例(34)的“警告”也属于动补型动词，也可以进入有标记被动句。

汉语中这类双音节动词都是“动＋补”的结构形式，因为词语本身包含了结果意义，达到语义上自足，这样的动词后面可以无其他表结果的成分。这样的动词还有“推翻、打倒、切除、延长、分开、驳倒”等。

2. 使用形容词的偏误。形容词不能在以介词“被”为标记的句式中作谓语，因为形容词不能对受事主语产生影响。但有的留学生在造句时常用形容词作谓语，造成偏误。例如：

(35) * 我的书被约翰脏了。

(36) * 教室被清洁工干净了。

例(35)的“脏”为形容词，不能作谓语，只能作补语；如果在“脏”前加上动词“弄”，句子就成立了。例(36)的“干净”也是形容词，不能作谓语；如果在“干净”前加上动词“打扫”，就能体现动作的结果了。

教师在讲汉语被动句时必须明确告诉留学生形容词不能作被动句的谓语，因为形容词不能体现动作行为；形容词只能作动词的补语，表达动作行为的结果。

(四)补语部分的偏误

汉语有标记被动句主要表达动作行为的结果或影响，动词后边常出现结果补语、数量补语、趋向补语等。可能补语不能进入有标记被动句中，因为它体现的是一种不确定的语气，不能体现动作行为的结果。留学生在使用被动句时，如果没有了解这个规则而使用了可能补语，就会出现偏误。例如：

(37) * 这瓶红葡萄酒被服务员起得开。

(38) * 电影《西游记》被我看得懂。

例(37)的“得开”是可能补语，表示一种可能性，不能体现动作行为的结果，因此不能进入有标记被动句；而把“得开”改为“开了”就行了，正确的表达为“这瓶红葡萄酒被服务员起开了”。例(38)的“得懂”也是可能补语，表示一种不确定的语气，不能进入有标记被动句；而把“得懂”改为“懂了”就可以了，正确的表达为“电影《西游记》被我看懂了”。

(五)语义表达倾向差异引起的偏误

由于“被”是从“遭受义”动词经过语法化逐渐演变成被动标记的，所以从使用的那一天开始，“被”字句就倾向表达“不如意义”和“受损义”的语义内涵，主要表达消极义。留学生对“被”字句的这一特点不理解，因为在他们的语言里被动句是可以随意使用、不受语义色彩影响的。在这种思维的影响下，留学生在使用“被”字句时容易产生偏误。例如：

(39) * 我被老师帮助了。

(40) * 楼房被盖好了。

例(39)的“帮助”是褒义色彩的动词，不能用于“被”字句中，句子可以改为“老师帮助我了”或“我被老师批评了”。例(40)不成立，但可以说“楼房被盖歪了”。

出现上述两个错句的主要原因是留学生不了解汉语被动句表达的语义色彩和使用的语言环境。从这两个例句我们也可以看出留学生容易受母语负迁移的影响而产生偏误。留学生母语的被动句在表达上与汉语以介词“被”为标记的句式是不同的，汉语以介词“被”为标记的句式不仅形成了独特的句式格局，而且在语义色彩上也有要求。如果留学生不了解这些，就容易产生偏误。

我们考察了北京语言大学 HSK 作文动态语料库，发现欧美留学生在使用汉语“被”字句时，常常不考虑汉语“被”字句在语义色彩方面的要求，受母语的影响而造出错误的“被”字句。例如：

(41) * 我被田中做了一件好事。

(42) * 我被朋友支援了。

例(41)不能用被动句表达，正确的表达应该是“田中帮我做了一件好事”。例(42)也不能用被动句形式，正确的表达为“朋友支援了我”。

(六)逻辑因素产生的偏误

对外汉语教材对有标记被动句的结构进行了详细分析，对一些限制条件也进行了说明，而逻辑方面的影响却没有涉及。实际上，如果使用汉语的时候不考虑逻辑因素，同样会产生偏误。例如：

(43) * 蛇被马力咬了。

(44) * 老虎被兔子吃了。

例(43)不符合逻辑，而“马力被蛇咬了”则符合逻辑。例(44)也不符合逻辑，而“兔子被老虎吃了”则符合逻辑。

留学生学习以介词“被”为标记的句式时最大的问题是不能准确把握以介词“被”为标记句式表达的语法意义，不能正确掌握以介词“被”为标记句式在实际运用中的句法、语义和语用的限制条件，不了解以介词“被”为标记句式的语义色彩和逻辑要求，更多地参照母语被动句的使用规则，因而说出了不符合汉语要求的被动句。

四、留学生习得无标记被动句的偏误分析

现代汉语中存在大量无标记被动句，无标记被动句有自己的结构、语义、语用特点。无标记被动句的主语是受事，而且受事主语以[一生命]的居多。这种形式的句式常常是对主语[一生命]的客观陈述，把客观情况告知对方。无标记被动句在形式上与主动句形式差别不大，二者区别起来较难，加上留学生的母语没有这样的句式，因而留学生使用无标记被动句时容易出现偏误。例如：

(45)* a. 你的文章被修改完了。

b. 你的文章修改完了。

(46)* a. 今天的精读作业被做完了。

b.今天的精读作业做完了。

例(45)和例(46)a句的错误是加了被动标记“被”,受事主语句不用被动标记,加了“被”就错了;b句不用被动标记就可以把事情陈述得很清楚。

由于认知事物的看法不同,或受母语的影响,留学生根本没有无标记被动表述的概念。他们认为只有有标记被动表述才符合被动观念的表达,所以造句时相当多的留学生用有标记被动表述代替无标记被动表述。

留学生习得无标记被动表述产生的偏误有各种类型,下面我们从结构角度进行分析。

(一)受事主语的偏误

无标记被动句的主语也是受事,而且这个受事应该是有定的、确指的。留学生在习得无标记被动句时往往不遵守这个规则,因而出现了偏误。例如:

(47) *一条裙子买了。

(48) *一辆汽车洗完了。

例(47)的“一条裙子”是无定的,不能进入被动句,改为“这(那)条裙子”句子才能成立。例(48)的“一辆汽车”也是无定的,也不能进入被动句,改为“这(那)辆汽车”句子才能成立。这两个句子在一定语境下也能成立,但单独使用时一般不能成立。

(二)谓语动词的偏误

无标记被动表述对谓语动词也有限制条件。因为光杆动词不能表达动作行为的结果,动词后要有补语或助词“了”才可以成句,所以光杆动词不能用于无标记被动句。留学生在习得无标记被动句的过程中,以为动词都可用于无标记被动表述,于是就产生了偏误。例如:

(49) *饺子包。

(50) *这本书买。

例(49)的“包”是光杆动词,后面没有动作行为的结果或影响,因而句子不成立,正确的表达为“饺子包(完)了”。例(50)的“买”也是光杆动词,后面没有动作行为的结果或影响,句子也不成立,正确的表达为“这本书买了”。

(三)补语的偏误

无标记被动表述的动词后常用补语说明动作行为的结果,而留学生常常遗漏这个补语,造成偏误。例如:

(51) *车灯打了。

(52) *手机的电用了。

例(51)的动词“打”后没有补语,因而句子不成立,加上补语“开”句子就成立了。

例(52)的动词“用”后也没有补语，因而句子也不成立，加上补语“完”句子就成立了。

(四)加被动标记产生的偏误

留学生习得无标记被动句的偏误例子最多的是误加被动标记。无标记被动句也可以称为意义上的被动句或受事主语句，在使用时无须加被动标记，而有的留学生偏偏要加上被动标记，这样就产生了偏误。例如：

(53) * 教室的椅子被修好了。

(54) * 今天的晚饭被妈妈已经做好了。

(55) * 他被遭人打了。

(56) * 我被挨爸爸骂了。

例(53)和例(54)都不需要标记词“被”，去掉“被”即可成立。例(55)的“遭”和例(56)的“挨”都含有被动之意，不必在“遭”和“挨”前加“被”，去掉“被”两句就都成立了。

五、汉语被动句的教学策略

(一)有标记被动句教学与无标记被动句教学并重

在对外汉语教学中，有标记被动表述一直被认为是教学的难点、重点，而无标记词的被动表述却得不到应有的重视。然而在被动表述的各类偏误中，无标记被动表述偏误是数量比较多的一类。无标记被动表述得不到重视的原因，可能是因为教材解释得不是很清楚，如“这类句子在形式上和主语是施事的句子没有区别”[①]，“主语为受事，是确指的某事物或人，说话人只关心受事如何，不关心施事”[②]。学生不明白这样的解释，他们需要的是具体的区别，既要了解有标记被动句的构句规则，也要了解无标记被动句的构句规则，同时还要清楚它们使用的语言环境，即在什么情况下使用有标记被动句、什么情况下使用无标记被动句。

(二)采用情景教学法

留学生的语法教学应少讲规则，多举例子，而且举例要有具体的语言环境。情景教学法对留学生的汉语教学非常适用，值得大力推广。例如，在以介词“被”为标记句式的教学中设置具体情景，请学生用介词标记“被”造句。设置情景一：上课时，玛丽与朋友打电话，老师拿走了玛丽的手机，用有标记被动句说明老师的行为，答案应该是“玛丽的手机被老师拿走了”。设置情景二：老师给出一个画面“大风吹倒了一棵大柳树”，请学生用介词标记“被”造句，说明画面情况，答案应该是“这棵大柳树被大风

① 刘珣，2010. 新实用汉语课本[M]. 2 版. 北京：北京语言大学出版社：217.
② 陆庆和，2006. 实用对外汉语教学语法[M]. 北京：北京大学出版社：443.

吹倒了”。

(三)被动表述要分阶段教学

有标记被动表述和无标记被动表述是汉语被动表述的两大句式,在留学生教学中不能同时教给学生,要有先后顺序。

1.初级阶段教学内容。在初级阶段先教无标记被动表述“NP+VP+C”。“NP”既可以是无生命体,也可以是有生命体,无生命体的教学要先于有生命体的教学。例如:

(57)饭吃了。(“NP”为无生命体)

(58)酒喝了。(“NP”为无生命体)

(59)孩子找到了。(“NP”为有生命体)

(60)玛丽分到初级二班了。(“NP”为有生命体)

无标记被动表述常常陈述一件客观事实,一般不带感情色彩。

在初级阶段的后半段开始教有标记被动表述句,而且这个句式应该是典型被动句,即“被”字句的典型形式“NP_2+被+NP_1+VP+C”。例如:

(61)田中被妈妈批评哭了。

(62)他家的狗被小偷打死了。

教完“被”字句的典型形式再教它的次典型形式,次典型形式的宾语可以省略,即“NP_2+被+VP+C”。例如:

(63)罗同学被开除了。

(64)护照被偷了。

这个阶段的教学要以表达“不如意义”和“遭受义”的内容为主,表达积极义内容的被动句可以在中级阶段教。

2.中级阶段教学内容。中级阶段主要讲结构较复杂的有标记被动表述。由于这种结构形式较复杂,教学中要注意有标记被动表述出现的语言环境,让学生了解句子表达的语义内涵。

此阶段可以讲积极义被动句,例如:

(65)玛丽被公司评为“先进工作者”。

(66)金大根被评为优秀留学生。

例(65)中“评为‘先进工作者’”对受事“玛丽”来说是个好消息,在表达上具有积极义色彩。例(66)“评为优秀留学生”对受事“金大根”来说是好事,在表达上也具有积极义色彩。与典型被动表述句不同,此类型的被动表述不仅有积极义色彩,更重要的是在动词后出现了宾语,学生学完典型被动句后再学这种类型,比较容易接受。

由“被”和“给”搭配构成的句式结构“被……给”,在中级阶段可以教给学生。例如:

(67)孩子的前程被你给耽误了。

(68)女友的照片被约翰给烧了。

口语中“被”和“给”常连用，在这种结构中“给”是助词，用在动词前，起到加强语气的作用。在讲这种句式时，教师应解释“给”在句中的作用，否则学生很难理解。

3.高级阶段教学内容。到了高级阶段，留学生的汉语水平有了很大提高。此阶段主要教有标记被动句的复杂形式，比如“被……所/为/把”结构。例如：

(69)强大的公牛队被弱旅火箭队所击垮，火箭队创造了新的奇迹。

(70)博物馆被小偷把镇馆之宝偷走了。

这些句式书面色彩强，教师要向留学生讲清其使用环境，让他们理解并学会使用。“被……所”格式中的“所”起加强语气的作用。“被……把”是两种句式混合之后形成的介词标记同现句式，“被”和“把”都是介词标记，整个句子是被动句。

有标记被动表述非常复杂，我们从多角度进行了分析，但在实际教学中也可能会有变化。无论发生什么样的变化，教师在讲授有标记被动句时不仅要考虑其句法结构，还要考虑该句式的语义和语用，并结合具体语境进行有效教学。

第三节 留学生习得“连”字句的偏误分析及教学对策

一、研究背景

以介词“连”为标记的句式不仅结构复杂，而且表意丰富。“连……都/也”是“连”字句中的一种特殊结构，不仅本体研究受重视，作为对外汉语教学内容也倍受重视。留学生学习汉语“连”字句时经常出现一些偏误。例如：

(1)* a. 周末聚会，田中连一瓶都没喝啤酒。

b. 周末聚会，田中连一瓶啤酒都没喝。

(2)* a. 汉字连中国人难写，何况我们留学生？

b. 汉字连中国人都难写，何况我们留学生？

例(1)a 句为有偏误的句子，“啤酒”不应出现在句末，“一瓶”是数量，后面要加上名词“啤酒”，“连”应该强调“一瓶啤酒”。例(2)的“连”应与“都”构成“连……都”结构，a 句遗漏了“都”，因而出现了偏误。

留学生习得以介词“连”为标记的句子常常出现偏误，这些偏误有结构方面的，有语义方面的，还有表达方面的。有不少留学生不了解汉语“连”字句，干脆避而不用。外国学习者学习“连”字句，不光学习语法知识，更重要的是培养运用“连”字句与中国人交际的能力，因而加强“连”字句教学很有必要。通过教学应该让留学生知道什么情况下使用“连”字句、什么情况下不能用。我们结合教学实际分析留学生使用“连”字句的偏误类型，结合偏误的成因提出了教学策略。

二、留学生习得“连”字句的偏误类型

留学生学习汉语“连”字句时常常出现一些偏误，我们把这些偏误归为五种类型，即遗漏、错序、混淆、误加、逻辑偏误。下面分别进行讨论。

(一)遗漏偏误

留学生在造句时常遗漏以介词“连”为标记句式中的某一成分，从而形成遗漏偏误。这类偏误数量较多，例如：

(3) * 大学快毕业了，连衣服不会洗。

(4) * 连老师都知道这件事，我怎么能知道？

(5) * 约翰连吃也没，就走了。

(6) * 他们回国了，老师也没告诉，就悄悄走了。

例(3)的"连"应与"都"构成框架格式"连……都",这个句子遗漏了副词"都",不仅不能表达强调的语义内涵,而且句子也不符合汉语的语法规则。正确的表达应该是"大学快毕业了,连衣服都不会洗"。例(4)遗漏了否定词"不",正确的表达是"连老师都不知道这件事,我怎么能知道?"。例(5)遗漏了动词"吃","连……也"结构强调动作行为时,动词一定是重复的,正确的表达是"约翰连吃也没吃,就走了"。例(6)遗漏了"连","连"起成句的作用,没有了"连"句子读起来就不顺畅,也不完整。正确的表达是"他们回国了,连老师也没告诉,就悄悄走了"。

(二)错序偏误

汉语最重要的语法手段是虚词与语序。介词标记"连"在构句时有自己固定的位置和顺序,并且对介引的成分也有位置的要求。如果句子中的位置顺序被打破,句子就可能出现偏误。例如:

(7)＊她工作很努力,连休息一会儿也不。

(8)＊田中去商店,连一分也没花钱。

(9)＊刚来中国时,连我一个汉字也不认识。

例(7)中"连……也"强调的是时间,正确的表达应该是"连一会儿也不休息"。例(8)中"连……也"强调的是数量名词结构"一分钱",而不是数量"一分",正确的表达应该是"连一分钱也没花"。例(9)强调的是"一个汉字",而不是"我",所以正确的表达是"刚来中国时,我连一个汉字也不认识"。

使用"连"字句时要了解各个成分的位置,否则就容易出现偏误。

(三)混淆偏误

1."连"字框架构成成分的混淆。介词"连"与副词"都、也、还"搭配成框架结构,即"连……都/也/还"。留学生常常不清楚"都、也、还"之间的差别,形成混用而造成偏误。例如:

(10)＊连我们外国人也喜欢吃四川火锅,你怎么不喜欢吃?

(11)＊同学们唱了很多中文歌曲,连老师都唱了一首。

(12)＊连老师也没讲呢,我怎么先讲呢?

例(10)应把"也"换成"都",用"都"表示范围,正确的表达为"连我们外国人都喜欢吃四川火锅,你怎么不喜欢吃?"。例(11)应把"都"换成"也",用"也"表示类同,正确的表达为"同学们唱了很多中文歌曲,连老师也唱了一首"。例(12)应把"也"换成"还",用"还"表示程度高或状态延续。一般来说,"还"的使用频率较低,后面常用否定式或反问形式。正确的表达为"连老师还没讲呢,我怎么先讲呢?"。由此看来,"都、也、还"与"连"搭配构成的框架是有区别的,不能把这三者混为一谈。

2.肯定和否定的混淆。“连”字句既可以用于肯定形式，也可以用于否定形式，要根据具体情况而定。留学生往往把握不好使用的条件，把肯定形式与否定形式弄混而造成偏误。例如：

(13)＊到北京我连故宫也去过，真遗憾。

(14)＊我连一封信都给她写，她很不高兴。

(15)＊连我都不知道开会，班长当然知道。

例(13)的“连……也”应该用否定形式，正确的表达是“到北京我连故宫也没去过，真遗憾”。例(14)的前句应该用否定形式，正确的表达为“我连一封信都没给她写，她很不高兴”。例(15)的前句应该用肯定形式，正确的表达为“连我都知道开会，班长当然知道”。

(四)误加偏误

留学生在学习“连”字句时，由于对句式的使用条件了解得不够，把不该用的成分加上了，从而形成了误加偏误。例如：

(16)＊连老师都12个人，正好一桌。

(17)＊她连有事，没说几句话就走了。

(18)＊玛丽连吃饭也没吃，就匆忙走了。

例(16)的“连”字句表示包括义，不用“都/也”呼应，正确的表达为“连老师12个人，正好一桌”。“连”字句可以用“都/也”呼应，也可以不用。留学生要了解什么时候用、什么时候不用，免得出现偏误。例(17)不用“连”，用了就错了，正确的表达是“她有事，没说几句话就走了”。例(18)的“连＋NP＋都/也”结构强调的是名词性成分，而不是动词性成分，去掉前一个动词“吃”句子就成立了，正确的表达为“玛丽连饭也没吃，就匆忙走了”。

(五)逻辑偏误

留学生在学习汉语以介词“连”为标记的句式时，常常只考虑符不符合“连”字句的语法规则，而忽视了逻辑上的要求。“连”字句在表达时有预设的要求，前后句的逻辑性要一致。如果没有考虑这一层，就容易出现偏误。例如：

(19)＊连别人的衣服都不洗，还能洗自己的吗?

(20)＊你连自行车都会骑，还能不会开车吗?

(21)＊他眼里连朋友都没有，还能有父母吗?

例(19)是违反常理的表达，不能正确地表达出隐含信息，因而出现了偏误。正确的表达是“连自己的衣服都不洗，还能帮别人洗吗?”。例(20)的“自行车”是最普通的交通工具，几乎人人会骑，不具有特殊性，不必特别强调。可以说“你连汽车都会开，还能不会骑自行车吗?”“连”字句往往强调极端性,这个极端可以是最大值,也可以是最小值,但不能是正常值。“连”字句强调最小值或最大值时,后面常用否定形式或反问形式。例(21)应该强调最大值,正确的表达应该是“他眼里连父母都没有,还能有朋友吗”。

“连”字句的使用有很多限制条件,留学生必须了解“连”字句的构句机制、知晓“连”字句的语义表达和使用的语言环境,这样才不会出错。如果只考虑单句的使用而不考虑上下句的关联,就不能表达说话者的真正意图。我们常常通过前后句关系来推测“连”字句的语义内涵。

三、留学生习得“连”字句的偏误成因及教学对策

在对外汉语教学中,教师要想把“连”字句教好,一定要了解留学生习得“连”字句的偏误类型和偏误成因,这样才能采取相应的教学对策,改善教学效果。

(一)偏误成因

1.“连”字句本身的复杂性。留学生习得“连”字句的一种用法以后,不管什么情况都用这种用法,造成使用上的泛化。实际上“连”字句的结构很复杂,表意很丰富,要根据具体情况选用不同的表达形式。从结构上来说,“连……都/也”是最常用的框架,即“连+强调项+都/也+动词+补语”。如果强调项用X表示,谓语部分用VP表示,会形成一种特殊结构。留学生不清楚这种结构,有的只用“连”而不用“都、也”呼应;有的即使用了“都、也”,但在不知道构句规则的情况下,也容易出现偏误。例如:

(22)* a. 来到中国,玛丽连一个电话都打了,爸爸很生气。

b. 来到中国,玛丽连一个电话都没打,爸爸很生气。

(23)* a. 他连女朋友没告诉,更别说我们了。

b. 他连女朋友都没告诉,更别说我们了。

例(22)的“连……都”格式后面应该用否定词“没”,留学生不了解这种用法,就造成了偏误。例(23)a句遗漏了副词“都”,强调义表达不出来;b句加上了“都”,句子就正确了。

“连”字句表意丰富,主要有“强调义、包括义”,暗含“比较义、递进义”等。留学生只知道其中一种语义用法,不知道其他用法而造成偏误。“连”字句常常用于极端情况,且前后两个句子的语义联系密切,只关注一半往往不能体会说话者的意图。例如:

(24)* a. 列娜连米饭都会做,饺子就更没问题了。

b. 列娜连饺子都会包,米饭就更没问题了。

(25)* 约翰连自行车都能修,电脑就更会修了。

例(24)的“米饭”和“饺子”比较,“米饭”容易做,而“饺子”比较难做,“连”字句要强调极端,一般容易做的没必要强调,所以 a 句是错句,b 句是正确的。例(25)的“自行车”和“电脑”没有可比性,会修自行车的不一定会修电脑,会修电脑的不一定会修自行车,前句和后句联系不起来,不能使用“连”字句,这是从关联角度出现了偏误。

2. 母语负迁移的影响。留学生在习得目的语的过程中容易受母语干扰。学习汉语介词“连”时,留学生常常在母语中找对应的词语,比如母语为英语者找到的对应词语为 even,然而 even 的用法不能与“连”的用法完全对等。留学生采用汉外对照的方式寻找母语中与“连”对应的词语或格式,但没有想到“连……都/也”是汉语的特殊表达方式,在其他语言中很难找到与其完全对应的格式。

诱发偏误的原因除了母语负迁移以外,还有留学生自身的因素。留学生的汉语水平不同,形成的偏误也不一样。很多留学生对汉语以“连”为标记句式的构句规则不了解,不知道什么时候、什么场合使用“连”字句,结果一用就出错。

3. 有些教材的解释不够恰当。有些汉语教材在解释“连”字句时,只说明“连”字句起强调作用。“强调”是个模糊的概念,留学生很难理解“强调”的含义。所以教材的编写应该注意情景化,使留学生知道什么场合使用“连”字句、这种句子有什么限制条件。把语法项目具体化、形象化、情景化、科学化是语法教学应遵循的准则,也是教材编写应遵循的准则。

(二)教学策略

教师应结合留学生学习“连”字句出现的偏误情况,在分析成因的基础上,在教学中采取具有针对性的措施,帮助留学生避免偏误的产生。

1. 正确对待留学生在学习“连”字句过程中出现的偏误。留学生学习汉语不可能不出现偏误,无论学了多长时间的留学生都会产生偏误,只是偏误的数量多少而已。只有不断纠正偏误的留学生才能逐渐提高自己的汉语水平。教师在教“连”字句时应该细心观察和仔细分析留学生的偏误,通过这些偏误了解学习者存在的问题,使教学更有针对性。在教学时,教师不仅要分析“连”字句的结构,还要介绍句式生成的原则和方法,使留学生了解“连”字句使用的语境以及表达的语义内涵。分析介词标记“连”构句的语序模式、研究句式的理据性,有助于解决“连”字句的教学难题。在教学中,教师对“连”字句的偏误应采用渐改的方式,让留学生有个逐渐适应的过程,不要见错就改。

2. 设置情景,培养留学生的语感。有些教师在教学时只简单介绍“连……都/也”的结构规则。介绍规则是应该的,但规则往往既抽象,又笼统,留学生在学习时常感觉一头雾水,很难弄懂。我们在教学时一方面要对“连”字句的句法结构、语义和语用进行解释说明;另一方面要设置情景,让留学生知道在什么场合使用“连”字句,通过练习让留学生掌握“连”字句的用法。所以在实际教学中,教师要讲解“连”字句的构句规律,让留学生了解“连”字句的使用规则和语义表达,并通过具体实例把“连”字句的教学与真实语境结合起来,培养留学生使用汉语“连”字句的语感。在实际操练中,教师还要指出学生存在的问题,并帮其改正。这样做的结果是学生不仅对“连”字句的学习感兴趣,而且还会在交际的场合尝试运用。

3.注意“连”字句英语标注的误导。目前我们的汉语教材中生词和语法点基本采用英语标注,这有好的一面,也有不好的一面。好的一面是有利于留学生学习,使其一看就懂;不好的一面是汉语介词“连”不能和英语介词一一对应,用英语标注容易误导留学生。留学生在学习过程中会先入为主,例如“连”的强调义是最基本的用法,而实际上“连”还有其他用法,但留学生在使用时不管什么情况都用第一次英语注释的用法,这样就受到了误导。所以在教学中教师对一些容易出现偏误的地方要重点讲,讲清“连”的基本用法与其他用法的相同之处和不同之处。

有些教材用英语注释汉语“连”字句时,选 even 与介词“连”对应,殊不知 even 有多种用法,有些用法干脆与介词“连”毫无关系,这样留学生在学习汉语的过程中必然会受到误导,出现偏误就不可避免了。

第四节 介词标记“从”的构句机制及习得问题研究

一、研究背景

汉语“从”是个兼类词，有五种词性：动词、介词、名词、副词、形容词。其中介词用法使用频率较高。[①]《现代汉语规范词典》(2004)解释介词“从”的用法主要有三方面：①引进动作行为、时间、处所、范围或变化的起点，相当于“自”，如“从北京出发”；②引进动作行为经过的路线、场所，如“从小路走”；③引进动作行为的凭借、依据，如“从工作上考虑”。《现代汉语八百词》(1984)把介词“从”归纳为三种用法，并分别进行了介绍。[②] 国家汉语水平考试委员会考试中心(2001)主编的《汉语水平词汇与汉字等级大纲(修订本)》把介词“从”列为甲级词。国家对外汉语教学领导小组办公室(1996)主编的《汉语水平等级标准与语法等级大纲》把介词“从”列为重要的语法项目。

从汉字书写的角度来说“从”字比较简单——一个人跟着另一个人；但从语法角度来说“从”字却非常复杂，光介词用法就有三种，而且每种类型之下还有不同的用法。这就给留学生学习汉语介词“从”增加了难度，留学生习得介词“从”时不可避免地要出现偏误，这个问题值得我们去深入研究。

二、介词标记“从”的构句机制

在对外汉语教学中，作为虚词的介词没有实在的意义，只有语法意义，讲解起来非常困难，最好的方法是把介词置于语境中，在具体的句子中分析，从而帮助留学生理解介词的用法。动词“从”的字面意义是“一个人跟着另一个人”，有“跟随”之义。介词“从”是在动词“从”的基本义基础上发展而来的，“跟随”一个人要有时间起点和处所起点，所以介词“从”的主要功能是介引时间、处所的起点。当然，随着语言的发展，介词“从”又有了引申意义。

从结构上说，介词“从”最开始主要位于谓语动词之前，后来介词“从”与其他词语搭配，构成介词框架结构，使表达更加丰富多彩，使用起来更加便利。对介词“从”的框架结构的分析有助于留学生学习汉语介词标记“从”。

---

① 我们主要统计了《发展汉语(高级综合)》和《桥梁——实用汉语中级教程(上、下)》两套教材。

② 吕叔湘，1984. 现代汉语八百词[M]. 北京：商务印书馆：107-108.

(一)介词标记“从”的构句作用

1. 表示起点。我们在表示时间、空间和变化的起点时常用介词“从”。下面我们分别分析一下。

[1]表时间起点

汉语表达时间起点有不同的方式,可以直接用时间名词,也可以用介词“从”与时间名词和动词短语一起表达。例如:

(1)我从明天开始戒烟,请大家监督。

(2)从到大连以来,他一直坚持打太极拳。

(3)她从当老师那天起就没有离开过这个岗位,一教就是40年。

例(1)的介词“从”引出时间名词,构成介词结构,表时间起点。例(2)的介词“从”引出动词短语,也构成介词结构,表示时间起点。例(3)的介词“从”引出表示时间的偏正短语,构成介词结构,表示时间起点。

[2]表空间起点

空间常由处所词和方位词体现。表空间起点时用介词“从”与处所词和方位词组合成介词短语。例如:

(4)玛丽从俄罗斯来大连求学,我们欢迎她。

(5)我从家里出发,一个小时后到达星海广场。

(6)小李从商店买来一堆东西,接着就开车上路了。

例(4)的介词“从”引出的处所起点是“俄罗斯”,例(5)的介词“从”引出的处所起点是“家里”,例(6)的介词“从”引出的处所起点是“商店”。

[3]表变化的起点

人和事物不是永恒不变的,而是要发生变化的,变化就要有起点。汉语常用介词“从”表变化的起点,动词后常出现变化的结果。例如:

(7)小张终于从一名学生成长为一名教师,这是他多年的梦想。

(8)从贫穷到小康,父辈们都亲身感受到了家乡的巨大变化。

(9)孩子从淘气到懂事,这与学校教育密不可分。

例(7)的介词“从”引出变化的起点“学生”,例(8)的介词“从”引出变化的起点“贫穷”,例(9)的介词“从”引出变化的起点“淘气”。

在变化的过程中,有的是能看到的,有的是看不到的,是自我的一种感受。例如:

(10)我从梦中醒来,怎么也想不起梦中的情景。

(11)他从一个无知少年成长为一个翱翔天空的飞行员。

例(10)的“我从梦中醒来”表现的是一种由睡眠状态到清醒状态的变化,这是一种自我变化。例(11)说明了“他”的自我变化情况——由无知少年到飞行员。

2.表示经过。介词“从”可以引进处所词，表达从这个地方经过。例如：

(12)我上学要从巴金家门前路过，每次我都往里看一看，希望看到那位老人。

(13)海河从天津市中间流过，成为天津的母亲河。

(14)开车去北京，必须从山海关路过。

例(12)的介词“从”引进动作经过的处所“巴金家门前”，例(13)的介词“从”引进动作经过的处所“天津市”，例(14)的介词“从”引进动作经过的处所“山海关”。

3.表示来源或依据。介词“从”可以引进事物的来源或事情发生的依据。例如：

(15)中华民族是从黄河流域发源的，经过几千年的发展，形成了独特的文化。

(16)从《新闻联播》中，我了解到这次沉船事故的来龙去脉。

(17)从这次学术报告会我学到了很多知识。

例(15)的介词“从”引出中华民族的发源地“黄河流域”，例(16)的介词“从”引出信息的来源《新闻联播》，例(17)的介词“从”引出获得知识的来源“学术报告会”。

4.表示开始的对象(主体)。介词“从”可以引进开始的对象，往往为人或动物。例如：

(18)爱护环境，从我做起。

(19)从山本开始回答问题。

例(18)的介词“从”引出开始的对象主体“我”，例(19)的介词“从”引出开始回答问题的对象主体“山本”。

(二)介词标记“从”的框架结构

介词标记“从”和其他词语搭配构成的介词框架共有八种类型。

1.“从……到……”，这种结构比较复杂，用法较多，既可以标记时间、处所的变化，也可标记人物或数量的变化，还可以表示范围。例如：

(20)从昨天晚上6点到今天早上6点他一直工作，终于完成了这部书稿。

(21)从北京到大连需要一个多小时，飞机一起一落就到了。

(22)从老师到学生都很重视这次演讲比赛。

(23)留学生从最初几个到现在500多人，经过几代人的努力才形成现在的规模。

(24)从公司一般工作人员到高层管理人员，没有不敬佩宋扬的。

例(20)的“从……到……”表示一个时间段，时间起点为“昨天晚上6点”，时间终点为“今天早上6点”。例(21)的“从……到……”表示处所的变化，起点是“北京”，终点是“大连”。例(22)的“从……到……”介引不同身份的人，“从老师到学生”表示范围。例(23)的“从……到……”表示数量的变化，从量少到量多。例(24)的“从公司一般工作人员到高层管理人员”表示范围，说明大家都敬佩宋扬。

2.“从……起”，主要表示起始时间。例如：

(25)从明天起我开始努力学习。

(26)从1998年起，这座城市发生了翻天覆地的变化。

例(25)的“明天”是“我努力学习”开始的时间，例(26)的“1998年”是“这座城市发生翻天覆地的变化”开始的时间。

3.“从……开始”，表示时间、年龄、处所的起点。例如：

(27)王宝磊从去年7月开始戒烟，整整一年了。

(28)王浩从三岁开始学钢琴，现在已达到九级。

(29)从上海开始，张希晨赚到人生第一桶金。

例(27)的“从”引出王宝磊开始戒烟的时间起点“去年7月”，例(28)的“从”引出王浩弹钢琴的起始年龄“三岁”，例(29)的“从”引出张希晨发家之地“上海”。

4.“从……出发”，表示地点、时间的开始。例如：

(30)明天从宾馆前出发，大家一定要准时到。

(31)从7点出发，估计10点就到了。

例(30)的“从”引出出发的地点“宾馆前”，例(31)的“从”引出出发的时间“7点”。

5.“从……来看”，表示一种估计、猜测。例如：

(32)从近几年的经济数据来看，中国的经济不会衰退。

(33)从你的成绩来看，这一年你真努力学习了。

例(32)是从近几年的经济数据估计中国经济的未来，例(33)是从成绩来分析“你”这一年是否努力学习了。

6.“从……向……”，表示动作的方向或排列的顺序。例如：

(34)现代汉字从左向右写，有的国家的文字从右向左写。

(35)这条河从西向东流去。

(36)大雪下个不停，几十辆汽车从南向北排列在狭窄的雪路上，等待救援。

例(34)的“从左向右”和“从右向左”表示书写的顺序，例(35)的“从西向东”表示河水流的方向，例(36)的“从南向北”表示排列的顺序。

7.“从……至……”，表示一段时间或距离。例如：

(37)从大连至沈阳约400千米。

(38)从昨天晚上7点至今天早上7点一直没睡觉。

例(37)的“从……至……”引出大连与沈阳之间的距离；例(38)的“从……至……”说明没睡觉的时间段。

8."从……中/上"表示过程或范围。例如：

(39)从聊天中,我了解了他的性格和为人。

(40)从照片上看不出小赵有什么问题。

例(39)"从聊天中"表示过程,例(40)"从照片上"表示范围。

三.留学生习得"从"字句的偏误类型

介词"从"可以介引时间、处所、范围或变化的起点,还可以介引动作行为的依据等。介词"从"的多种用法给留学生带来了很大困难,他们在学习介词"从"时常出现一些偏误,我们归纳整理出四种偏误类型:遗漏、错序、误用、误加。

(一)遗漏偏误

遗漏偏误指在句子中该用介词标记"从"而没用,造成介词标记"从"缺失。例如：

(41)* a.明天起,我休学,今天来向各位告辞。

b.从明天起,我休学,今天来向各位告辞。

(42) * a.天气来看,不会下雨。

b 从天气来看,不会下雨。

(43) * a.我韩国来中国学习汉语。

b.我从韩国来中国学习汉语。

例(41)需要用介词"从"引出"休学"的时间起点。例(42)需要用介词"从"构成介词结构"从……来看",提出对天气看法的依据。例(43)需要用"从"与"来"构成介词结构"从……来",主要用来介引"处所"变化的起点。

实际上,初、中级阶段学习的介词"从"的用法主要是引进动作行为的时间、处所、变化的起点或范围,当然也学习一些由介词"从"构成的框架结构。有些留学生在使用介词"从"的框架结构时出现部分遗漏或全部遗漏现象。例如：

(44)* a.安娜大连出发,周游中国。

b.安娜从大连出发,周游中国。

(45)* a.我车里跳了出去,身体受了点儿轻伤。

b.我从车里跳了出去,身体受了点儿轻伤。

(46)* a.从 2013 年我们的合作就开始了,到今天合作一直顺利。

b.从 2013 年起我们的合作就开始了,到今天合作一直顺利。

例(44)a 句遗漏了"从",缺少介引处所"大连"的介词,句子不成立。例(45)a 句也遗漏了介词"从",缺少介引处所的介词,句子出现了偏误。例(46)a 句的介词结构不完整,一定要有"起","从……起"表示时间起点。

（二）错序偏误

虚词和语序是汉语语法的重要手段，“从”的错序偏误是指把介词标记“从”的位置放错了而造成的偏误。例如：

(47)* a. 我来从日本，请大家多多关照。

b. 我从日本来，请大家多多关照。

(48)* a. 语法从上课中秋节后开始。

b. 语法从中秋节后开始上课。

(49)* a. 从你明天起不用来参观了，这个建筑要维修。

b. 从明天起你不用来参观了，这个建筑要维修。

例(47)a 句是留学生受母语影响产生的偏误，日语的语序为 SOV，而汉语的语序为 SVO。例(48)a 句体现出留学生还没有掌握“从”的用法，“从”主要介引时间和处所，应该位于时间词前。例(49)a 句的介词和主语的位置错了，造成句子缺少主语。

（三）误用偏误

误用偏误是指本应该用介词标记“从”却用了别的介词标记，或本应用别的介词标记却用了介词标记“从”而形成的偏误。

1. 把“在”错用为“从”，例如：

(50)* a. 在九月一日开始新学期，你们要准时报道。

b. 从九月一日开始新学期，你们要准时报道。

(51)* a. 在大连到上海，有几个航班？

b. 从大连到上海，有几个航班？

例(50)的“在”和“从”都可以介引时间，但“从”与“开始”搭配有时间起始之意，而“在”不能和“开始”搭配。例(51)的“在”和“从”都可以介引处所，但“从”和“到”可以搭配，而“在”不能和“到”搭配。

2. 把“从”误用为“对”，例如：

(52)* a. 从人类而言，环境非常重要，保护环境人人有责。

b. 对人类而言，环境非常重要，保护环境人人有责。

(53)* a. 最后，分班式教育从发达国家来说是潮流。

b. 最后，分班式教育对发达国家来说是潮流。

(54)* a. 首先是从个人的健康有很多坏处。

b. 首先是对个人的健康有很多坏处。

例(52)的介词“对”介引与动作有关的对象，构成“对……而言”结构。例(53)的“对……来说”是固定搭配，引出说明的对象。例(54)应该用“对”介引对象。

3. 把“离”错用为“从”,例如:

(55)* a. 离8点出发,我们开了5个小时车才到达目的地。

b. 从8点出发,我们开了5个小时车才到达目的地。

(56)* a. 离家到公园,要走半个小时。

b. 从家到公园,要走半个小时

例(55)的“从+时间+出发”构成介词结构,表示时间的起点;虽然“离”也可以表时间,但常表一段时间,没有“起始义”。例(56)的“从……到……”也构成框架结构,而“离”与“到”不能构成这样的结构。这种偏误是留学生对两个词语的混淆所致。在汉语中,我们也用“离”来表示时间和距离,但很少用“离”表示时间和空间的起点。

4. “从”与其他介词标记误用的情况。留学生除了将“从”与相近介词混淆外,也有将“从”与其他介词混淆的情况,例如:

(57)* a. 关于公众利益方面来考虑,也需要新的办法。

b. 从公众利益方面来考虑,也需要新的办法。

(58)* a. 对于他的发音来看,我们觉得还要多练习。

b. 从他的发音来看,我们觉得还要多练习。

(59)* a. 从这种方法施工,一定能早日完成。

b. 用这种方法施工,一定能早日完成

例(57)a句的“关于”只能介引动作行为关涉的对象,与句意不符,应该用“从……方面”这种搭配格式。例(58)b句的“从……来看”表示事物的某一方面,而a句的“对于”和“来看”不能搭配。例(59)b句的介词“用”同宾语结合表示凭借的方式、手段,而“从”没有这样的用法。

(四)误加偏误

误加偏误是指本不应该用介词标记“从”却用了而形成的偏误。例如:

(60)* a. 这是我从高中时的愿望。

b. 这是我高中时的愿望。

(61)* a. 从去年七月我获得了奖学金。

b. 去年七月我获得了奖学金。

(62)* a. 从市场里人越来越多,大家都在买年货。

b. 市场里人越来越多,大家都在买年货。

(63)* a. 从唱歌方面他很有天赋。

b. 唱歌方面他很有天赋。

例(60)陈述某时间的愿望,不用"从"。例(61)表示在具体时间点,也不用"从"。例(62)无法用"从"与介引对象搭配。例(63)不用"从"与"方面"搭配。

四、留学生习得"从"字句偏误产生的原因

留学生学习汉语介词标记"从"时产生了很多偏误,下面我们来分析一下原因。

(一)介词"从"本身的复杂性

1. 不知道介词"从"的引申意义。介词"从"有很多用法,而留学生往往只知道"从"的基本用法,不知道其引申意义的用法。

2. 不了解介词"从"的框架结构。介词"从"有多种框架结构,而且每种结构的使用都有条件限制,留学生不了解框架的构成机制,容易出现遗漏偏误。

3. 与介词"从"用法相近的介词易混淆。汉语介引时间、空间的介词有几个,如"自、由、在、打、从"等,教师若没讲清楚"从"与其他介词的区别,留学生很容易混淆。

(二)受母语负迁移的影响

留学生的母语对其学习"从"的用法也有影响,下面我们以英语为例进行分析。留学生学习汉语"从"的时候常常以英语"from"作为对应词,而"from"除了介引时间和处所之外,还有其他用法,这样留学生就可能把"from"的其他用法当成汉语"从"的用法,从而产生偏误。例如:

(64) * 我们学习汉语从早到晚。(We are studying Chinese from morning to night.)

(65) * 玛丽来这儿从北京。(Mary comes here from Beijing.)

(66) * 有多远从这儿?(How far is it from here?)

例(64)的"从"介引时间起点,与"from"在句中的位置不同。例(65)的"从"介引处所起点,与"from"的位置也不同。例(66)把"离"错用为"从",出现了偏误。"from"可以这样使用表示距离,但"从"没有这一用法。

(三)教材的问题

对外汉语教材缺少对介词"从"与其他介词的辨析,这也是留学生把其他介词与"从"混淆的一个原因。《发展汉语(高级综合)》(2012)介绍"从"的语法点时主要围绕介词框架,比如"从……看""从……来看""从……看来""从……来说""从……说来""从另一方面……"等,这些框架结构是留学生学习介词"从"难度最大的地方。教材没有细致分析,只举了一些例子,这是不够的,还应该设置情景来分析。另外,"从……到……"结构表示范围,教材对此并没有做太多讲解,而是直接通过练习的方式让学生掌握,导致学生不知道怎么用。我们认为没有介绍的语法应尽量避免在教材的练习中出现,否则会给教学带来麻烦。

五、针对留学生习得“从”字句偏误的教学对策

（一）重点讲解介词“从”和其形成的框架结构

汉语“从”是很重要的介词标记，属于甲级语法项目，是留学生学习汉语初级阶段必须学习和掌握的语法内容。从北京语言大学 HSK 动态作文语料库中“从”的偏误例子来看，介词“从”的混淆偏误最多，其次是遗漏偏误，因而必须加强对“从”的用法的教学。另外，除了介词“从”本身用法的偏误外，其框架结构出现的问题也不少，比如“从”字结构中其他成分的遗漏、表时间的“从……起”结构中“起”字的普遍遗漏等，因此介词“从”构成的框架结构也应列为教学重点。

（二）分阶段进行介词“从”的教学

教学中要做到循序渐进。在留学生学习汉语的初级阶段，最好先教介词“从”的基本用法，而不要把介词“从”的所有用法都告诉学生。到了中、高级阶段，教师可以归纳介词“从”的所有用法，分析“从”与其他介词的区别，讲清楚“从”的特殊用法。

（三）避免用其他介词来解释介词“从”

在实际教学中，教师千万不能用其他介词的用法来解释介词“从”的用法。比如有的词典将“从”的用法解释为“相当于‘自’”。介词“自”比“从”在教材中出现得晚，学生可能还没学；即便学生已经学了，也不一定掌握了“自”的用法。这就给“从”的教学带来问题，教师不仅要解释“从”的用法，还要解释“自”的用法。在教学中，最好的方法是设置语境，通过典型例句分析介词“从”的用法。这样做的好处有二：一方面使学生容易理解介词“从”的用法；另一方面能调动学生学习介词“从”的积极性。

（四）重视“从”与其他用法相近的介词的辨析教学

据我们统计，“从”与相近介词混淆造成的偏误比例较高，因而在教学中要特别注意“从”与相近介词的辨析。汉语中介引时间和处所的介词不只是“从”，还有其他介词，如“自、在、打、对、离”等，它们的用法与“从”不完全相同。每个介词标记对其使用的语言环境都有要求，受语体及时空表述的影响形成了各自的特点，所以在具体教学中一定要讲清楚什么情况下用“从”，以及“从”与其他介引时间、处所的介词有什么不同。在讲解时要使用典型例句，便于留学生理解。

（五）教学内容定期重现

目前对外汉语教学实际使用的很多教材都把介词“从”列为重要语法项目，在其首次出现时安排了相应的讲解和练习，但之后的语法讲解和练习较少。重现率低造成留学生缺乏充分练习，从而在使用时出现偏误。鉴于此，我们建议提高教材中介词“从”的重现率，例如通过练习的方式重现，让学生充分巩固和复习“从”的用法。教师在实际教学中也要总结介词“从”的使用规则，并配以一定量的练习，让“从”的用法定期重现。

第五节 留学生习得“由”字句的偏误分析及教学对策

一、研究背景

我们常常把介词“由”构成的句式称为“由”字句。现代汉语介词“由”的用法比较复杂,因而留学生习得“由”字句比较困难,在使用时常常出现一些偏误。留学生习得“由”字句的偏误类型主要有:①相近介词混淆产生偏误;②该用介词“由”而没用产生遗漏偏误;③不该用介词“由”而用了产生误加偏误;④词语的顺序排错产生错序偏误。这些偏误是由多种原因造成的:有的是因为留学生不了解介词“由”的使用规则而产生的,有的是受母语影响产生的,有的是由于学生没有掌握好“由”的使用语境产生的,有的是教材或教师解释得不清楚造成的。怎样才能使留学生使用介词“由”时避免出现偏误呢?这个问题非常值得探讨,前辈学者和时贤进行过一些研究,我们在前人研究的基础上进一步探讨,分析留学生使用介词“由”时出现的问题及解决的办法,希望通过我们的研究能够有助于解决这个难题。

二、留学生习得“由”字句的偏误类型

(一)混淆偏误

汉语有很多用法相近的介词,有时可以互换,不影响语义表达,但互换使用是有条件限制的,并不是任何场合都可以互换。留学生往往不了解相近介词之间的区别,而出现张冠李戴的现象,这样就产生了混淆偏误。

1.介词标记“由”与“由于”混淆产生的偏误。“由”和“由于”都可以引出原因,留学生认为这两个词没有区别,实际上二者是有区别的。“由”除了可以引出原因外,还有其他用法,比如引出对象;“由于”只能用于引出原因,没有其他用法。留学生不了解“由”的这一特点而造出了很多错误的句子。例如:

(1)* a.父母在外国工作,我是由于外祖父养大的。

b.父母在外国工作,我是由外祖父养大的。

(2)* a.我们学校由于两个校区组成,即老校区和新校区。

b.我们学校由两个校区组成,即老校区和新校区。

(3)* a.这起事故是由刹车原因引起的。

b.这起事故是由于刹车原因引起的。

(4)* a. 现在由于玛丽介绍学习汉语的经验，大家欢迎。

b. 现在由玛丽介绍学习汉语的经验，大家欢迎。

(5)* a. 主要由雷暴天气的原因，周末很多航班晚点了。

b. 主要由于雷暴天气的原因，周末很多航班晚点了。

例(1)应该用“由”介引施事“外祖父”，很多留学生不了解“由”介引施事的用法，用“由于”代替“由”，就产生了偏误。例(2)a 句的“由于”本应引进动作行为的原因或理由，而“两个校区”没有原因之义，所以只能用介词“由”介引。例(3)a 句的“由”不能与“是”搭配；而 b 句的“由于”可以与“是”搭配，引出“原因”，故 b 句是符合要求的句子。例(4)a 句的“由于”本应介引原因，而在这个句子中介引了施事“玛丽”，所以产生了偏误；b 句用介词“由”符合汉语语法的要求，可以成立。例(5)要介引原因，用“由于”而不能用“由”，“由于……的原因”是一种搭配格式，所以 a 句是错误的句子，b 句是正确的句子。

2. 介词标记“由”与“从”混淆产生的偏误。介词“由”和“从”都能引进动作的起点，但二者所起的作用是不同的。留学生在学习这两个介词时，不能辨别清楚二者的不同用法，在使用时常常出现偏误。例如：

(6)* a. 吵架之事是从我引起的。

b. 吵架之事是由我引起的。

(7)* a. 跨国婚姻的失败是从两种文化差异造成的。

b. 跨国婚姻的失败是由两种文化差异造成的。

(8)* a. 这种病是从感冒发烧引起的，如果不及时就医，可能导致耳聋。

b. 这种病是由感冒发烧引起的，如果不及时就医，可能导致耳聋。

(9)* a. 培养优秀学生的最佳途径，从老师和父母双方共同把关才能实现。

b. 培养优秀学生的最佳途径，由老师和父母双方共同把关才能实现。

(10)* a. 这次从我们五个人组成代表队，参加“汉语桥”比赛。

b. 这次由我们五个人组成代表队，参加“汉语桥”比赛。

例(6)是要通过介词标记引进动作行为的施事“我”，“由”可以引出施事，而“从”没有这个功能，所以不能用“从”。例(7)主要说明造成跨国婚姻失败的原因，“从”不能引进事物发生的原因或方式，而“由”可以。例(8)是要表达这种病发生的原因，“由”可以引出事物发生的原因，而“从”不能。例(9)是要通过介词引出动作行为的施事“老师和父母”，“由”具有这个功能，而“从”没有这个功能。例(10)是要通过介词引出组成代表队的方式，“从”没有这个功能，而“由”可以。

3. 介词标记"由"与"在"混淆产生的偏误。介词"在"可以介引时间、处所、范围、条件等,介词"由"可以介引动作行为涉及的场所、时间起点、对象、原因等。这两个介词的作用既有相同之处,也有不同之处。留学生很难区分这两个介词作用的差异,这样就容易产生偏误。例如:

(11)* a. 美国人学习汉语感到非常难,是在汉字书写难引起的。

b. 美国人学习汉语感到非常难,是由汉字书写难引起的。

(12)* a. 中国人每天的工作时间在早 8 点到晚 5 点。

b. 中国人每天的工作时间由早 8 点到晚 5 点。

(13)* a. 这件事在班长负责,我们只是做具体的工作。

b. 这件事由班长负责,我们只是做具体的工作。

(14)* a. 重的东西在皮特扛着,我们几个女生拿着轻一点儿的回到了留学生宿舍。

b. 重的东西由皮特扛着,我们几个女生拿着轻一点儿的回到了留学生宿舍。

(15)* a. 由朋友的帮助下,我们的汉语水平取得了很大进步。

b. 在朋友的帮助下,我们的汉语水平取得了很大进步。

(16)* a. 由我刚出生的时候,爸爸妈妈就很恩爱,也很关心我。

b. 在我刚出生的时候,爸爸妈妈就很恩爱,也很关心我。

例(11)主要说明美国人觉得学习汉语难的原因在于汉字书写难,"在"不能引出原因,所以 a 句是错误的;"由"可以介引原因,所以 b 句是正确的。例(12)a 句的介词"在"不能引进时间起点,b 句的"由"具有引进时间起点的功能,所以 b 句是正确的表达。例(13)要用介词引进动作的施事"班长",介词"由"具有这个功能,而"在"没有这个功能,所以 b 句是正确的表达。例(14)a 句的介词"在"不能引进动作的施事,b 句的"由"才有这样的用法,所以 b 句正确。例(15)b 句的介词结构"在……下"表示条件,所以 b 句正确;而"由"不能与"下"搭配形成框架结构,所以 a 句不正确。例(16)要引出动作行为发生的时间,应该用介词"在",组成"在……的时候",而不能用"由"。《现代汉语八百词》(1984)将介词"在"解释为"跟时间、处所、方位等词语组合"①构成介词短语,在句子中作状语,所以 b 句是正确的句子。

4. 介词标记"由"与其他介词标记混淆产生的偏误。介词标记"由"除了与"由于、从、在"容易混淆之外,有时还与"被、让、因、因为"混淆。留学生很难区分这些用法相近的介词,出现偏误是不可避免的。

[1]介词"由"与"被、让"混淆出现的偏误

介词标记"由"和"被、让"都可以引进动作的施事,但它们的用法还是有差别的。

① 吕叔湘,1984. 现代汉语八百词[M]. 北京:商务印务馆:555-556.

留学生不了解它们的不同之处，在使用时就容易出现偏误。例如：

(17)* a. 这项工作由玛丽去干，她一定会干好。

b. 这项工作让玛丽去干，她一定会干好。

(18)* a. 北京上空的雾霾是被周边的工厂造成的。

b. 北京上空的雾霾是由周边的工厂造成的。

(19)* a. 员工能否升迁是被老板决定的。

b. 员工能否升迁是由老板决定的。

(20)* a. 夫妻吵架常常是被钱引起的。

b. 夫妻吵架常常是由钱引起的。

(21)* a. 我们的谈话由他知道了，这件事可能会传出去。

b. 我们的谈话让他知道了，这件事可能会传出去。

例(17)a 句的“由玛丽去干”明显是错误的，“由”没有动词性；而“让”不仅有介词的用法，还有动词的用法，这个句子是“让”的动词用法。例(18)主要说明造成北京空气不好的原因，“被”不能介引原因，而“由”有这个功能。例(19)a 句的“被”能引进动作行为的施事，但这仅限于被动句；而这个句子不是被动句，主要说明员工升迁由谁来决定，所以 b 句用介词标记“由”是正确的。例(20)主要说明夫妻吵架的原因，“被”不能引出原因，“由”可以引出原因。例(21)a 句错在使用了介词“由”，这个句子是被动句，应该用介词“让”。

留学生虽然知晓介词标记“由”的用法，但是不同介词标记的对象是不同的，在句子中表达的语义内涵也不同，所以教学时一定要让他们了解“由”与相近介词标记的区别。只有辨别清楚每个介词标记的准确用法，留学生在使用这些介词标记时才不会出现偏误。

[2]介词“由”与“因、因为”混淆产生的偏误

介词“由”引进事情发生的原因或方式，介词“因、因为”引进动作行为的原因。二者虽然都可引进原因，但还是有不同之处。留学生不了解它们的不同之处，所以使用时常常出现偏误。例如：

(22)* a. 公交车由道路堵塞而开得很慢。

b. 公交车因(为)道路堵塞而开得很慢。

(23)* a. 玛丽由思念妈妈而偷偷流泪。

b. 玛丽因(为)思念妈妈而偷偷流泪。

(24)* a. 班长因全班同学选举产生，这最能代表同学的意愿。

b. 班长由全班同学选举产生，这最能代表同学的意愿。

(25)* a. 由不下雨的原因，现在辽宁大部分地区都缺水。

b. 因(为)不下雨的原因，现在辽宁大部分地区都缺水。

例(22)主要说明公交车开得慢的原因在于道路堵塞，引进动作发生的原因应该用“因为”或“因”，而不能用“由”。例(23)表达玛丽流泪的原因在于思念妈妈，引出动作行为发生的原因应该用“因”或“因为”，而不能用“由”。例(24)主要说明选举班长的方式，应该用“由”，而不能用“因”。例(25)主要说明辽宁大部分地区缺水的原因，用介词“因(为)”介引，而不能用“由”，但可以使用“由于”。

我们在教学中要善于归纳“由”与相近介词的区别，让留学生掌握汉语介词标记“由”的用法，从而正确地使用介词“由”。

(二)遗漏偏误

留学生在造句时应该使用“由”而没有用，造成了遗漏。例如：

(26)* a. 这场海难驾驶员粗心驾驶造成，给韩国带来了巨大损失。

b. 这场海难由驾驶员粗心驾驶造成，给韩国带来了巨大损失。

(27)* a. 肥胖不锻炼引起，你每天跑步就能减肥。

b. 肥胖由不锻炼引起，你每天跑步就能减肥。

例(26)应该用“由”来引出海难的原因，没有介词“由”介引，句子就成为遗漏偏误的句子。例(27)说明“肥胖”的原因，需要用介词“由”来介引，没有“由”句子不成立。

(三)误加偏误

留学生在表达时不应该用“由”而用了，造成了误加。例如：

(28)* a. 假期由我写论文了，你干什么去了?

b. 假期我写论文了，你干什么去了?

(29)* a. 由王老师主编的这本教材获得了二等奖。

b. 王老师主编的这本教材获得了二等奖。

“由”常常介引动作行为的施事，但例(28)不需要“由”就能很清楚地表达说话者的意图。例(29)有介词“由”的话，句子成了病句，所以应去掉介词“由”。

(四)错序偏误

留学生在用介词“由”造句时，将“由”在句子中放错了位置而造成了偏误。例如：

(30)* a. 洗苹果由我，你吃就行了。

b. 由我洗苹果，你吃就行了。

(31)* a. 玛丽发起的，由我们参加的晚会今晚 6 点开始。

b. 由玛丽发起的，我们参加的晚会今晚 6 点开始。

例(30)的“由”介引动作的施事，“由”字结构应该位于动词“洗”之前，所以 b 句是正确的表达。例(31)的介词“由”介引的对象出了问题，“由”应该引出晚会的发起人，而不是参加的人，所以b句是正确的表达。

三、留学生习得“由”字句偏误的教学对策

(一)让留学生了解“由”的几种用法

“由”的复杂性容易导致外国学习者产生偏误，我们有必要让留学生了解“由”的具体用法，避免受母语负迁移的影响。

1.“由”引出动作行为的发出者，即施事。例如：

(32)这项工作由张强负责，他今天出差了。

(33)东西买还是不买，都由妈妈决定。

(34)吃的东西由玛丽解决，住的地方由约翰解决。

2.“由”表示时间、场所的起点，也可以表示人或事物变化的起点。例如：

(35)由明年开始，私家车出行实行单双号。

(36)刘芳由科长升任处长，只用了不到两年的时间。

(37)城市人口由500万迅速扩大到1 000万，给城市管理带来了很多问题。

3.“由”引出事物发生的原因或方式。例如：

(38)中东呼吸综合征(MERS)由新型冠状病毒感染引起，对韩国旅游业的影响很大。

(39)由立场不同而引起的这场纷争，最后导致两个好朋友分道扬镳。

(40)这是由开快车而造成的交通事故。

4.“由”引进动作经过的路线、场所。例如：

(41)景福宫由前门进入，由东门出。

(42)由南路去旅顺比较近，北路远一些。

(43)由星海广场进入滨海路，再走20分钟就到森林动物园了。

5.“由”引进凭借、依据的对象。例如：

(44)由上述讨论我们可以得出这样的结论。

(45)由此可知，他们的成功是汗水换来的。

(二)注重相近介词的辨析

从对语料库的分析我们发现，介词“由”的混淆偏误数量最多、问题最大，解决这个问题最好的办法就是加强相近介词的辨析。例如，汉语中引出时间、场所的介词有“在、从、由”，这三个介词虽然都可介引时间、场所，但用法不同。我们在实际教学中一定要进行辨析，让留学生分清楚这三个相近介词的差别，知道什么场合用什么介词。在表示原因方面“由、由于、因、因为”也容易混淆，这四个词都可以介引原因，但

作用不同,需要进行辨析。通过辨析,留学生不仅可以掌握“由”的用法,也可以掌握其他几个相近介词的用法,还可以增加词汇量,对提高汉语水平非常有帮助。

(三)坚持循序渐进的教学原则

留学生的学习是分阶段、分层次的。在初级阶段,教师要教“由”的基本用法,然后再教引申用法。知识层次是在日积月累中逐渐提高的,不同阶段、不同层次的教学内容应该不尽相同,因此教师应在不同的教学阶段实施介词“由”的不同教学。在具体教学中,教师还应考虑到学生的汉语水平、接受能力和领悟能力,由少到多、由浅入深、循序渐进地进行教学,切不可操之过急。

(四)坚持实践性原则

介词“由”的教学不仅仅是让学习者掌握知识,更重要的是把这些知识转化为交际能力,让外国学习者在具体语言实践中练习,实现得体交际。如果只为了学知识而不运用,那就达不到目的。在介词“由”的教学过程中,要注重实践性、互动性、多样性、趣味性,任务活动的设计要考虑介词“由”的不同用法。因为介词“由”是虚词,没有实在的词汇意义,只有语法意义,掌握起来比较难,所以必须通过具体实践让留学生了解介词“由”使用的语言环境,通过实践来掌握和运用介词“由”。

第六节 日本留学生习得“在”字句的偏误分析及教学对策

一、研究背景

汉语“在”非常复杂，从词性角度来看就有三种：动词、副词和介词，可谓一身兼数职，这给留学生学习“在”带来了困难。介词“在”构句时可以介引时间、处所、条件、范围等，能介引多种语义成分，这也给留学生的学习带来了困难。据我们考察，日本留学生学习汉语介词“在”时出现了至少四种偏误。导致日本留学生习得介词“在”时出现偏误的主要原因是：一方面由于“在”本身的复杂性；另一方面由于留学生的母语负迁移。在学习汉语介词“在”时，日本留学生常常拿日语中的格助词进行套用，而汉语介词“在”与日语的格助词不能完全对等，这样不可避免会产生偏误。关于日本留学生习得“在”字句的偏误问题非常值得我们去研究，希望我们的研究能够有助于日本留学生学习以介词“在”为标记的句式。

二、汉语介词标记“在”与日语对应形式的比较

（一）汉语“在”的词性鉴别

日本留学生学习汉语介词“在”时，常常混淆“在”的不同词性的用法，把动词“在”看作介词“在”，或把副词“在”看作介词“在”。因此我们有必要分析一下“在”的词性，使日本留学生了解“在”的不同词性的用法，从而鉴别出介词“在”。

1.“在”的介词用法。介词“在”一般位于动词前，介引动作行为的时间、处所、范围、条件等，作状语。例如：

（1）我在教室等你呢。

（2）飞机在夜里23:20到达首都机场。

（3）在朋友的帮助下，我顺利完成了在中国的留学。

例(1)的“在”引出处所“教室”。例(2)的“在”引出时间“夜里23:20”。例(3)的“在……下”介引条件，即“朋友的帮助”是“我顺利完成留学”的条件。

2.“在”的动词用法。句子中没有动词时，“在”往往成为动词，“在”的这种用法共有四种情况。例如：

（4）“大家在吗？”“大家都在。”

（5）“小李在哪儿呢？”“他在会议室呢。”

（6）“校长退休了吗？”“他在岗。”

(7)"你一定会成功的。""谋事在人,成事在天。"

例(4)的"在"表示"在场",例(5)的"在"表示"处于某个地方",例(6)的"在"表示"处于某个位置",例(7)的"在"表示"决定于或取决于"。这四个例句的"在"都是动词。

3."在"的副词用法。副词"在"一般位于谓语动词之前,表示"正在"之意,作状语。例如:

(8)"你干什么呢?""我在写作业呢。"

(9)"玛丽在做菜呢,你找她有什么事吗?""我问一下今天有什么作业。"

例(8)的"在写作业"表示"正在写作业",体现动作的进行时态。例(9)的"在做菜"表示"正在做菜",也体现动作的进行时态。

以上分析可以让日本留学生了解"在"的不同用法,这样有利于他们掌握和使用不同词性的"在"。"一词多义"和"一字多音"都是留学生学习汉语的难点,这方面问题需要教师在教学时特别加以重视。

(二)汉语介词"在"与日语对应形式的用法比较

1.介引时间、处所。例如:

(10)小朋友们在操场上放风筝,他们觉得太有意思了。

(11)学院在今天晚上6点举办迎新年晚会。

(12)我们明天上午9点在校门口集合,9点半准时出发。

例(10)的介词"在"引出动作发生的场所,日语用"で"。例(11)的介词"在"引出动作发生的时间,日语用"に"。例(12)中既有时间也有处所,介词"在"一般出现在处所词前,而不出现在时间词前。日语与汉语的这种表达方式略有不同。

2."在+NP+VP"结构。介词"在"构句时,往往位于谓语动词前,其基本格式为"在+NP_2+VP";有时还可以出现在主语前,例如:

(15)a.在教室里,他学了整整一下午。

b.他在教室里学了整整一下午。

(16)a.在早市,我们买到了很多新鲜的蔬菜和水果。

b.我们在早市买到了很多新鲜的蔬菜和水果。

(17)a.在吃饭的时候,我朋友给我打来了电话。

b.我在吃饭的时候朋友给我打来了电话。

例(15)和例(16)的"在"字短语都表示地点,日语用"で"表示。例(17)的"在"字短语是表示时间的短语,日语用"に"表示。可见,日语介引时间和处所用不同的格助词,与汉语介词"在"不对等。

汉语的"在"还有一种用法,就是表示"在某处存在某物",例如:

(18)在加拿大我有一位好朋友,我们经常联系。

(19)在北京有世界上保存得最好的古代宫殿。

(20)在每个教室墙上都贴上世界地图和中国地图。

(21)在书房里放了几盆兰花,香气扑鼻。

例(18)和例(19)的“在”字短语表示存在,而日语用“に”表示地点。例(20)和例(21)表示在某处存在某物,而且这种存在是一种持续状态,有时根据表达的需要“在”可以隐省,意思不会发生变化;而在日语中“に”不能隐省。

3.“VP+在+NP”结构。汉语介词“在”既可以出现在动词前,也可以出现在动词后,其基本格式为“NP_1+VP+在+NP_2”。“在”字短语在谓语动词之后的句式,目前在汉语中使用频率相对较低,例如:

(22)留学生们走在校园的林荫路上,彼此交流着学习汉语的经验。

(23)戒指掉在地上,怎么找也找不到。

(24)孩子出生在1991年1月5日下午3:30。

例(22)表示动作通过的场所,在日语中用“を”表示。例(23)的“在”引出戒指掉落的地方,在日语中用“に”表示。例(24)的“在”引出孩子的出生时间,日语用“に”表示。

4.“VP+NP+在”结构。汉语介词“在”可以出现在宾语后面,形成“NP_1+VP+NP_2+在”结构。例如:

(25)a.明天早晨出差,妻子放了几件衬衫在皮箱里。

b.明天早晨出差,妻子在皮箱里放了几件衬衫。

(26)a.田中挂了几幅画在书房里。

b.田中在书房里挂了几幅画。

例(25)a句的“在”介引处所“皮箱里”,构成介词短语,位于宾语后,这种形式的表达目的是使这个介词短语“在皮箱里”更突出,成为句式焦点;b句则是最常见的表达方式。例(26)b句是常用的表达形式;a句的“在”介引处所“书房里”,介词短语“在书房里”在宾语后面出现,成为句式焦点,这种表达形式是受英语表达的影响而产生的,在汉语中使用频率不高。日语中也有a句这种表达形式,可能也与英语的影响有关。

以上从四方面分析了汉语介词“在”与日语对应形式的用法比较,分析的结果体现出它们之间有很大的不同。如果日本留学生用母语的表达方式来套用汉语介词“在”的用法,就很容易出现偏误。

三、日本留学生习得“在”字句的偏误类型

日本留学生习得汉语介词“在”时出现了很多偏误。我们对北京语言大学HSK

动态作文语料库的偏误例子进行了归纳，发现日本留学生的“在”字句偏误主要集中在四方面：①遗漏；②误加；③混淆；④错序。在归纳整理的过程中，我们还发现了其他类型的偏误，但由于数量少没作为我们的研究对象。

(一)遗漏偏误

遗漏偏误指应该使用“在”而没用，例如由“在”构成的介词框架结构“在……上/中/下”遗漏了介词结构中的另一半。所以我们指的遗漏偏误既指遗漏了介词标记“在”，也包括遗漏了介词结构中与之搭配的方位词(“上、中、下”)。例如：

(27)* a. 约翰和辅导老师每天晚上都家中学习汉语。

b. 约翰和辅导老师每天晚上都在家中学习汉语。

(28)* a. 我们每天黑板上写 20 个生词。

b. 我们每天在黑板上写 20 个生词。

(29)* a. 贵重物品不要放在车。

b. 贵重物品不要放在车上。

(30)* a. 导师的指导下，玛丽完成了硕士论文的写作。

b. 在导师的指导下，玛丽完成了硕士论文的写作。

例(27)a 句遗漏了引出处所的介词标记“在”，由于“在”的缺失，无法表达清楚处所“家”在句中的作用，出现了偏误。例(28)a 句也遗漏了介词标记“在”，无法表达清楚处所“黑板”在句中的作用，出现了偏误。例(29)a 句遗漏了方位词“上”，句子不完整；把“上”加在“车”后，构成介词框架“在……上”，句子就正确了。例(30)a 句遗漏了“在”，“在……下”是框架结构，表示条件。例(27)～例(30)的 b 句都是正确的句子。日本留学生在学习这种框架结构时，受母语的影响，不是遗漏了“在”，就是遗漏了与之搭配的方位词。

除了“在”字框架结构，留学生在使用表场所的介词“在”时也常常出现偏误。例如：

(31)* a. 我哥哥学校工作，每年有两个假期。

b. 我哥哥在学校工作，每年有两个假期。

(32)* a. 玛丽会微信里告诉大家，请你们耐心等候。

b. 玛丽会在微信里告诉大家，请你们耐心等候。

例(31)a 句的处所“学校”需要介词“在”介引，如果没有“在”，句子就不成立。例(32)a 句的处所“微信里”也需要介词“在”介引，“在”是不能缺少的。

(二)误加偏误

误加偏误指不需要介词“在”时却加上了“在”，产生了偏误。这种偏误类型主要表现在四个方面，具体分析如下。

1.汉语存现句的处所词前一般不加介词标记“在”。留学生觉得只要有处所词就应加介词“在”,实际上存现句的处所词前不用加“在”。例如:

(33)* a.在教室里有三个人。

b.教室里有三个人。

(34)* a.在中国有哪些好玩的地方?

b.中国有哪些好玩的地方?

(35)* a.在大连有星海广场和人民广场。

b.大连有星海广场和人民广场。

例(33)如果用介词“在”介引处所,句子就没有主语了;这个句子是存现句,表示某处存在某物,不用介词“在”。例(34)a句也是存现句,存现句句首的处所词前不需要加介词“在”,如果加了“在”就不是存现句了。例(35)的专有名词“大连”前不用介词“在”,因为“大连”是主语,不需要“在”介引。

2.时间名词、处所名词在主语前面时,不用介词“在”介引。汉语中有时为了表达的需要,可以把时间词和处所词提到主语前,这时不加介词“在”。例如:

(36)* a.在十一国庆节我们一起去爬大黑山。

b.十一国庆节我们一起去爬大黑山。

(37)* a.在星海广场有几万人观看飞行表演。

b.星海广场有几万人观看飞行表演。

(38)* a.在上午8点我们开始上课。

b.上午8点我们开始上课。

例(36)的“十一国庆节”是一个比较清楚的时间概念,前面不用加介词“在”,用“在”就是误加;如果这个句子改为“在十一国庆节我们一起去爬大黑山,在五一国际劳动节我们一起去爬长城”,就可以加上“在”。例(37)a句不需要用“在”引出处所,使用了介词“在”,句子缺少主语,就出现了偏误。例(38)的时间词“上午8点”在句首,不用介词“在”介引,如果用“在”就是误加。

3.介词标记“在”出现在定语的位置上,形成了误加偏误。“在”字结构主要作状语,不应出现在定语位置上。例如:

(39)* a.暑假,我和朋友去了在苏州很有名的狮子林。

b.暑假,我和朋友去了苏州很有名的狮子林。

(40)* a.我觉得在大连的海边真美!

b.我觉得大连的海边真美!

例(39)a句的“在”引出处所“苏州”作定语,句子就不通顺了,因为介词结构一般作状语，不作定语；去掉“在”就成立了。例(40)也不用介词“在”，当表示处所的介词短语在句中作定语时，不用“在”介引。

汉语介词标记“在”的用法比较灵活，有时必须使用，有时不用，有时可用可不用。上面我们列举的三种情况是不可以使用的，用了就出现了偏误。

（三）混淆偏误

汉语介引时间、处所的介词不仅有“在”，还有“从”。虽然二者都能介引时间和处所，但还是存在差异的。日本留学生不了解它们的差异，经常把二者混为一谈，形成了混淆偏误。例如：

(41)* a. 从上午我们就完成了今天的学习任务，下午我们可以出去玩一玩。

b. 在上午我们就完成了今天的学习任务，下午我们可以出去玩一玩。

(42)* a. 我从辽宁师范大学学了很多汉语知识。

b. 我在辽宁师范大学学了很多汉语知识。

(43)* a. 参观故宫的人在前门进去，在后门出来。

b. 参观故宫的人从前门进去，由后门出来。

例(41)a句的介词“从”一般引进动作行为的时间、处所、变化的起点或范围，而这个句子表示具体的时间，没有“起始”之义，所以应使用介词标记“在”介引具体时间。例(42)a句的错误是用了介词“从”，这个句子要介引的是处所，没有“从这所学校开始”的意思，所以不能用“从”，而应该把“从”换成“在”。例(43)表示通过的处所，a句应把第一个“在”改为“从”，把第二个“在”改为“由”。

（四）错序偏误

汉语介词标记在句子中都有自己的固定位置，介词“在”也是如此。介词“在”位于动词前的情况很多，而用于动词后的情况较少，只有在特定的情况下才可以出现在动词后作补语。如果“在”在句子中的位置不对，就会造成错序偏误。例如：

(48)* a. 山本雄一买水果在马兰农贸市场。

b. 山本雄一在马兰农贸市场买水果。

(49)* a. 今天早晨崔允浩跑步在操场。

b. 今天早晨崔允浩在操场跑步。

例(48)的介词“在”引出处所“马兰农贸市场”，形成介词短语，这个介词短语应该位于谓语动词“买”前，在句子中作状语，所以b句是正确的表达。例(49)的介词“在”介引处所“操场”，也形成介词短语，“在操场”应该位于谓语动词“跑步”前，在句子中也作状语，所以b句是正确的表达。又如：

(50)* a. 约翰打球在篮球场，你去篮球场找他吧。

b. 约翰在篮球场打球，你去篮球场找他吧。

(51)＊a. 今天辅导课上课在宿舍，不去教室了。

b. 今天辅导课在宿舍上课，不去教室了。

一般情况下，“在＋处所”要在谓语动词前出现，而不能在动词后出现。留学生出现例(50)和例(51)的偏误主要是“在”在句子中的位置出现了错误。

四、针对日本留学生习得“在”字句偏误的教学对策

（一）通过对比分析汉语介词“在”的特点

日本留学生习得汉语“在”字句的特点往往是在和其他语言的对比中获得的，但同样是介引时间和处所，汉语与日语的表达方式是不同的，汉语可以用介词“在”，日语则用格助词。在具体教学中，教师要善于利用对比的教学方法，分析两种语言的相同之处和不同之处，指出汉语介词“在”与日语对应格助词的不同之处，让留学生特别注意这些问题以避免日语负迁移的影响。

除了将汉语与留学生的母语进行对比之外，“在”字句教学还应进行相近介词标记的对比。汉语中介引时间、场所、范围和条件的介词不只“在”一个，还有其他介词，比如“从、自、由、到”等，虽然它们都能介引时间、处所等，但用法还是不同的，教师应对比分析它们的异同，帮助留学生区分开介词“在”与相近介词的用法，这对日本留学生学习“在”字句很重要。

（二）讲清介词标记“在”的构句规则

“在”在现代汉语中是个高频词，它具有三个词性，即动词、介词和副词，而留学生一般不会区别“在”的词性，所以容易产生偏误。实际上，“在”的每种词性都有自己的构句规则，分清“在”的词性非常重要。留学生只有分清了“在”的词性，知晓不同词性的“在”的构句规则，才不会在使用“在”造句时出现偏误。

1.“在”作为动词时的构句规则：表示存在或处于某地等用法。例如：

(52)“你在哪儿呢？”“我在家呢。”

(53)父母健在，我们要好好孝顺他们。

2.“在”作为介词时的构句规则：主要引进动作行为相关的时间、处所、范围、条件等。例如：

(54)我喜欢在教室里看书，不喜欢在家里看书。（“在”介引处所）

(55)飞机在明天上午10点到达多伦多，请按时接机。（“在”介引时间）

(56)在学习上他非常努力，在工作上他严格要求自己。（“在”介引范围）

(57)我生在日本名古屋市。（“在”介引处所）

(58)在哥哥的帮助下,我顺利读完了大学。(“在”介引条件)

3.“在”作为副词时的构句规则:表示“正在”进行的动作行为。例如:

(59)我在上课,你别给我打电话。

(60)晚会在进行当中,你现在可以过来。

可见,“在”作为不同词性时的构句规则是不同的,教学时一定要让留学生了解介词“在”的这些不同用法。“在”可以出现在动词前,与介引的对象一起作状语;“在”也可以出现在动词后作补语,但这种用法较少出现。

(三)设置语境进行教学

介词“在”的用法比较复杂,在不同的语境其用法是不同的。在实际教学中教师要善于设置情景,比如表示“时间、处所、条件、范围”等,让留学生知道不同情景下“在”的使用方法。设置的情景一定要与留学生的生活、学习有关,这样留学生容易理解;如果设置的语境不在留学生了解的范围内,留学生理解起来就非常困难。

第七节 日本留学生习得“给”字句的偏误分析及教学对策

一、研究背景

“给”是个兼类词，《现代汉语规范词典》(2004)解释“给”有三种词性，即动词、介词和助词，其中介词用法最多，一共有六条：①引进动作行为的主动者，相当于“被”，如“西服给雨淋湿了”；②引进动作行为的受害者，如“别把照相机给我弄坏了”；③引进交付、传递等动作的接收者，如“给每个学生发一本书”；④引进动作的对象，相当于“朝、向”，如“给人家赔个不是”；⑤引进动作行为的受益者，如“给祖国争光”；⑥后面带上宾语“我”，用于命令句，表示说话人的意志，加强语气，如“给我走开”。《现代汉语八百词》(1984)对介词“给”的解释与《现代汉语规范词典》的解释基本相同。由此可见，介词“给”的用法是非常复杂的，故很多学者研究“给”字句。

在对外汉语教学中，介词“给”的复杂用法也给日本留学生学习以介词“给”为标记的句式带来了困难。据统计，介词“给”是日本留学生学习汉语的一大难点，他们学习介词“给”之后，在使用时出现了各种各样的问题，因而这是一个值得研究的课题。本文主要选取了北京语言大学 HSK 动态作文语料库中的偏误语料，也包括一些与日本留学生交流记载下来的语料。

二、日本留学生习得“给”字句的偏误类型

(一)混淆偏误

现代汉语中与介词“给”用法相近的介词较多，日本留学生学习介词“给”时，容易将其与相近介词混淆，造成偏误。下面我们分析“给”与“对、让、跟”混淆的例子。

1.介词“给”与“对”混淆。日本留学生说话或写作文时，在应该用介词“给”的地方用了介词“对”，产生了混淆偏误。例如：

(1)＊a.玛丽对狗喂了一些肉。

b.玛丽给狗喂了一些肉。

(2)＊a.跑步给人的身体健康有非常好的作用。

b.跑步对人的身体健康有非常好的作用。

(3)＊a.吸烟给人的思考能力也有一些影响。

b.吸烟对人的思考能力也有一些影响。

(4)＊a.今年十一国庆节给我的人生、思想起了很大的作用。

b. 今年十一国庆节对我的人生、思想起了很大的作用。

(5)* a. 人们为了给犯罪的人进行惩罚，制定了“法律”。

b. 人们为了对犯罪的人进行惩罚，制定了“法律”。

此外，当一些句子中的谓语动词是“说”时，日本留学生使用介词“给”时也经常与“对”混淆，造成偏误。例如：

(6)* a 一个老公安给我说：“先给朋友打电话问一问在你的房间里有没有日元。”

b. 一个老公安对我说：“先给朋友打电话问一问在你的房间里有没有日元。”

(7)* a. 要是我是其中的一个和尚，那我会给别的和尚说：“咱们每天派一个人去抬水给大家，每天换人去抬。”

b. 要是我是其中的一个和尚，那我会对别的和尚说：“咱们每天派一个人去抬水给大家，每天换人去抬。”

例(1)a 句应该用介词“给”而用了“对”，出现了混淆。例(2)～例(7)应该用介词“对”，而不应该用介词“给”。

这种偏误的出现说明日本留学生对“给”和“对”的用法不是很清楚。介词标记“给”与“对”起相同的句法作用(即介引对象)，并且构句形式相似，所以很容易混淆。据考察，介词“给”与“对”的混淆偏误具有一定规律性。例如：

(8)* a. 张经理先对留学生介绍了他们公司的发展情况。

b. 张经理先给留学生介绍了他们公司的发展情况。

(9)* a. 王老师对我们讲了这个词的意思。

b. 王老师给我们讲了这个词的意思。

例(8)应该用“给”引进对象“留学生”，而不能用“对”。例(9)应该用“给”引进对象“我们”，而不能用“对”。

2. 介词“给”与“让”混淆。日本留学生学习汉语介词“给”时，出现了“给”与“让”混淆的现象。据我们统计，这种混淆的偏误率较高。例如：

(10)* a. 田中给同屋害惨了，至今还住在医院。

b. 田中让同屋害惨了，至今还住在医院。

(11)* a. 我让女朋友买了一件衬衫，她高兴极了。

b. 我给女朋友买了一件衬衫，她高兴极了。

(12)* a. 那双旧鞋给她扔了。

b. 那双旧鞋让她扔了。

(13)* a. 李三让抓走了。

b. 李三给抓走了。

例(10)应该用介词“让”而不应该用介词“给”。例(11)应该用介词“给”,“给”能引出对象“女朋友”,而“让”没有这个作用。例(12)a句应该用介词“让”而错用了“给”。例(13)应该用“给”,虽然“给”与“让”都可以用于被动句,但“让”后要有“施事”,而“给”后可以直接出现动词。这些混淆偏误也说明日本留学生对“给”和“让”的用法还不是十分清楚。

3.介词“给”与“跟”混淆。日本留学生在用汉语说话和写文章时,出现了“给”与“跟”相混淆的偏误。这种偏误虽然数量不大,但还是存在的。例如:

(14)*a.我希望贵公司早日给我联系,以便签订合同。

b.我希望贵公司早日跟我联系,以便签订合同。

(15)*a.爸爸跟我讲了一些人生大道理,可那时我听不进去。

b.爸爸给我讲了一些人生大道理,可那时我听不进去。

(16)*a.我跟我朋友打电话,他一直不接,不知为什么。

b.我给我朋友打电话,他一直不接,不知为什么。

例(14)a句应该用介词“跟”而错用了“给”。例(15)a句应该用“给”而错用了“跟”。例(16)a句应该用介词标记“给”而错用了介词标记“跟”。

日本留学生在表达时出现了介词“给”和其他相近介词混淆的现象,这种偏误具有多发性。

(二)错序偏误

日本留学生习得介词“给”时,把介词“给”在句中的位置弄错,造成了错序。例如:

(17)*每次回国,我都给礼物送朋友们。

(18)*玛丽打电话给约翰。

(19)*哥哥买给我一双皮鞋。

例(17)的介词“给”的位置出现了问题,“给”应介引动词“送”的对象“朋友们”,正确的表达为“每次回国,我都给朋友们送礼物”。例(18)的介词“给”在句子中的位置也出现了差错,“给”应引出“打电话”的对象“约翰”,“给”字结构应位于“打”前,正确的表达为“玛丽给约翰打电话”。例(19)的介词“给”及其介引的对象“我”应出现在谓语动词“买”前,作状语,而错误地出现在动词后,正确的表达为“哥哥给我买一双皮鞋”。

(三)误加偏误

日本留学生在习得介词“给”时,在不用介词标记“给”的句子加上了“给”,造成了误加。例如:

(20)*王老师教给我们语言学概论。

(21)*妈妈告诫给我说:“办事要小心谨慎。”

例(20)不需要介词“给”，正确的表达为“王老师教我们语言学概论”。例(21)也不需要介词“给”，正确表达为“妈妈告诫我说：‘办事要小心谨慎。’”

(四)遗漏偏误

日本留学生在习得介词“给”时，有时应该用介词“给”而没用，造成了遗漏。例如：

(22)＊姐姐从日本寄我了一个快件。

(23)＊大卫一定要玛丽道歉。

(24)＊玛丽讲我在中国留学的情况。

例(22)应该用介词“给”介引“寄”的对象“我”却没有用，造成了遗漏，正确的表达为“姐姐从日本给我寄了一个快件”。例(23)大卫道歉的对象是“玛丽”，句子缺少介引对象的介词“给”，正确的表达为“大卫一定要给玛丽道歉”。例(24)如果用介词“给”介引接受对象“我”，句子就通顺了，正确的表达为“玛丽给我讲在中国留学的情况”。

三、日本留学生习得“给”字句偏误产生的原因

(一)相近介词的混淆

日本留学生习得汉语介词标记“给”时，经常将“给”与介词“对、跟、让”混淆，主要原因是这几个介词都可以介引对象，但用法不同。日本留学生由于没有仔细区分这几个相近介词的用法，所以在使用时容易产生混淆。比如介词“给”与“对”的用法不同，日本留学生虽然知道介词“给”与“对”均有引进动作指向义项的用法，却对二者的使用条件没有足够的了解，单纯地将二者等同起来，产生了混淆偏误。例如，可以说“丈夫对妻子动手”，而不能说“丈夫给妻子动手”。日本留学生如果注意到“给”与“对”的区别，就可以避免此类偏误的产生。

(二)母语负迁移的影响

日本留学生在学习汉语介词“给”时常常在词典中找对应的用法，但“给”的用法很复杂，不仅“给”本身的词义义项多，而且日语中与“给”用法相近的词也很多。这就给日本留学生学习介词“给”带来了很多困难，使其受母语的影响而常常产生偏误。例如：

(25)＊给父母操心。→親に苦労をかける。

(26)＊给我说一说。→私に言わせてくれ。

汉语介词“给”与日语格助词“に”有相同的表达作用，但汉语介词“对、跟、给、让”在翻译时对应的日语词都是“に”，这就出现了日语的格助词“に”与汉语介词“一对多”的现象。对日本留学生来说，辨别这些汉语介词比较难，使用时也不知道选哪个介词是最合适的，稍不留心就会出现偏误。如果能加强汉语介词“给”与日语对应词的研究，就能避免混淆偏误的产生。

（三）教材的解释不充分

教材是留学生学习汉语最重要的依据，教材内容的优劣直接影响留学生的学习效果。我们考察了当前综合课教材对“给”字句的解释，发现这些教材基本都把“给”列为重要的语法点，但对“给”字句的构句规则多是泛泛介绍，没有结合具体语境分析。教材没有从留学生的角度充分地解释“给”字句的语法规则，只把抽象的条条框框规则列出来，不能有效地指导留学生正确使用“给”字句。

四、针对日本留学生习得“给”字句偏误的教学对策

（一）让日本留学生了解介词“给”的不同用法

介词标记“给”主要有两种用法：一种是引出施事，使句式成为被动句；另一种是引出对象，使句式成为主动句。

1.“给”介引施事构成被动句。汉语表示被动的介词标记主要有“被、叫、让、给”。这四个被动标记在使用上还是有区别的，“叫、让、给”主要用于口语，“被”多用于书面语；“叫、让”是受北方方言影响而进入普通话的被动标记，“给”是受南方方言影响而进入普通话的被动标记。“给”字句典型的句式结构为“受事＋给＋施事＋V＋其他”。例如：

（27）手机给张三弄坏了，他连声“对不起”也没说。

（28）小偷给警察抓走了。

很多日本留学生不知道“给”可以当被动句的标记，他们使用被动句首选的被动标记是“被”。所以我们在教学中要讲清楚“给”作为被动标记的作用，让日本留学生学会在口语中使用以介词“给”为标记的被动句。

2.“给”介引接受对象构成主动句。“给”的动词意义是“给予”，介词“给”受动词意义的影响，其基本义是引进动作及动作涉及的事物的接受者。这个对象可以[＋人][＋单位][＋动物]等，典型的句式结构为“施事＋给＋接受对象＋V＋其他”。

[1]“给”介引[＋人]对象。例如：

（29）爸爸给我交了书钱。

（30）哥哥给我买了车票。

（31）我给客人倒了一杯啤酒。

[2]“给”介引[＋单位（机构）]对象。例如：

（32）老教授给学校捐了一些线装书，这些书非常珍贵。

（33）小李给公司写了一封辞职信。

[3]“给”介引[＋动物]对象。例如：

(34)主人给狗买了一件衣服。

(35)她给小白兔取了个好听的名字。

[4]“给”介引[＋事物]对象。例如：

(36)今天我给汽车加满了汽油。

(37)王老师给这篇论文添上了结语。

(二)加强相近介词的辨析

介词“给、让、对、跟”等是相近介词，它们的有些用法很接近，如果不对它们进行辨析，留学生很容易混淆。因此教师在教学中有必要对相近介词进行辨析，在向学生讲解介词“给”时，把和介词“给”用法相近的介词都列出来，通过设置具体的语言环境和举一些典型例子，分析它们的不同之处和相同之处，然后让学生通过大量的练习进行巩固，最终学会使用。

(三)加强“给”与日语相近词的对比

加强汉语介词“给”与日语对应词的语法规则的对比教学，对于使日本留学生了解汉语介词“给”的构句特点是很有必要的。通过对比可以使日本留学生知道汉语介词“给”的用法和日语相对应词语用法的相同之处和不同之处。比如日语中的格助词与汉语介词“给”的用法有很多对应之处，但也存在日语的一个格助词有时可以对应汉语的多个介词的现象。对比教学的重点是让日本留学生知道汉语介词“给”与日语对应格助词的不同之处，减少日本留学生受母语负迁移的影响。如果日本留学生了解了汉语介词“给”的使用规则，知道在什么情景使用“给”字句、在什么情景不能使用“给”字句，就会减少“给”字句的偏误。

(四)教材的编写方面

教材在出现介词“给”的语法点时，可以将那些容易与介词“给”混淆的介词也编入其中(或通过练习的方式呈现)，除了对介词“给”本身的义项、用法做解释外再增加词语辨析这一项，目的是增强日本留学生对相近介词的辨析意识。在生词表的外语解释一栏里，教材可以针对日本留学生容易出现偏误的介词，增加日语的解释义项，让学生了解汉语“给”与日语相近介词不是简单的对应关系。此外，教材还可以增加介词“给”与其他介词构句结构的对比，讲解每个介词的构句特点，列出不同介词常用的搭配对象等，以帮助学生区别“给”与其他相近介词。教材在第一次介绍介词“给”时不用讲解“给”和与之相近介词的不同之处，在留学生掌握了“给”的基本用法之后再讲解“给”与相近介词的不同之处，这样有利于留学生从总体上把握不同介词的用法。

第八节 留学生习得对象类介词标记“对、对于、关于”的偏误分析及教学对策

一、研究背景

汉语对象类介词标记主要介引动作行为的对象，其中“对、对于、关于”是留学生容易出现偏误的三个介词，值得好好研究。这三个介词看起来很相似，有时还可以互换，但实际上三者还是有区别的。

有的教师在教“对、对于、关于”时，常常只给留学生讲词典中的解释。留学生很难理解，也很难把这三个介词区分开，在使用时不可避免会出现偏误。我们认为在教学时仅讲解词典中的解释是不够的，还要设置语境，让留学生知道这三个介词怎么用。如果不解释清楚，留学生在使用这三个介词时很容易混淆，造成偏误。我们对北京语言大学 HSK 动态语料库进行了检索，查找这三个介词偏误的例子，找到“对”的偏误句子共 268 句、“对于”的偏误句子共 199 句、“关于”的偏误句子共 193 句。可见，这三个介词的使用偏误还是很多的，有必要对这三个介词进行深入研究。

二、留学生习得“对、对于、关于”的偏误类型

(一)介词标记“对、对于、关于”的遗漏偏误

介词标记遗漏偏误是指留学生表达时，应该使用介词标记“对、对于、关于”而没有使用，造成偏误。在现代汉语中，有些句子可以不用介词标记“对、对于、关于”，不会影响句子意思的表达；而有些句子必须用介词标记“对、对于、关于”，缺失了这些介词标记会影响句子意思的表达。

1. 遗漏介词“对”造成的偏误。留学生在造句时，应该使用“对”而没有用，造成了偏误。例如：

(1)* a. 我这件事没有意见。

b. 我对这件事没有意见。

(2)* a. 我女朋友的印象逐渐好了起来。

b. 我对女朋友的印象逐渐好了起来。

(3)* a. 我影响最大的一个人是我最好的朋友，她叫玛丽。

b. 对我影响最大的一个人是我最好的朋友，她叫玛丽。

(4)* a. 吸烟对个人健康太不好，而且其他人的身体也有伤害。

b. 吸烟对个人健康太不好，而且对其他人的身体也有伤害。

(5)* a. 在学习现代汉语当中，我慢慢地感兴趣中国文化。

b. 在学习现代汉语当中，我慢慢地对中国文化感兴趣。

例(1)～例(5)a 句都是遗漏了介词标记“对”而造成的偏误。例(1)应用“对”引进“这件事”，没有介词“对”，“我”和“这件事”无法产生联系。例(2)有没有介词“对”，句子意思不一样，a 句指“我的女朋友的印象”；b 句用了介词“对”，指“我对女朋友的印象”。例(3)a 句没有介词“对”，不能明确“谁影响谁”；b 句用了“对”，我们才知道是“我”受“玛丽”的影响，介词“对”介引“影响”的对象“我”。例(4)a 句前面使用了介词“对”，后面省略了，实际上前后句引出的对象不同，前后句都要用“对”。例(5)的“感兴趣”是“V＋N”结构，既然“兴趣”是名词，后面就不应该出现宾语“中国文化”，而应把“中国文化”前移，用介词“对”介引，变成“对中国文化感兴趣”。

2. 遗漏介词“对于”造成的偏误。留学生在造句时，应该使用介词“对于”而没有使用，造成了偏误。例如：

(6)* a. 班长这个问题还没有自己的看法。

b. 班长对于这个问题还没有自己的看法。

(7)* a. 我们年轻人来说，多学几门外语很有用。

b. 对于我们年轻人来说，多学几门外语很有用。

例(6)和例(7)a 句都是由于遗漏介词标记“对于”而造成的偏误。介词标记“对于”的作用主要是引进动作行为的对象或有关联的人或事物。例(6)a 句没有介词“对于”，“班长”与“这个问题”的关系就没有办法表达清楚。例(7)“对于……来说”是介词结构，缺少“对于”句子就不成立。

3. 遗漏介词“关于”造成的偏误。留学生在造句时，应该使用介词“关于”而没有使用，造成了偏误。例如：

(8)* a. 租金，我们再商量一下，你看怎么样？

b. 关于租金，我们再商量一下，你看怎么样？

(9)* a. 奖学金，我一点儿也不清楚。

b. 关于奖学金，我一点儿也不清楚。

在现代汉语中，介词标记“关于”主要引出关涉的事物，例(8)和例(9)a 句都是因为遗漏了介词标记“关于”而造成了偏误。例(8)应该使用介词“关于”引出关涉对象“租金”，例(9)应使用介词“关于”介引“奖学金”。当然在特定的语境下(根据上下文)，不用介词“关于”也可以。

(二)介词标记“对、对于、关于”的误加偏误

留学生习得汉语对象类介词“对、对于、关于”时，有时不该用“对、对于、关于”而

用了，造成误加。这种偏误主要是由于留学生对介词“对、对于、关于”的功能不了解，随意使用而造成的。

1.介词标记“对”的误加。留学生在造句时，不应该用“对”而用了，造成了误加。例如：

(10)* a.对这件事不用跟我说，你直接找办公室老师。

b.这件事不用跟我说，你直接找办公室老师。

(11)* a.对老师的恩情我一辈子也忘不了。

b.老师的恩情我一辈子也忘不了。

(12)* a.约翰对自己想：一定要学好太极拳。

b.约翰想：一定要学好太极拳。

(13)* a.老师对我的意见不同意。

b.老师不同意我的意见。

例(10)和例(11)a句都用了介词“对”，句子缺少主语，所以不正确。例(12)的“想”是心理动词，不必用“对”引进对象“自己”。例(13)没有必要用介词“对”介引“我的意见”，直接将“我的意见”放在动词“同意”后即可。人们在表达自己的看法时，常常选择简洁的形式，把自己的观点说清楚就行了，能省略的成分尽量省略。

2.介词标记“对于”的误加。留学生在造句时，不应该用“对于”而用了，造成了误加。例如：

(14)* a.他对于唱歌唱得很好，跳舞他就不行了。

b.他唱歌唱得很好，跳舞他就不行了。

(15)* a.对于留学生努力学习汉语，才能提高成绩。

b.留学生努力学习汉语，才能提高成绩。

例(14)不用介词“对于”，句子很完整，加了介词“对于”反而多余。例(15)a句用了“对于”使句子主语缺失，去掉介词“对于”句子就顺畅了。

3.介词标记“关于”的误加。留学生在造句时，不应该用“关于”而用了，造成了误加。例如：

(16)*那时候我们主要谈关于如何在中国生活。

(17)*关于这个词语的意思我没有弄清楚。

例(16)的“关于”应介引关涉的对象，而在这个句子中不存在关涉的对象，因而不用“关于”。例(17)不需要“关于”，用了反而成了偏误的句子。两句都是介词“关于”冗余的句子，不用“关于”就可以完整地表达句子的意思。

(三)介词标记混淆造成的偏误

“对、对于、关于”是用法相近的介词,留学生习得这些介词时,常常出现混用现象,在应该用甲介词的时候用了乙介词,这样就造成了混淆偏误。

1.“对”与“对于”的混淆。介词“对”和“对于”的用法接近,但二者还是略有不同的。“对”主要提示对象,既可以提示直接对象,也可以指明关联对象;“对于”主要提示关联对象,这一点与“对”相同。例如:

(18) * 对于小偷的盗窃行为,我们深恶痛绝。

(19) * 老师对于留学生说:“有困难请找我,我一定会帮助大家的。”

(20) * 那么,对于非洲几亿饥饿的人,各国政府都应该采取措施救救他们,不能袖手旁观。

例(18)和例(19)应该用介词“对”而用了“对于”。例(20)应该用介词“对”引出动作的对象“非洲几亿饥饿的人”。

2.“对”与“关于”的混淆。“对”介引的是动作对象,而“关于”表示关联、涉及的对象。留学生在学习这两个介词时区分不开,很容易产生偏误。例如:

(21) * 随着经济发展,关于食品的要求更高了。

(22) * 现在,我要讲起对她的故事,觉得十分感慨。

(23) * 我也有特别喜欢的歌手,喜欢听他们的歌,喜欢看对他们的资料。

例(21)错在用介词“关于”代替了“对”,例(22)应将“对她的故事”改为“关于她的故事”,例(23)中“对他们的资料”应改为“关于他们的资料”。

3.“对于”与“关于”的混淆,“对于”和“关于”意思相近,很容易混淆,但其实两者的含义、用法均有不同之处。从含义来说,“对于”引出对待的对象,“关于”引出关涉的对象。从语序来说,“对于”可以放在主语之前,也可以放在主语之后;而“关于”放在主语之前的多,放在主语之后的少。例如:

(24) * 我在大学期间读过对于很多名人的书,这些书对我影响很大。

(25) * 下午在学校学术报告厅,我们留学生听取了对于环境保护问题的报告。

(26) * 对于学校建图书馆之事,我们已上报省教育厅,等待批复。

(27) * 中国人关于衣食住行的要求越来越高,很多地区赶上了发达国家水平。

(28) * 关于服装广告来说,有些地方可再简洁一些。

例(24)应把“对于”改为“关于”,“读过关于很多名人的书”表达读书的范围之广。例(25)也应把“对于”改为“关于”,引出关涉的对象“关于环境保护问题的报告”。例(26)也应把“对于”改为“关于”,引出关涉的对象“学校建图书馆之事”。例(27)应把“关于”改为“对于”,引出具体对象“衣食住行的要求”。例(28)也应把“关于”改为“对于”,即“对于服装广告来说”,“对于……来说”是一种固定搭配形式。

4.“对/对于”与“把”的混淆。“对”和“把”都是介引行为对象的介词,但“对”可以引出对待的对象,“把”介引受事。例如:

(29)＊教学秘书对于大家的意见归纳为五点,向院长做了汇报。

(30)＊这次教学实习的任务把大家交代了一番,大家都记在心里。

例(29)应将“对于”改为“把”,表达一种“处置义”,即“教学秘书对大家的意见的处置”。例(30)应将“把”改为“对”或“向”,引出直接对象。

5.“对”与“在”的混淆偏误。

留学生在造句时常常把“对”和“在”混淆。例如:

(31)＊对外国人看来,学习汉字不如学习拼音容易。

(32)＊在我来说,学习汉语真有意思。

例(31)应把“对”改为“在”,“在……看来”结构能表达某人自己的看法,而没有“对……看来”这个用法。例(32)应把“在”改为“对”,“对……来说”引出对象。

(四)介词标记语序不当造成的偏误

介词标记语序不当就是错序,指留学生在使用介词标记“对、对于、关于”时,由于介词在句子中的位置不当而造成偏误。例如:

(33)＊a.旅游对我很喜欢。

b.我对旅游很喜欢。

(34)＊a.中国的这些变化,对于我们每个留学生都是亲身经历过的。

b.对于中国的这些变化,我们每个留学生都是亲身经历过的。

(35)＊a.我想写去年关于暑假的事。

b.我想写关于去年暑假的事。

例(33)～例(35)a句的偏误都是由于介词标记的位置不当造成的。例(33)的介词标记“对”介引的对象是“旅游”,而不是“我”,所以b句是正确的。例(34)的介词标记“对于”介引的是“中国的这些变化”,而不是“我们每个留学生”。例(35)的介词标记“关于”介引“去年暑假的事”,“去年”和“暑假的事”不能分开,“关于”应该位于“去年暑假的事”之前。

三、留学生习得“对、对于、关于”偏误产生的原因

留学生习得介词“对、对于、关于”时,常常产生一些偏误,这些偏误产生的原因归纳起来主要有三方面。

(一)母语负迁移——以母语为英语的学习者为例

汉语介词与英语介词的用法不同,位置也不同。留学生在学习介词"对、对于、关于"时,常常去母语中找与之对应的词,受母语负迁移的影响,在使用"对、对于、关于"时,不可避免地产生偏误。

目前我国对外汉语教材的生词普遍用英语注释,而英语介词的用法和汉语有很多不同,比如"在"的英语标注为"on"或"in",实际上英语的"on"和"in"是有区别的。教材中用英语介词"about"标注"对、对于、关于"这三个介词,实际上这三个介词在汉语中的差别是很大的。教材用英语标注的方式既有它的好处,也存在很多问题。实词标注可以实现一对一,而虚词标注很难实现一对一,教材的编写应特别关注一些虚词的注释。

(二)"对、对于、关于"本身的复杂性所致

汉语介词"对、对于、关于"是意义相近的介词,使用方法也很接近,但它们还是有细微区别的。这三个介词对介引对象都有条件限制,对语境也有相应要求,不能随意互换。如果留学生没有掌握这三个介词的用法,不了解它们各自在句子中的位置,不知道它们各自表达的语义内涵,就很难正确使用这三个介词。由于这三个介词很复杂,留学生一定要知道这三个介词使用的语言环境,避免使用时出现偏误。

(三)有些教材解释得不够充分

我们对综合课教材进行了调查,发现很多教材把"对、对于、关于"列为语法点,并进行了解释,但常常都是用词典解释的方式,而没有在具体语境中解释。这样留学生很难把握什么时候用"对"、什么时候用"对于"、什么时候用"关于",在使用时容易混淆,不知道应选择哪一个,出现偏误是不可避免的。

四、针对留学生习得"对、对于、关于"偏误的教学对策

(一)让留学生了解"对、对于、关于"的用法

1."对"的用法。"对"引进的对象很复杂,有人、事物、事件、看法等。

[1]用"对"引进动作的直接对象。例如:

(36)我对研究生说:"暑假你们至少要读三本专业书。"

(37)妈妈对爸爸讲了我学习汉语的情况。

例(36)的"对"引出的直接对象为"研究生",例(37)的"对"引出的直接对象为"爸爸"。

[2]用"对"引进动作的间接对象。例如:

(38)老师应该对学生负责,引导他们走正路。

(39)故宫每周对游客开放六天,周一休息。

例(38)中"对"引出的间接对象为"学生",例(39)中"对"引出的间接对象为"游客"。

[3]用“对”体现对某一对象具有针对性的措施等。例如：

(40)对乱扔垃圾的行为一定要严惩。

(41)你们要对这次沉船事故进行认真调查，查找事故发生的原因。

例(40)的“对”引出具体的行为“乱扔垃圾”，例(41)的“对”引出“这次沉船事故”。

[4]用“对”引出针对某动作行为的主观看法。例如：

(42)他们对李校长做出的成绩给予了充分肯定。

(43)股民对股市要有风险认识，投资要谨慎。

例(42)的“对”引出“李校长做出的成绩”，例(43)的“对”引出“股市”。

[5]用“对”引进动作所涉及的对象。例如：

(44)他对大连的情况还不熟悉，过一段时间就好了。

(45)大家要对志愿者有个正确的看法。

例(44)的“对”引出“大连的情况”，例(45)的“对”引出“志愿者”。

[6]“对……来说”是一种框架结构。例如：

(46)对欧美留学生来说，写汉字最难。

(47)这次期末成绩对玛丽来说很重要，关系到她能否获得奖学金。

例(46)的“对……来说”介引对象“欧美留学生”，例(47)的“对……来说”介引对象“玛丽”。

[7]“对”与所介引的对象构成介词短语，主要作状语，但有时也作定语。例如：

(48)端午节发粽子，这是对留学生的关心。

(49)对孩子的文明礼仪教育一刻也不能松懈。

例(48)的“对留学生”作“关心”的定语，例(49)的“对孩子”作“文明礼仪教育”的定语。

2.“对于”的用法。

[1]“对于”引进动作所针对的对象。例如：

(50)对于中越两国的争端，我们可以通过对话解决。

(51)对于课题申报问题，我们会积极争取的。

例(50)的“对于”引出针对的对象“中越两国的争端”，例(51)的“对于”引出针对的对象“课题申报问题”。

[2]“对于”引进对待的对象。例如：

(52)对于你的无知，我就不说什么了。

(53)对于教育的方式，我有很多看法。

例(52)的“对于”引出对待的对象“你的无知”，例(53)的“对于”引出对待的对象“教育的方式”。

[3]“对于”引进评价的对象。例如：

(54)对于小张论文的观点，各方看法不一。

(55)对于高老师的提议，大家都很赞成。

例(54)的“对于”引出评价的对象“小张论文的观点”，例(55)的“对于”引出评价的对象“高老师的提议”。

3.“关于”的用法。

[1]“关于”引进与动作相关涉的事物或范围，一般在句首出现。例如：

(56)关于对外汉语教学中修辞问题的讨论还将继续。

(57)关于环境保护问题，有关部门正在加紧研究。

例(56)的“关于”引出关涉的内容“对外汉语教学中修辞问题的讨论”，例(57)的“关于”引出关涉的范围“环境保护问题”。

[2]“关于”结构常作文章的标题。例如：

(58)关于如何提高外国人汉语水平的几点建议

(59)关于沙漠治理的意见

例(58)和例(59)的“关于”结构都是文章的标题，分别引出“建议”和“意见”。

(二)加强“对、对于、关于”的辨析

1.“对”与“对于”的辨析。“对”可以引进[＋人]对象而“对于”不可以。二者都可以引进[＋事件]对象。例如：

(60) a.我对妹妹说：“你若需要钱，告诉哥哥一声，我马上给你汇过去。”

*b.我对于妹妹说：“你若需要钱，告诉哥哥一声，我马上给你汇过去。”

(61) a.老师对学生说：“高考还有100天，考验你们意志的时候到了。”

*b.老师对于学生说：“高考还有100天，考验你们意志的时候到了。”

(62) a.对明星吸毒这件事来说，对观众的影响太不好。

*b.对于明星吸毒这件事来说，对观众的影响太不好。

例(60)和例(61)的“对”前的主语是[＋人]，“对”引出的对象还是[＋人]，“对”不可以换成“对于”。例(62)前半句“对”和“对于”可以互换，因为二者都可以介引“明星吸毒这件事”。

一般情况下，“对”可以替换“对于”，但“对于”不可以替换“对”。“对”的使用频率远比“对于”高，这主要是因为“对”的使用范围更广泛。

2.“关于”与“对于”的辨析。

[1]从在句中的位置看，“关于”往往位于句首，而“对于”可在句首，也可在句中。例如：

(63)a.关于养老问题中国人非常关心。

b. 中国人对于养老问题非常关心。

例(63)a 句的“关于”用于句首,引出关涉的话题“养老问题”,用“对于”则不合适;b 句的“对于”用于句子中间,引出对待的对象“养老问题”,不能换成“关于”。

[2]若句式的谓语是给予类动词,引出对象要用“对于”,而不能用“关于”。例如:

(64)对于每个月给孩子多少生活费,两口子争吵了一晚上。

(65)对于给这个学生几等奖,大家意见不一致。

例(64)和例(65)用“对于”而不能用“关于”,主要原因是句子的谓语是给予类动词“给”,这类动词对介词标记有一定要求。

[3]当谓语动词为“探讨、商量、评价”等时,可以用“对于”,也可以用“关于”引出对象。例如:

(66)对于(关于)环境改善问题,我们正在商量对策。

(67)关于(对于)提高职工待遇的决定,大家一致赞同。

例(66)和例(67)的“对于”和“关于”互换不影响句子意思的表达,说话者可以根据语境随意选择。

[4]“对于”主要指明对待的对象,“关于”主要指关涉的范围或内容。例如:

(68)* a. 对于论文的写作方法,我们还需要进一步研究。

b. 关于论文的写作方法,我们还需要进一步研究。

例(68)要介引研究涉及的内容,使用“对于”不合适,而应使用“关于”。

(三)运用情景进行有针对性教学

对外汉语教学是个系统的教学过程,任何语法项目的教学安排都要考虑系统性。很多对外汉语教师对介词的教学不够重视,没有对相近的介词进行辨析。“对、对于、关于”是意义和用法都相近的介词,需要把它们辨析清楚,不能照搬词典的解释而不设置语言情景、不结合具体语言环境进行解释。我们在具体教学时一定要设置情景,让留学生知道在什么语境下使用“对”、什么语境下使用“对于”、什么语境下使用“关于”,这样留学生才能得体地使用这三个介词。

(四)分阶段教学

“对、对于、关于”这三个介词的教学要分阶段进行,循序渐进,不能一下子都教给学生。教师应在不同阶段教不同的介词,先教“对”,然后教“对于”,最后教“关于”;在教学时要选择典型例句,最好将留学生身边发生的一些事设计成例句,这样留学生容易理解;教学过程中要注意重现,教完“对、对于、关于”之后,过一段时间再设计练习,进行有效复习,使留学生逐渐学会使用这三个介词。

第九节 韩国留学生习得“比”字句的偏误分析及教学对策

一、研究背景

“比较”作为一种最基本的认知手段，普遍存在于不同民族人们的思维中，而比较句则是这一手段的表现形式。然而在不同语言中，比较句的结构和形式都带有各自语言的思维特点。由于汉语和韩国语属于不同的语系，在比较句的表达形式上也就存在着诸多差异。“比”字句是汉语比较句最重要的句式之一，是外国学习者学习汉语必须掌握的内容，其基本格式为“X 比 Y W”，其中 X 和 Y 为比较项，W 为结论项。[①]

韩国留学生习得汉语“比”字句时常常出现很多偏误，这样就不可避免地会影响韩国学生学习汉语的积极性。故此，我们从母语为韩语的学习者的角度出发，了解韩国留学生学习汉语“比”字句出现的问题，归纳韩国留学生学习“比”字句出现的偏误类型，分析这些偏误产生的原因，并提出教学对策。汉语比较句有五种类型：“比”字句、“没有”句、“不如”句、“跟……一样”句、“越来越”句。因为韩国留学生学习汉语“比”字句时常常出现偏误，本文主要研究“比”字句的用法，希望本研究对韩国留学生汉语“比”字句的教学有帮助。

二、韩国留学生习得“比”字句的偏误类型

由于汉、韩两种语言的不同，韩国留学生习得汉语“比”字句的偏误较多，主要出现在比较项、比较标记和结论项上，其中结论项的偏误最多。鲁健骥(1994)将外国人习得汉语语法出现的偏误分为四种类型，即错序、遗漏、误加、误代。根据韩国留学生习得汉语“比”字句的偏误语料，借鉴鲁健骥的分类方法，我们把韩国留学生习得“比”字句的偏误分为误加、误用、遗漏、错序四种类型。

(一)误加偏误

这种类型的偏误在韩国留学生的“比”字句偏误中最常见。在汉语语法中，程度副词可以修饰形容词，如“很大、非常大、最大、特别大”等，但在“比”字句中这种用法要受到限制，只有具有比较义的程度副词才可以进入“比”字句，否则就会造成偏误。例如：

(1) * 田中的个子比我很矮，他不喜欢跟我比身高。

① 孟国，2011. 对外汉语十个语法难点的偏误研究[M]. 北京：北京大学出版社：89.

(2)＊我认识的中国朋友比韩国朋友非常多。

(3)＊大连的天气一天比一天变化特别大。

例(1)去掉结论项“很矮”的“很”，句子才能成立。例(2)去掉结论项“非常多”的“非常”，句子才能成立。例(3)去掉结论项“特别大”的“特别”，句子才能成立。“很、非常、特别”是绝对程度副词，不能用于“比”字句中。“比”字句中若要用汉语程度副词，就一定要用具有比较义的程度副词“还”和“更”。例如：

(4)玛丽亚比我还胖。

(5)他比约翰更爱睡觉。

(二)误用偏误

汉语“比”字句常用“一些、一点儿、多、得多”来表示事物之间大概的差别。韩国留学生对这些用法掌握得不好，常误用其他方式表示模糊量，造成偏误。例如：

(6)＊我家比朴美瑞家富裕得很。

(7)＊首尔的天气比大连的天气舒服很多。

(8)＊李博以前比你淘气了。

例(6)的“富裕得很”应该改为“富裕得多”，这样才能表现“我家”和“朴美瑞家”富裕程度的差异。例(7)的“舒服很多”应该改为“舒服得多”，这样才能体现“首尔”和“大连”在天气方面的差别。例(8)的“淘气”后不能直接用“了”，需要加“多”，正确的表达为“李博以前比你淘气多了”。

(三)遗漏偏误

汉语“比”字句的结论项常用形容词，一般不用动词，只有少量动词(比如心理动词)可用。“比”字句中的补语常常出现在形容词后，体现比较出的差异。韩国留学生对汉语“比”字句的这种使用规则不了解，常常使用不体现比较差异的动词，就产生了偏误。例如：

(9)＊富人比穷人跳舞。

(10)＊水污染比农药危害。

(11)＊约翰的手机比我好。

例(9)的“跳舞”不能作为句子比较的结论项，要在“跳舞”后加上“跳得多”才能成立，正确的表达为“富人比穷人跳舞跳得多”。例(10)的“危害”也不能作为比较的结论项，后面要加上“大”，正确的表达为“水污染比农药危害大”。例(11)的“手机”是物，无法与“我”相比，“我”后要加“的”，表达“我的手机”之意，正确的表达为“约翰的手机比我的好”。

(四)错序偏误

汉语“比”字句的否定词要位于介词“比”前，而不能出现在形容词前。韩国留学生不了解这种规则，造句时就出现了偏误。例如：

(12)＊今天的温度比昨天的不高。

(13)＊我的汉语水平比金文熙的汉语水平不好。

例(12)的否定副词“不”要放在“比”前，正确的表达为“今天的温度不比昨天的高”。例(13)的否定副词“不”也要放在“比”前，正确的表达为“我的汉语水平不比金文熙的汉语水平好”。

有的韩国留学生把比较项放错了位置，产生了偏误。例如：

(14)＊他喜欢中国菜比我。

(15)＊申在龙一点儿高比他的哥哥。

例(14)把比较项放在句末，造成了错序，正确的表达为“他比我喜欢中国菜”。例(15)的“一点儿高”应该改为“高一点儿”，被比较项“他的哥哥”的位置也错了，正确的表达为“申在龙比他的哥哥高一点儿”。

三、韩国留学生习得“比”字句偏误产生的原因

(一)学习者自身的原因

1.学习者母语的负迁移。当学习者的母语知识对学习者学习第二语言起促进作用时，我们称之为正迁移；当学习者的母语知识妨碍目的语的学习时，我们称之为负迁移。[①] 外国学习者在习得汉语的过程中必然会依赖其母语知识，尤其在初级阶段的学习中必定会受到母语语言规律的影响。所以，母语的负迁移是引发“比”字句偏误的最主要的原因之一。例如：

(16)＊这本书难多了比那本书。

이 책은 저 책보다 많이 어렵다.

(17)＊这件衣服比那件衣服200元贵。

이 옷은 저 옷보다 200 위안 더 비싸다.

韩国留学生受母语的影响，按照韩国语的语序进行翻译，就出现了把比较值放在比较词前面的偏误。

2.学习者对目的语知识的过度泛化。韩国留学生经过一段时间的学习以后，常用其掌握的为数不多的目的语规则去推导、归纳新的知识，并将其类推到目的语的其他语言现象上，这样就造成了偏误，即我们所说的过度泛化。[②] 如“比”字句中可以用

---

① 刘珣，2000.对外汉语教育学引论[M].北京：北京语言大学出版社：168.

② 刘珣，2000.对外汉语教育学引论[M].北京：北京语言大学出版社：195.

动词，于是有的韩国留学生说出“她比我多洗澡”这样的错误句子，正确的表达是“她比我洗澡的次数多”。韩国留学生没有弄清楚在“比”字句中动词成分必须具有数量或程度变化的区间。

3.学习者的回避策略。外国学习者在学习汉语的过程中，对易出错且较难的句式常采取回避的策略。我们发现，在“比”字句的习得过程中，韩国学习者都倾向于选用简单的句式，如 W 为形容词性成分的比较句的使用频率比 W 为动词性成分的比较句的使用频率高。这是因为动词性成分的比较句一般句子比较长，语义的限制条件也多，容易在使用上出现偏误，所以韩国学习者就采取了回避的策略，尽量少用这种类型的句式。

（二）学习者之外的原因

1.教材编排的问题。现在对外汉语教材的种类很多，但每种教材针对“比”字句的编排不同。多数教材在编排上不够系统，不分阶段，不利于学生循序渐进地掌握知识。各种教材在内容上的不统一，也造成了学习者的困惑。还有，教材中对知识点的讲解过于简单，造成学生在使用“比”字句时，直接套用教材所给的句式，造出很多不符合语用规则的句子。

2.教师教学的问题。教师在课堂上对留学生的引导不当，也会使留学生在造句时出现偏误。在第二语言的学习中，教师扮演了一个很重要的角色，在课堂教学中占有主导地位。教师的教学准备是否充分、教师对知识点的教学安排是否合理、教师的讲解是否准确、课堂的整体设计是否有趣等都会影响到留学生的学习效果。

四、针对韩国留学生习得“比”字句偏误的教学对策

（一）讲清楚“比”字句的使用规则

韩国留学生使用“比”字句的偏误表明他们没有很好地掌握“比”字句的使用规则，只知道可以把两个事物拿来进行比较，没有很好地把握句式的各种限制。这就启发我们在进行“比”字句的教学时，要重视对句式本身结构的讲解。我们可以把“比”字句分解为比较项、比较点、比较值等，以句式的组成部分为单位进行讲解，详细地介绍每个组成部分的特点和各种限制。留学生只有清楚地掌握了句式的各个组成部分，才能在运用的时候注意句式的各种条件限制，才会降低产生偏误的概率。

教师在对“比”字句式各个组成部分进行分解教学的同时，也不能忽视对整体的情景语义方面的教学。我们都知道，每一个句式都是相对稳定的，如果没有一定的语言环境，一般情况下是不可以随意变换句式的结构成分的。可是一味地强调句式的结构成分而忽略句子整体的情景语义功能，往往会产生很多生搬硬套的句子，这样的

句子也起不到想要达到的交际效果。所以我们要把结构和语义相结合,不仅从结构上对句子的各个组成成分进行详尽分析,更要从整个句子所表达的情景语义着眼来进行综合式教学,使学生更好地掌握"比"字句的使用规则。

(二)重视汉语"比"字句的对比教学

"比"字句的对比教学主要体现在两方面:一方面汉语与韩语比较,讲解汉语"比"字句与韩语比较句之间的相同之处和不同之处,通过比较把汉语"比"字句的结构关系讲清楚,使韩国留学生知道汉语"比"字句使用的语言环境,使其能够尽量排除母语带来的干扰,提高学习效率。另一方面体现在汉语比较句之间的比较,通过对相似句式的对比、准确地说明不同比较句之间的差异,使留学生更好地掌握其异同,减少出错的概率。汉语的比较句具有五种类型:"比"字句、"没有"句、"不如"句、"跟……一样"句、"越来越"句,只有在教学时讲清它们之间的区别,韩国留学生才能更好地掌握"比"字句。所以在教学时要进行比较,使学生不但了解"比"字句的结构特征,而且了解其语法意义和语用特点。

(三)重视对教材及工具书的利用

留学生学习汉语主要依靠教材,要使其正确习得汉语"比"字句的用法,教师首先要教好教材上的知识。教师对"比"字句的用法要详细讲解,特别是教材总结的规则,要让留学生重视并掌握。教师要细化对教材知识的讲解,特别要使留学生重视教材上的例句,让留学生多读几遍,慢慢了解、体会并消化。韩国留学生不同于中国学生,在没有语感的情况下,对语言的规则、限制条件和适用场合等都缺乏了解。教材是韩国留学生学习汉语的凭借,所以教师一定要让留学生重视教材,不仅要掌握"比"字句的知识,还要学会正确运用"比"字句。

同时,在进行汉语"比"字句的教学时,教师也要教会留学生运用工具书,让留学生通过查阅词典了解介词"比"的用法,避免受到"比"的其他词性的错误干扰。

韩国留学生习得汉语"比"字句的问题确实不少,主要原因在于他们不了解"比"字句的构句规则和情景语义。我们在分析汉语"比"字句的基础上,研究了韩国留学生习得"比"字句的偏误类型,通过汉、韩比较句对比,探讨了偏误产生的主要原因,并在此基础上提出了教学对策。希望我们的研究有助于韩国留学生习得汉语"比"字句。当然,由于能力有限,很多看法不是很成熟,今后我们还要进一步研究。

参考文献

北京语言学院,1995.基础汉语课本[M].北京:华语教学出版社.

曹小云,2000.明清时期的“连”字结构[J].阜阳师范学院学报(社会科学版)(4):38-41.

曹秀玲,2005.再议“连……都/也……”句式[J].语文研究(1):17-20.

曹秀玲,2010.从主谓结构到话语标记——“我/你V”的语法化及相关问题[J].汉语学习(5):38-50.

陈昌来,2000.现代汉语句子[M].上海:华东师范大学出版社.

陈昌来,2002.介词与介引功能[M].合肥:安徽教育出版社.

陈昌来,2003.现代汉语语义平面问题研究[M].上海:学林出版社.

陈昌来,朱峰,2009.“除”类介词及“除”类介词框架的产生和发展[J].上海师范大学学报(哲学社会科学版),38(2):91-101.

陈承泽,1982.国文法草创[M].北京:商务印书馆.

陈信春,2001.介词运用的隐现问题研究[M].开封:河南大学出版社.

陈　勇,2002.语言学研究中的标记理论[J].外语研究(6):28-32.

陈　忠,2006.认知语言学研究[M].济南:山东教育出版社.

陈　灼,2012.桥梁——实用汉语中级教程(上、下)[M].北京:北京语言大学出版社.

程克江,1989.汉语介词研究综述[J].新疆大学学报(哲学社会科学版)(7):101-108.

储泽祥,1996.“在”的涵盖义与句首处所前“在”的隐现[J].汉语学习(4):33-36.

储泽祥,2004.汉语“在十方位短语”里方位词的隐现机制[J].中国语文(2):112-122.

崔立斌,2006.韩国学生汉语介词学习错误分析[J].语言文字应用(S2):45-48.

崔希亮,1990.汉语“连”字句的语用分析[D].北京:北京大学.

崔希亮,1993.汉语“连”字句的语用分析[J].中国语文(2):117-125.

崔希亮,1994.从“连……也/都”结构看语言中的关联[C]//九十年代的语法思考.北京:北京语言学院出版社:185-186.

崔希亮,1995.“把”字句的若干句法语义问题[J].世界汉语教学(3):12-21.

崔希亮,2004.汉语介词结构与位移事件[D].北京:北京大学.

崔希亮,2005.欧美学生汉语介词习得的特点及偏误分析[J].世界汉语教学(3):83-95.

崔永华,1984."连……也/都……"句式试析[J].语言教学与研究(4):30-44.
戴浩一,薛凤生,1994.功能主义与汉语语法[M].北京:北京语言学院出版社.
邓凤民,2012.汉语比较标记和差比句语序类型[J].汉语学习(2):36-44.
邓静怡,2008.汉语"比"的语法化研究[D].成都:四川师范大学.
刁晏斌,1993.近代汉语"把"字句与"将"字句的区别[J].辽宁师范大学学报(社科版)(1):50-52.
董秀芳,2007.词汇化与话语标记的形成[J].世界汉语教学(1):50-61.
范继淹,1982.论介词短语"在+处所"[J].语言研究(1):71-86.
范　晓,1996.三个平面的语法观[M].北京:北京语言文化大学出版社.
范　晓,1998.汉语的句子类型[M].太原:书海出版社.
范　晓,2001.动词的配价与汉语的把字句[J].中国语文(4):309-319.
范　晓,2008.语法研究中"解释"的解释[J].汉语学习(6):3-13.
范　晓,2009.关于句子的功能[J].汉语学习(5):3-15.
范　晓,2010.关于句式义的成因[J].汉语学习(4):3-15.
范　晓,2010.关于句式问题[J].语文研究(4):1-11.
范　晓,2012.论句式义的分析策略[J].汉语学报(1):2-14.
方　梅,2000.自然口语中弱化连词的话语标记功能[J].中国语文(5):459-470.
冯光武,2004.汉语语用标记语的语义、语用分析[J].现代外语,27(1):24-31.
付　琨,2005.标记理论的介绍与运用[J].汉语学习(3):35-41.
傅雨贤,周小兵、李炜,等,1997.现代汉语介词研究[M].广州:中山大学出版社.
盖淑华,2002.标记理论在语言习得中的作用[J].四川外语学院学报,18(2):86-88.
高更生,王红旗,1996.汉语教学语法研究[M].北京:语文出版社.
高顺全,2001.试论"被"字句的教学[J].暨南大学华文学院学报(1):29-34.
高增霞,游舒,2012.发展汉语(高级综合)[M].北京:北京语言文化大学出版社.
郭　锐,2008.语义结构和汉语虚词语义分析[J].世界汉语教学(4):5-15.
国家对外汉语教学领导小组办公室,1996.汉语水平等级标准与语法等级大纲[M].北京:高等教育出版社.
国家汉语水平考试委员会考试中心,2001.汉语水平词汇与汉字等级大纲(修订本)[M].北京:经济科学出版社.
韩陈其,2001.汉语羡余现象研究[M].山东:齐鲁书社.
何乐士,2000.古汉语语法研究论文集[M].北京:商务印书馆.
洪　波,2001."连"字句续貂[J].语言教学与研究(2):55-63.

洪　波,2003.语篇层面的“被”字句及其教学[J].云南师范大学学报,1(3):69-72.
洪　波,2004.“给”字的语法化[J].南开语言学刊(2):35.
胡国安,2002.外语习得中的标记性[J].安徽工业大学学报(社会科学版),19(1):95-96.
黄伯荣,廖序东,2002.现代汉语[M].北京:高等教育出版社.
黄瑞红,2012.标记理论视角下二语习得中的母语迁移研究[J].安徽工业大学学报(社会科学版),29(3):93-95.
黄晓惠,1992.现代汉语差比格式的来源及演变[J].中国语文(3):214-221.
黄晓雪,2010.“持拿”义动词的演变模式及认知解释[J].语文研究(3):48-52.
蒋绍愚,1997.把字句略论——兼论功能扩展[J].中国语文(4):298-304.
蒋绍愚,2002.“给”字句、“被”字句表被动的来源——兼谈语法化、类推和功能扩展[M].北京:商务印书馆.
蒋绍愚,2005.近代汉语研究概要[M].北京:北京大学出版社.
金昌吉,1996.汉语介词和介词短语[M].天津:南开大学出版社.
金立鑫,1997.“把”字句的用法、语义、语境特征[J].中国语文(6):415-423.
金立鑫,1998.“把VO在L”的语义及语用分析[C]//袁晖,戴耀晶.三个平面:汉语语法研究的多维视野[M].北京:语文出版社:32.
金立鑫,1999.对一些普遍语序现象的功能解释[J].当代语言学(4):25-37.
金立鑫,2000.语法的多角度研究[M].上海,上海外语教育出版社.
金立鑫,2007.语言研究方法导论[M].上海,上海外语教育出版社.
劲　松,2004.被字句的偏误和规范[J].汉语学习(1):26-32.
李大忠,1996.外国人学汉语语法偏误分析[M].北京:北京语言文化大学出版社.
李临定,1986.现代汉语句式[M].北京:商务印书馆.
李　讷,石毓智,1998.汉语比较句嬗变的动因[J].世界汉语教学(3):16-28.
李　珊,1994.现代汉语被字句研究[M].北京:北京大学出版社.
李生春,1997.论语言单位的标记性[J].中国俄语教学(2):43-47.
李思旭,2012.从词汇化、语法化看话语标记的形成——兼谈话语标记的来源问题[J].世界汉语教学,26(3):322-337.
李晓琪,1998.论对外汉语虚词教学[J].世界汉语教学(3):65-71.
李行健,2004.现代汉语规范词典[M].北京:外语教学与研究出版社.
李　永,2011.汉语语序的历史变化对动词语法化的影响[J].语言教学与研究(1):48-53.
李玉萍,2004.标记理论及其在外语教学中的应用[J].解放军外国语学院学报,27(4):54-57.

李宗江,2004. 汉语被动句的语义特征及其认知解释[J]. 解放军外国语学院学报,27(6):7-11.

李宗江,2010. 关于话语标记来源研究的两点看法——从"我说"类话语标记的来源说起[J]. 世界汉语教学,24(2):192-198.

黎锦熙,1992. 新著国语文法[M]. 北京:商务印书馆.

刘　兵,2005. 汉语介词的隐现与论元标志功能的转换[J]. 云南师范大学学报,3(4):27-32.

刘丹青,2002. 汉语中的框式介词[J]. 当代语言学,4(4):241-253.

刘丹青,2003. 语序类型学与介词理论[M]. 北京:商务印书馆.

刘红妮,2010. 词汇化与语法化[J]. 当代语言学,12(1):53-61.

刘继超,1997. "被""把"同现句的类型及其句式转换[J]. 江西师范大学学报(哲学社会科学版)30(1):63-68.

刘继超,1998. "被""把"同现句与"被"字句比较研究[J]. 陕西师范大学学报(哲学社会科学版),27(3):151-154.

刘丽艳,2011. 汉语话语标记研究[M]. 北京:北京语言大学出版社.

刘润清,2013. 西方语言学流派[M]. 北京:外语教学与研究出版社.

刘叔新,1993. 现代汉语被动句的范围和类别问题[C]//著名中年语言学家刘叔新自选集. 郑州:河南教育出版社:210.

刘　珣,2000. 对外汉语教育学引论[M]. 北京:北京语言大学出版社.

刘　珣,2010. 新实用汉语课本[M]. 2 版. 北京:北京语言大学出版社.

刘　焱,2004. 现代汉语比较范畴的语义认知基础[M]. 上海:学林出版社.

刘宇红,2004. 认知语言学理论与应用[M]. 北京:中国社会科学出版社.

刘月华,2001. 实用现代汉语语法(增订本)[M]. 北京:商务印书馆.

刘月华,2006. 实用对外汉语教学语法[M]. 北京:北京大学出版社.

柳英绿,1999. 朝汉语语法对比[M]. 延吉:延边大学出版社.

柳英绿,2000. 韩汉语被动句对比——韩国留学生"被"动句偏误分析[J]. 汉语学习(6):33-38.

陆丙甫,2004. 作为一条语言共性的"距离-标记对应律"[J]. 中国语文(1):3-15.

陆丙甫,2009. 也谈"有/无标记"的歧解及解决之道[J]. 当代语言学,11(3):260-266.

陆俭明,2000. "对外汉语教学"中的语法教学[J]. 语言教学与研究(3):1-8.

陆俭明,沈阳,2003. 汉语和汉语研究十五讲[M]. 北京:北京大学出版社.

陆俭明,2003. 现代汉语语法研究教程[M]. 北京:北京大学出版社.

陆俭明，马真，2003.现代汉语虚词散论（修订版）[M].北京：语文出版社.

陆俭明，2004.有关被动句的几个问题[J].汉语学报（2）：9-15.

陆俭明，2007.汉语作为第二语言教学的本体研究和汉语本体研究[J].世界汉语教学（3）：94-97.

陆俭明，2009.构式与意象图式[J].北京大学学报（哲学社会科学版），46（3）：103-107.

陆俭明，2010.汉语语法研究中理论方法的更新与发展[J].汉语学习（1）：3-10.

陆庆和，2006.实用对外汉语教学语法[M].北京：北京大学出版社.

鲁　川，1987.介词是汉语句子语义成分的重要标志[J].语言教学与研究（2）：20-26.

鲁健骥，1984.中介语理论与外国人学习汉语的语言偏误分析[J].语言教学与研究（3）：44-56.

鲁健骥，1994.外国人学汉语的语法偏误分析[J].语言教学与研究（1）：49-64.

卢福波，1996.对外汉语教学实用语法[M].北京：北京语言大学出版社.

卢福波，2005.对外汉语教学基本句型的确立依据与排序研究[J].语言文字应用（4）：80-86.

吕冀平，2000.汉语语法基础[M].北京：商务印书馆.

吕景先，1980.唐明之间汉语的被动式[J].河南大学学报（2）：80-84.

吕叔湘，1965.被字句、把字句动词带宾语[J].中国语文（4）：1-5.

吕叔湘，1984.现代汉语八百词[M].北京：商务印书馆.

吕叔湘，2005.汉语语法分析问题[M].北京：商务印书馆.

吕文华，1994."把"字句的语义类型[J].汉语学习（4）：26-28.

吕文华，1999.对外汉语教学语法探索[M].北京：语文出版社.

吕文华，2013."被"字句和意义被动句的教学构思[J].语言教学与研究（2）：17-25.

骆　峰，2009.论索绪尔的语言系统观[J].语言文字学（3）：344-363.

罗天华，2009.与标记、语序相关的几条句法共性[J].语言科学，8（3）：259-277.

马贝加，2002.近代汉语介词[M].北京：中华书局.

马建忠，1898.马氏文通[M].北京：商务印书馆.

马庆株，1992.汉语动词和动词性结构[M].北京：北京语言学院出版社.

马庆株，1998.汉语语义语法范畴问题[M].北京语言文化大学出版社.

马庆株，1998.结构、语义、表达研究琐议——从相对义、绝对义谈起[J].中国语文（3）：173-180.

马庆株，1999.语法研究入门[M].北京：商务印书馆.

马庆株，2002.著名中青年语言学家自选集·马庆株卷[M].合肥：安徽教育出版社.

马　真,1986.“比”字句内比较项Y的替换规律试探[J].中国语文(2):97-105.
马　真,1999.现代汉语虚词散论(修订本)[M].北京:语文出版社.
孟　国,2011.对外汉语十个语法难点的偏误研究[M].北京:北京大学出版社.
莫红霞,2002.“被”字句中“被”字宾语有无的制约条件[J].杭州师范学院学报(2):98-102.
潘先军,2010.句法结构羡余分析[J].沈阳师范大学学报(社会科学版),34(2):79-82.
彭　睿,2009.语法化“扩展”效应及相关理论问题[J].汉语学报(1):50-64.
齐沪扬,1994.“N+在+处所+V”句式语义特征分析[J].汉语学习(6):21-28.
屈哨兵,2004.现代汉语被动标记研究[D].武汉:华中师范大学.
饶长溶,1990.把字句·被字句[M].人民教育出版社.
杉村博文,1998.论现代汉语表“难事实现”的被动句[J].世界汉语教学(4):57-64.
杉村博文,2003.从日语的角度看汉语被动句的特点[J].语言文字应用(2):64-75.
邵洪亮,2009.现代汉语虚词语义标记功能羡余问题研究[J].语言文字应用(1):142.
邵敬敏,1983.“把”字句与“被”字句合用小议[J].汉语学习(2):33-35.
邵敬敏,2001.汉语语法的立体研究[M].北京:商务印书馆.
邵敬敏,2005.“致使把字句”和“省隐被字句”及其语用解释[J].汉语学习(4):11-18.
邵敬敏,2006.汉语语法学史稿[M].北京:商务印书馆.
邵敬敏,2007.现代汉语通论[M].上海:上海教育出版社.
邵敬敏,2008.“连A也/都B”框式结构及其框式化特点[J].语言科学,7(4):352-358.
邵敬敏,2014.建构汉语句式系统的价值与意义[J].汉语学习(1):3-8.
沈家煊,1995.“有界”与“无界”[J].中国语文(5):367-380.
沈家煊,1997.类型学中的标记模式[J].外语教学与研究(1):1-10.
沈家煊,1999.不对称和标记论[M].南昌:江西教育出版社.
沈家煊,1999.“在”字句和“给”字句[J].中国语文(2):94-102.
沈家煊,2001.语言的“主观性”和“主观化”[J].外语教学与研究(外国语文双月刊),33(4):268-275.
沈家煊,2002.如何处置“处置式”?——论把字句的主观性[J].中国语文(5):387-399.
沈家煊,2009.我看汉语的词类[J].语言科学,8(1):1-12.
沈家煊,2009.汉语的主观性和汉语语法教学[J].汉语学习(1):3-12.
沈　阳,1997.名词短语的多重移位形式及把字句的构造过程与语义解释[J].中国语文(6):402-414.
施春宏,2004.汉语句式的标记度及基本语序问题[J].汉语学习(2):10-18.
施春宏,2008.句式研究中的派生分析及相关理论问题[J].世界汉语教学(2):5-25.

施春宏,2010.从句式群看“把”字句及相关句式的语法意义[J].世界汉语教学(3):291-309.

施家炜,1998.外国留学生22类现代汉语句式的习得顺序研究[J].世界汉语教学(4):77-98.

石定栩,2006.关于“有标记”的歧解[J].当代语言学,8(1):86-88.

石毓智,1995.时间的一维性对介词衍生的影响[J].中国语文(1):1-10.

石毓智,2000.语法的认知语义基础[J].南昌:江西教育出版社.

石毓智,2001.语法的形式和理据[M].南昌:江西教育出版社.

石毓智,李讷,2001.汉语语法化的历程—形态句法发展的动因和机制[M].北京:北京大学出版社.

石毓智,2003.现代汉语语法系统的建立——动补结构的诞生及其影响[M].北京:北京语言文化大学出版社.

石毓智,2006.语法化的动因与机制[M].北京:北京大学出版社.

宋玉柱,1981.论“连…也/都…”结构.现代汉语语法论集,天津人民出版社.

宋玉柱,1991.现代汉语特殊句式[M].山西:山西教育出版社.

宋玉柱,1996.现代汉语语法论集[M].北京:北京语言学院出版社.

唐承贤,2003.标记理论探析[J].外语研究(4):17-20.

唐钰明,周锡馥,1985.论上古汉语被动式的起源[J].学术研究(5):98-100.

王　还,1984.“把”字句和“被”字句[M].上海:上海教育出版社.

王建勤,1992.介词“对于”的话语功能[J].语言教学与研究(1):43-58.

王　静,1996.从语义级差看现代汉语“被”字的使用[J].语言教学与研究(2):96-111.

王　力,1956.汉语被动式的发展[J].语言学论丛(1):1-16.

王　力,1985.中国现代语法[M].北京:商务印书馆.

王　力,2003.汉语语法史[M].3版.北京,商务印书馆.

王　力,2006.古代汉语[M].北京:中华书局.

王立非,1991.关于标记理论[J].外国语(上海外国语学院学报)(4):30-34.

王立非,2002.语言标记性的诠释与扩展[J].福建外语(4):1-5.

王　扬,2005.话语标记的认知语用诠释[J].天津外国语学院学报,12(3):44-48.

王振来,2006.从语法化和方言的角度考察被动标记[J].汉语学习(4):13-17.

王振来,2006.现代汉语被动表述立体化研究[M].大连:辽宁师范大学出版社.

王振来,2007.汉语本体与应用一体化研究[M].沈阳:辽海出版社.

王振来,2009.现代汉语被动标记的功能[J].辽宁师范大学学报(社会科学版),32(3):88-91.

王振来,2010.汉语欧化现象与对外汉语教学研究[M].大连:辽宁师范大学出版社.

王振来,2012.语义功能语法与汉语研究[M].北京:北京师范大学出版社.

文　炼,1996.谈谈汉语语法结构的功能解释[J].中国语文(6):401-404.

吴安其,1991.语言的羡余现象[J].民族语文(3):70-73.

吴福祥,2003.语法化与语法研究(一)[M].北京:商务印书馆.

吴福祥,2005.汉语语法化研究的当前课题[J].语言科学,4(2):20-32.

吴福祥,2012.试说汉语几种富有特色的句法模式——兼论汉语语法特点的探求[J].语言研究,32(1):1-13.

吴庚堂,1999."被"字的特征与转换[J].当代语言学,1(4):25-37.

吴门吉,周小兵,2005.意义被动句与"被"字句习得难度比较[J].汉语学习(1):62-65.

吴天佑,1998.羡余语言信息的修辞作用初探[J].修辞学习(1):21-22.

向　熹,1993.简明汉语史[M].北京:高等教育出版社.

邢福义,1996.汉语语法学[M].长春:东北师范大学出版社.

邢福义,2004.承赐型"被"字句[J].语言研究,24(1):1-11.

邢福义,2006.汉语被动表述问题研究新拓展[C].武汉:华中师范大学出版社.

邢　欣,2004.现代汉语兼语式[M].北京:北京广播学院出版社.

邢志群,2008.从"连"的语法化试探汉语语义演变的机制[J].古汉语研究(1):23-31.

熊学亮,王志军,2001.英汉被动句的认知对比分析[M].外语学刊(3):1-6.

熊学亮,王志军,2003.被动句认知解读一二[J].外语教学与研究,35(3):195-199.

徐盛桓,1985.语言的"有标记"和"无标记"[J].山东外语教学(4):1-10.

许　慎,1963.说文解字[M].北京:中华书局.

薛凤生,1987.试论"把"字句的语义特性[J].语言教学与研究(1):4-22.

闫娇莲,2008.现代汉语中"被""把"同现套用句分析[D].大连:辽宁师范大学.

颜力涛,柳英绿,玄玥,2011."被""把"连用格式研究[J].大庆师范学院学报,31(5):87-90.

杨炳钧,2001.介词的功能语言学解释[J].外国语(1):47-53.

杨亦鸣,2012.神经语言学与当代语言学的学术创新[J].中国语文(6):549-560.

叶向阳,2004."把"字句的致使性解释[J].世界汉语教学(2):25-39.

殷国光,1988.古汉语比较问句的基本形式及其演变[J].语文研究(1):43-46.

俞光中,植田均,1999.近代汉语语法研究[M].上海:学林出版社.

袁毓林,2006.试析“连”字句的信息结构特点[J].语言科学,5(2):14-28.

曾常红,2004.现代汉语中“被”字与“把”字套用的句式[J].语言研究,24(1):30-34.

曾常红,2006.“被字构件”与“把字构件”套用分析[C]//华中师范大学语言与语言教育研究中心会议论文集,458-474.

曾晓渝,2009.从汉借词看侗台语的送气声母[J].民族语文(2):29-34.

张　斌,胡裕树,2005.汉语语法研究[M].北京:商务印书馆.

张伯江,2000.论“把”字句的句式语义[J].语言研究(1):28-40.

张伯江,2001.被字句和把字句的对称与不对称[J].中国语文(6):519-524.

张　凤,1999.标记理论的再评价[J].解放军外国语学院学报,22(6):44-46.

张国宪,1995.语言单位的有标记与无标记现象[J].语言教学与研究(4):77-87.

张国宪,2009.“在十处所”构式的动词标量取值及其意义浮现[J].中国语文(4):346-358.

张家骅,1992.布拉格学派与标记理论管窥[J].外国语(上海外国语学院学报)(4):27-31.

张起旺,王顺洪,1998.汉外语言对比与偏误分析论文集[C].北京:北京大学出版社.

张　斯,2014.表时间范畴的“在”字结构分析[J].渤海大学学报(哲学社会科学版)(2):87-90.

张　赪,2005.从汉语比较句看历时演变与共时地理分布的关系[J].语文研究(1):43-48.

张旺熹,1991.“把字结构”的语义及其语用分析[J].语言教学与研究(3):88-103.

张旺熹,1999.汉语特殊句法的语义研究[M].北京:北京语言文化大学出版社.

张旺熹,2006.汉语句法的认知结构研究[M].北京:北京大学出版社.

张谊生,2000.现代汉语虚词[M].上海:华东师范大学出版社.

张谊生,2009.介词悬空的方式与后果、动因和作用[J].语言科学,8(3):288-303.

张豫峰,2007.关于现代汉语致使态的思考[J].汉语学习(6):25-30.

章士钊,1911.中等国文典[M].北京:商务印书馆.

赵金铭,2001.论汉语的“比较”范畴[A].中国语言学报(十).北京:商务印书馆.

赵金铭,2002.外国人语法偏误句子的等级序列[J].语言教学与研究(2):1-9.

赵葵欣,2000.留学生学习和使用汉语介词的调查[J].世界汉语教学(2):100-106.

赵元任,1979.汉语口语语法[M].北京:商务印书馆.

周　韧,2010.论韵律制约句法移位的动因和手段[J].世界汉语教学,24(1):18-25.

周文化,2011.现代汉语介词习得研究[M].北京:世界图书出版公司北京公司.

周小兵,1997.介词的语法性质和介词研究的系统方法[J].中山大学学报(社会科学版)(3):109-115.

周小兵,2004.对外汉语教学入门[M].广州:中山大学出版社.

周小兵,2007.外国人学汉语语法偏误研究[M].北京:北京语言文化大学出版社.

朱德熙,1980.现代汉语语法研究[M].北京:商务印书馆.

朱德熙,1981."在黑板上写字"及相关句式[J].语言教学与研究(1):4-18.

朱德熙,1983.关于"比"字句[C]//语法研究和探索(一).北京:北京大学出版社.

朱德熙,1985.语法讲义[M].北京:商务印书馆.

祖人植,1997."被"字句表义特征分析[J].汉语学习(3):47-51.

Eckman, F, 1977. Markedness and the contrastive analysis hypothesis [J]. Language Learning, 27(2): 315-330.

Givon, T, 1995. Functionalism and Grammar [M]. Amsterdam: John Benjamins Publishing Company.

Goldberg,A E,著;吴海波,译,2007.构式:论元结构的构式语法研究[M].北京:北京大学出版社.

Goodluck, H, 1991. Language Acquisition: A Linguistic Introduction[M]. Oxford: Blackwell.

James, C, 1998. Errors in Language Learning and Use: Exploring Error Analysis[M]. Harlow,Essex: Longman.

Lyons, J, 1977. Sonantics [M]. Cambridge: Cambridge University Press.

Richards, J C, 著;孙德坤,译,1990.错误分析、中介语和第二语言习得研究述评[J].语言教学与研究(1): 58-65.

后 记

选择介词标记作为研究对象，是我在加拿大讲学时受到的启发。上课时有个学生问汉语是不是和英语一样也有句式标记，我非常肯定地回答了他。从此之后我开始思考标记问题，觉得人们在认识客观世界时，常常从标记开始，比如记住某地或某人，往往要记住这个地方的地标建筑或记住这个人最明显的特征。由此我联想到语言，世界上的语言大多有标记，各种语言都有自己的标记形式，汉语也不例外，也有自己的标记。

汉民族在创造自己语言的过程中，根据需要设置了不同的标记。汉语标记更多地体现在虚词上，介词是汉语虚词最重要的一个类别，在构句时容易成为句式标记，而且汉语常常以作为标记的介词命名句式，如“把”字句、“被”字句、“比”字句、“连”字句等。一般来说，介词标记没有实在的词汇意义，却有重要的语法意义，它在构句时起着非常重要的作用。我们觉得从标记角度研究介词构句会有新发现，于是申报了国家社科基金项目和辽宁省社科基金项目，最后都顺利获批，可见此问题的研究价值之高。

我们运用标记理论、语义功能语法理论、认知语法理论、中介语理论等对汉语介词标记的相关问题进行了多角度研究。我们在研究中发现，介词标记问题非常复杂，每个介词标记都有自己的发展历程，在构句时的功能都不一样，都有自己独特的使用环境。由于介词标记的独特作用，在对外汉语教学中，以介词为标记构成的句式一直是教学的难点，我们在这方面也进行了一些探讨。我们本着提出问题，分析问题，解决问题的思路，对以介词为标记句式的句法规则进行了研究，对一些具体问题不仅进行了描写，还进行了解释，使人知其然，也知其所以然。科学研究的最终目的是为了解决实际应用中出现的一些问题，语法研究最重要的是对句法结构及其语义关系进行认知上的解释。语言活动受人类心理机制的制约，今后我们还要加强认知方面的研究。学无止境，科学研究更是如此。汉语介词标记还有许多应用问题值得我们继续深入挖掘，新的研究成果还会与大家分享。

本书是国家社会科学基金项目(名称:介词标记的构句机制及情景语义研究，编号:10BYY063)和辽宁省社会科学规划基金项目(名称:介词标记的构句机制及习得问题研究，编号：L14DYY039）的研究成果。本书由大连市人民政府专著出版基金和辽宁师范大学学术专著出版基金资助出版，感谢匿名评审专家对本书的厚爱。

感谢著名语言学家、南开大学教授马庆株先生，在工作非常繁忙的情况下，为拙作惠赐长序。感谢对本研究提供支持的大连理工大学刘乃仲教授、大连外国语大学周玉琨教授、辽宁师范大学李宝贵教授、渤海大学夏中华教授。感谢全国社科规划办领导、辽宁省社科规划办领导、辽宁师范大学科研处领导。同时我也特别感谢前辈学者和时贤，本书在写作中吸收了他们的许多观点和看法，使我们少走了很多弯路，这里谨向各位学者致谢！

感谢辽宁师范大学国际教育学院领导对我们从事科研工作的大力支持。感谢我们科研团队所有成员，大家在教学工作非常繁忙的情况下，拿出时间共同探讨学术问题，大家的无私帮助保证了本书的顺利完成。我校的一些研究生也参加了一些问题的研讨，不仅学到了研究方法，更重要的是锻炼了研究能力。东北师范大学文学院王嘉天博士做了大量的研究工作，不仅承担了第七章的写作任务，还做了其他章节的研究工作。

特别感谢辽宁师范大学出版社王星社长和孙琳、石丽莉二位编辑，他们为本书的出版付出了很多劳动。

本书的研究还有很多不足之处，我们期待各位专家学者的批评指正，我们将从你们的批评、指正中汲取经验教训，不断充实自己、提高自己，使今后的研究之路走得更加稳健、踏实。

王振来

2017 年 11 月 1 日于大连